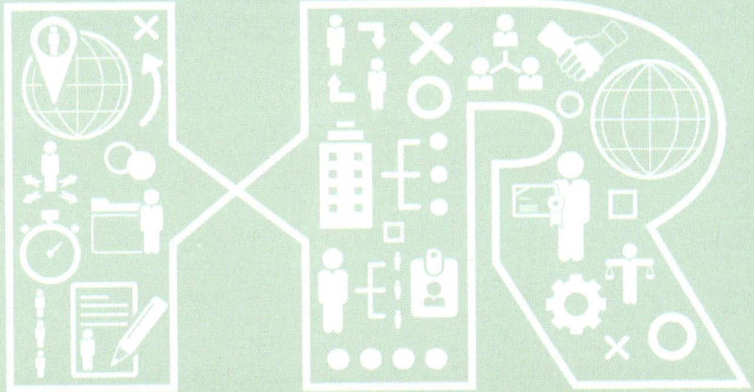

招聘管理

全流程实战方案

Recruitment Management
Full Process Practical Operation Methods

白 睿 / 著

中国法制出版社
CHINA LEGAL PUBLISHING HOUSE

HR必备丛书

“招聘，不在于聘，而在于评。”

不就是招个人吗？有那么麻烦吗？多来几个人一起面试，新员工也有试用期，不行就辞掉。常常有人这样认为。而在真正的企业人力资源实践中，大多数实践者还没有认识到招聘对企业的影响。实际上，招聘对企业的影响，已经远远超出招聘岗位职责本身。招聘者即使花费了较多的时间用来招聘，但招聘岗位仍存在着较大的用人风险。

另外，招聘难的呼声越来越高，越来越多的招聘从业者为此头疼。打了那么多的招聘广告，应聘者如云，为什么闻风而来者中有那么多名不副实；引进的高管加入企业后，综合表现总不尽如人意；好不容易盼来的新人，为何做了几个月突然离职？

有幸的是，我在国外游学多年，归国后又先从事企业管理咨询工作，能够从国外、国内两个视角审视和广泛地接触多家企事业单位，涵盖外资、民营、国有企业和事业组织，工作职责主要围绕着组织与人力资源管理体系建设项目进行优化与变革。之后，我逐渐减少在咨询项目上的时间，更多地聚焦于组织与人力资源管理培训和研究工作。后来又在一家集团公司做组织发展和人力资源的实操工作。在十年来的组织和人力资源从业生涯中，我发现很多企业对待招聘工作的理念和态度有本质不同。那么有效的选聘体系，包含哪些重要因素？在我看来，招聘的成功来自四项重要的步骤：建模、甄选、决策和吸引。

同时，我看到很多企业的 HR 对人力资源管理的知识点掌握得很扎实，但是知识架构却是分散的；还有 HR 对本企业很熟悉，事情做得很精细，但缺乏一种整体规划行为来重新厘清招聘管理的实务操作。

这些问题成为本书在内容和案例安排上的突破口，我把研究中所坚持的“流程步骤 + 工具方法 + 最佳实践”的思路作为本套丛书编写的指导思想，本书也不例外。每一章节都能体现这种逻辑安排：能够先从一个大体过程中了解招聘的操作程序，然后施予方法和工具，最后用大量的实操案例强化实务操作流程，也同时展现其他企业有较强参考性的实践经验。

本书一共包含六章内容：认知全面招聘管理、招聘准备与需求分析、体现招聘价值、招聘管理实施、招聘结果跟进、过程评估与效果反馈。这样的结构安排恰好是招聘管理职能提升的过程，方便读者建立一个完整的知识体系和能力架构。

本书特色主要体现在以下三个方面：

1. 淡化理论和概念，强化实务与案例。为提高读者的学习兴趣和学以致用的能力，概念性理论基本一带而过，每章的开篇都尽量以全局式、框架式的流程和步骤进行展现，给读者一个大体的认知，后几节切入具体的方法，不求详尽，但求可选择性强，最后辅以案例实操。案例实操多贴近我个人咨询服务过程中遇到的现实问题和解决方式，更增加本书的实务性。

2. 与时俱进，多体现当下最新的实操成果。传统经典的方法并未过时，但是在当下实际中发生了很多改变，在此也将这些实操成果收录在本书中。

3. 体系性强。各章自成体系，解决招聘的一个个模块问题，同时整本书也是完整的招聘体系。

本书在写作过程中，参考了诸多专家、学者的研究成果和案例资料，在此一并致以诚挚的谢意。也希望本书不仅使读者认识人力资源管理带来的新挑战，而且也能够给奋战在人力资源管理一线的人员提供实务上的指引和帮助。

白睿

于北京，二〇一九年一月

| 目录 |

第一章
规划：认知全面招聘管理

本章要点提示：

制定招聘策略

全面招聘管理流程

描述职位职责

招聘成本控制措施

通过本章，将了解招聘管理工作对企业的重要意义，明确企业招聘管理工作中应该遵循的基本原则。掌握全面招聘管理流程，快速准确描述岗位职责，有效地进行招聘成本控制。

第一节　制定招聘策略

一、招聘策略的含义和内容

每个企业都有招聘计划，从招聘过程来看，招聘实际上又可以划分为招募与聘用两个相对独立的环节，其中招募是聘用的基础与前提，聘用是招募的目的与结果。招募主要通过企业对外宣传来树立企业形象和塑造企业品牌，达到吸引人应聘的目的。招募阶段的招聘策略包括招聘计划与策略、招聘的人员策略、招聘地点策略及招聘时间策略等；聘用则使用各种方法测评与选拔合格员工。一般将企业招聘工作计划的详细分解称为企业招聘策略。

招聘策略是招聘计划的具体体现，是为实现招聘计划而采取的具体策略。它包括对招聘数量、人员的要求及吸引人才的手段、招聘渠道、甄选模式和招聘时间等的确定。一个成功的招聘策略将帮助企业快速找到合适的人才，推动企业持续发展。

制定招聘策略研究一方面要确定求职者的需求，主要是综合考虑企业自身情况，结合招聘人才需求，制定整套有利于吸引求职者的策略。这里要考虑的因素包括企业发展、企业福利、工作环境以及工作地点等多种因素。采用现实方式向求职者提供完整和真实信息，可以进一步增强求职者的满足感和责任感，也能更好地招聘到符合企业期望的员工。这一部分的招聘需求包括人才吸引策略、人才投资策略、人才参与培训策略。

制定招聘策略研究的另一个方面是对以不同招聘渠道和招聘方式所带来的企业员工质量进行的研究。其中企业员工的质量以员工绩效为考察依据，包括了对不同外部招聘渠道与招聘到的员工的绩效研究，以及对内部招聘和外部招聘的员工的不同绩效的比较等。

从招募的角度来说，招聘策略各个流程的具体内容如下。

1. 招聘计划与策略

制订招聘计划是人力资源部门在招聘中的一项核心任务，相关部门通过制订计划来分析公司所需人才的数量和质量，以避免工作的盲目性。招聘策略是招聘计划的具体体现，是为实现招聘计划而采取的具体策略。在招聘中，必须结合组织的实际情况和招聘对象的特点，给招聘计划注入有活力的东西，这就是招聘策略。

2. 招聘人员策略

企业招聘需要招聘人员即招聘小组来进行。招聘人员作为组织机构的代表，其素质的高低关系组织能否吸引优秀人才，在实际的招聘过程中，招聘团队的建设是非常重要的一个步骤。因此，招聘人员的选择也是招聘策略的重要组成部分。

3. 招聘时间策略

在确定了招聘计划和招聘小组之后，企业需要考虑招聘的时间和地点。招聘时间策略要求企业的招聘部门遵循人才市场上的人才流动规律，计划好招聘时间；在人才供应高峰期到人才市场上招聘，以便节约成本，提高招聘效率。招聘时间上的安排策略在很大程度上会影响企业的招聘成本等。

4. 招聘地点策略

地点是指招聘工作实际发生的区域。招聘过程中有时候需要根据招聘人员的类型来选择招聘地点，如针对企业中低端职位，可以就近选择来降低成本。此外，根据以往的招聘经验，可以根据企业招聘职位需求来选定固定的招聘地点。针对企业中高端职位，也可以根据企业发展策略，选择在企业业务集中开展的地区招聘，提高团队的稳定性。

聘用阶段的招聘策略包括对应聘者的录用政策、试用期评价等策略。

二、企业不同阶段的招聘策略

企业在不同的发展时期需求是不同的，这就要求不同发展时期的企业需要选择适合其发展阶段的招聘策略，以提高招聘效率和招聘质量。企业的不同发展时期可分为创业期、成长期、成熟期和衰退期。下面就来具体介绍不同发展阶段的企业的招聘策略。

1. 创业期招聘策略

处于创业期的企业一般有以下几点特征：一是公司规模小、人员少，但却极富灵活性和成长性；二是创业期的企业各方面均不成熟，缺乏完整规范的制度，企业文化也未形成，一般是由高管或合伙人直接管理，企业发展战略的目标是求得生存与发展，企业的发展与业务的开展主要依靠一些资源和独特能力，员工较为团结，效率高，品牌知名度差，市场占有率低，创业期阶段的企业面对的主要问题是市场开拓和产品创新；三是创业期高层团队的创业精神较强，中层相对稳定，但一般员工却由于企业管理制度不完善、保障体系不健全、工资待遇低等因素的影响流动率通常较高。

针对创业期企业的三个特征，企业需要制定符合创业期特征的招聘策略。

首先，在招聘人才需求上，创业期的企业对外部人才的需求不突出，数量少，以一般员工尤其是销售人员的招聘为主，招聘极少数的中层，基本没有高层招聘；虽然创业期企业的外部人才的需求量较小，但是对人员的素质要求较高，丰富的工作经验和工作业绩是重点选择标准，最好是多面手；尤其是一些对企业发展方向和目标比较认同、年纪较轻的人员。

其次，在招聘吸引力上，创业期的企业吸引人才的手段主要依靠良好的职业前景、工作的挑战性和领导者的个人魅力；薪酬虽然较低，但弹性相对要高，一般有较大的增长空间；股票期权也是经常采用的激励方式。

最后，在招聘方式和方法上，由于创业期的企业资金不充裕，招聘费用预算较低，多采用朋友介绍、网络招聘和招聘会等招聘渠道；企业还没有形成人力资源的专业部门，甄选主要依赖老板的个人判断力；用人的灵活性较强，一人多岗和因人设岗的现象明显，对招聘时间和招聘效率没有明确的要求。

2. 成长期招聘策略

随着企业的不断发展，企业开始进入成长期。成长期的企业有以下几点特征：一是企业开始逐步走向正规化，经营规模不断扩大并快速增长，人员迅速膨胀，品牌知名度急剧上升，机构和规章制度不断建立和健全，企业的经营思想、理念和企业文化逐渐形成；二是跨部门的协调越来越多，并越来越复杂和困难；三是此阶段的企业面临的主要问题是组织均衡成长和跨部门协同，高层之间开始出现分歧，跟不上企业发展步伐的员工主动辞职，员工流动性相对较大。

针对成长期企业的特征，需要制定符合其特征的招聘策略。

首先，在招聘人员需求上，成长期的企业对人才需求大，外部招聘数量多，高层、中层、一般员工等各层级均有。对专业技术人才和中层管理人才的需求大幅度增加。一般要求人员具备相同职位的工作经验，能直接上手，具备一定的发展潜力，同时对变化的适应速度快。

其次，在招聘吸引力上，吸引人才的手段主要依靠较大的晋升空间、良好的发展前景和与行业平均水平接近或以上的薪酬。

最后，在招聘方式的选择上，成长期的企业由于招聘费用有限，如果招聘需求急迫，一般会以招聘会为主、网络招聘为辅的招聘方式，在专业人才的招聘上开始引入猎头，建立广泛而灵活的招聘渠道。此阶段的企业已经设置了人力资源部，但专业性不强，甄选主要依赖用人部门的部门经理进行评判。此阶段的企业开始推测业务的发展并进行人力资源需求预测，用人开始有一定的计划性，对招聘时间和招聘效率的要求高。

3. 成熟期招聘策略

成熟阶段的企业是企业发展的巅峰时期。在这个阶段，企业的规模大，业绩优秀，资金充盈，制度和结构也很完善，决策能得到有效实施，企业非常重视顾客需求、重视顾客满意度，一切以顾客至上为原则，重视市场和公司形象，要求计划能得到不折不扣的执行，而如何使繁荣期延长并力争使企业进入一个新的增长期，成为制定企业发展战略的关键。在企业的成熟期，晋升困难，各层面人员的流动率低，在人员规模上相对稳定。企业的发展，主要是靠企业的整体实力和规范化的机制，企业内部的创新意识可能开始下降，企业活力开始衰退。

成熟期的企业的招聘需求为：一是人才需求不多，外部招聘数量少，只在公司开拓新业务和新市场时才会产生大量的外部人才需求；二是人员要求高，强调综合能力素质，尤其是创新意识、执行力和明确的职业发展方向。此阶段吸引人才的手段主要依靠企业实力和形象以及领先于行业平均水平的薪酬。

在招聘方式的选择上，由于成熟期企业的招聘费用充裕，因此高级人才的招聘以猎头为主，辅以内部推荐、专场招聘会、网络招聘、校园招聘、平面媒体等丰富多样的招聘渠道。人力资源部具备较好的专业性，开始使用评价中心技术对人才的能力素质进行评价，业务水平则由用人部门的部门经理进行评判。成熟阶段的企业已经形成了规范的招聘计划，对招聘时间和招聘效率有明确的规定。

4. 衰退期招聘策略

当企业处于衰退期的时候，企业市场占有率会下降，整体竞争能力和获利能力全面下降，盈利能力全面下降，资金紧张，危机开始出现，企业战略管理的核心是寻求企业重整和再造，使企业获得新生。此阶段的企业内部官僚风气浓厚，人浮于事，制度多却缺乏有效执行，员工做事越来越拘泥于传统、注重于形式，只想维持现状，求得稳定。人心涣散，核心人才流失严重，一般人员严重过剩，高层更替频繁，并波及中层。

衰退期的企业对外部人才的需求集中在一把手上，其他层级基本以内部竞聘为主，无对外招聘。另外，要求高管具备改革意识、大局观、决策能力、战略眼光和驾驭企业的整体能力，尤其是同行业类似企业的运营经验，有扭亏为盈的经历最好。此阶段吸引人才的手段主要依靠利益分享机制和操作权限。

衰退期的企业的招聘经费锐减，但由于招聘时间短，而且还是高级、稀缺人才，因此仍然以猎头为主要渠道。一把手的招聘由董事会直接进行评价，并引入专业的人才评价机构辅助。

以上是企业的四个发展阶段的招聘策略，这几个发展阶段的招聘策略一般能适用于所有企业，但是在具体的实践中，企业需要根据自己的实际情况来选择不同的招聘策略。

三、如何实现高效的招聘策略

任何企业都要面对招聘的问题，企业的竞争在很大程度上和它的招聘能力和招聘效率相关。企业要提高自己的招聘效率需要从技术、战术和战略三个层面入手。

1. 技术层面：实现科学选人

技术层面所要解决的问题是：通过科学的方法，从应聘者当中，快速、准确地找出知识、经验、能力、个性、动机等符合职位要求的人选，实现人岗匹配，降低用人的风险。技术层面的解决办法主要有以下几个方面。

（1）清晰的人才标准。如果选人没有标准，或者标准不清晰、不统一，会造成两方面的问题：一是招聘效率得不到保障，因为企业不知道什么样的人是合适的，什么样的人是不合适的，这会浪费许多时间和精力；二是招聘的质量难以得到保障，企业的 HR 将人招进来之后，能力素质达不到职位要求，用人部门不满意等。因此，构建清晰的人才标准是提高招聘效率和质量的前提条件。有效的人才标准应能准确地反映职位的要求，同时能够帮助正确筛选出合格的应聘者。

（2）严谨的招聘流程。招聘流程要衔接紧，既不能太长，也不能太短。太长则浪费精力和成本，同时也让应聘者感觉到效率太低；太短则太仓促，让应聘者感觉企业的管理不规范。因此，企业应根据职位性质和层级的不同灵活处理。一般而言，职位层级越高流程越要人性化。如果是规模较大的招聘，还可以考虑采取逐轮淘汰的方式。另外，有效的简历分析和筛选技术、招聘管理系统的运用，可以帮助迅速排除明显不合格的应聘者，大大提高招聘的效率。

（3）科学的测评工具。人才测评的工具有很多种，有在线标准化的心理测验，有线下的评价中心技术和面试、背景调查等。测评的不同工具测量不同的指标，每种工具都有它的侧重点和局限性，工具如果选择不当就不能实现科学、准确的评价。从理论上来说，工具越多就能越全面、准确和深入地考察应聘者的能力素质，但是还必须考虑成本和精力的问题，因此选对工具很关键。一般而言，层级越高、职位越重要，所用的工具应越多、越高级，反之亦然。

（4）专业的招聘人员。测评人员包括招聘策划者、组织实施者、命题者、面试官等。优秀的招聘人员，首先是业务上要过硬，要有丰富的招聘经验，熟练掌握招聘的方法和流程。其次要具有良好的职业素养，能认真地对待每一位应聘者，克服招聘过程中的各种偏见，耐心为应聘者提供服务和帮助，为招聘工作把好关，也为公司树立良好的企业形象。

2. 战术层面：扩大选才范围

战术层面所要解决的是：通过采取有效的策略来找到更多的应聘者，扩大选才的范围。战术层面的解决办法主要有以下几个方面：

（1）恰当的招聘时机。招聘开展前，要认真分析人才供给的变化趋势，选择恰当的时机进行招聘。时机选择不对，招聘的难度会加大。比如，社会招聘的黄金期是“金三银四”，因为春节后是跳槽的高峰期，应聘者来源较广；校园招聘的黄金期是“金九银十”，因为抢先一步可以网罗更多优秀的人才。当然，这也要根据企业的实际情况，企业需要的并不是最优秀的人才，而是最合适的人才，因此对于一些中小型企业，选择在校园招聘高峰期过后再进行招聘可能会更加合适。

（2）合适的招聘渠道。招聘渠道有很多种，招聘不同的员工，应选择不同的渠道。比如，大规模的校园招聘应走进校园进行实地招聘，少量的校园招聘可以到专门的招聘网站上去发布信息，招聘高管和高级专业人才可以向猎头寻求帮助，一般的社会招聘则可选择些大型知名的招聘网站，一些行业特殊人才可以选择行业的专业网站，招聘普工或劳务工则可选择报纸或电视等传统渠道。

下表归纳了不同招聘渠道下的招聘策略。不同的招聘渠道由于其自身的优势和劣势，从而适应于不同级别的招聘职位和不同性质的企业。

表 1–1　不同招聘渠道的招聘策略

基于渠道的招聘策略分类	渠道说明	对招聘策略制定的影响
媒体广告的招聘策略	电视媒体	1. 不适合中小企业操作，适合大企业的形象宣传 2. 适合不着急聘用人才的职位 3. 招聘覆盖地域广
	纸面媒体（报纸、杂志等）	和电视媒体类似，同样适用知名企业，普通企业招聘效果不够理想，不建议使用
中介机构的招聘策略	猎头公司	1. 适用于中高层管理人才，以及难招的职位和稀缺人才的招聘 2. 要注意让猎头公司了解自己企业的用人特点和需求，建议长期使用一家猎头公司 3. 注意避免猎头公司挖自己企业的人 4. 猎头招聘费用较高，需要考虑招聘预算成本
网络招聘的招聘策略	通过中介网站的招聘	1. 适用招聘职位广泛 2. 招聘成本较低 3. 需要建立有效的信息筛选机制
员工推荐的招聘策略	员工推荐	1. 适合多数中小企业 2. 适合一些专业度较高的职位 3. 多接受考核成绩好的员工的推荐，一般好员工推荐的人，也比较优秀 4. 可适当给予一些推荐奖金
企业内部招聘的招聘策略	内部晋升	1. 主要适合提高人才的选拔 2. 通常这种方式用于那些对人员忠诚度比较高、重要且应熟悉企业情况的职位 3. 一些专业度较高的职位不适合内部招聘
招聘告示的招聘策略	招聘告示	1. 在中小企业，服务行业劳动招聘时采用较多 2. 一般张贴于店面门口，店面周边或人流量大的场合

上表列举出了不同的招聘渠道及相应的招聘策略，以及它们的优缺点，企业应该根据其实际情况选择合适的招聘渠道和招聘策略，实现企业最优化的高效招聘。

（3）巧妙的招聘广告。招聘广告有一定固定的内容，如招什么样的人，具体的要求是什么等。招聘广告的设计，一是要重点突出、主次分明，把招聘职位、具体要求用最简洁明了的语言或图表展现出来，让人一目了然；二是要在真实的前提下，将公司和职位进行适当的包装；三是在形式与内容上有创意，吸引人的眼球。有条件的企业，还可以举办宣讲会或专场招聘会等。

（4）主动的招聘态度。在发布招聘信息后，企业就应当接收处理应聘者的简历了。因为实际情况比较复杂，有些求职者工作经验比较丰富，对找工作并不着急，或有些应聘者还在职，没有好的机会不会轻易更换工作。企业为了获得这些应聘者的青睐，应当更积极一点，主动到招聘网站上搜索符合条件的人，并通过各种方式与他们联系。

3. 战略层面：吸引优秀人才

技术和战术层面只能在一定程度上缓解“招聘难”的问题，而要从根本上解决这个问题，并且高效地提高企业招聘的能力和效率，企业就要树立尊重知识、尊重人才的良好形象，提高员工满意度和文化认同感，塑造良好的雇主品牌，以吸引优秀人才前来应聘加盟，使企业的人才库中英才济济，成为人才的蓄水池。战略层面的解决措施主要有以下几个方面。

（1）有竞争力的薪酬。薪酬是所有激励手段里最基础、最根本的方式，如果这个没有做到，其他做得再好也都是虚的。因为薪酬在一定程度上代表了对人才价值的一种肯定，有竞争力的薪酬是吸引人才的首要因素。一是薪酬水平要有一定的吸引力，让员工的生活品质有保证；二是薪酬结构要有一定的灵活性，能针对不同人才的特殊情况采取个性化的薪酬措施。

（2）广阔的发展前景。应聘者更倾向于欣欣向荣的企业，置身其中，个人的发展也会较好。因此，企业要集中精力发展经营业绩，只有业绩提高，才能吸引人才。

（3）施展才能的平台。即使企业再优秀，如果个人没有合适的职位，英雄无用武之地，也是很难吸引人才的。因此，企业应为人才提供施展才能的平台，为人才的成长发展提供各种支持和帮助，特别是要为员工设计好职业发展通道，使员工与企业共同成长。

（4）良好的企业形象。找工作时很多人是根据企业的名声去应聘的，此时企业形象的优劣就起到了决定性的作用。换句话讲，每一家企业都必须保持良好的企业形象，这样才能获得更多应聘者的青睐。要树立良好的企业形象，要内外兼修，首先要练好内功，为社会提供优良的产品和服务；其次还要通过各种宣传手段向公众介绍、宣传自己，让公众了解熟知、加深印象。

综上所述，企业要想提高自身的招聘能力和招聘效率，需要在技术、战术和战略三个层面着手来提高企业招聘能力，促进企业长远性的战略发展。

案例实操：AB 集团的员工招聘战略规划

企业人力资源战略规划是企业经营发展战略的重要组成部分，而招聘管理是进行系统的职能性规划，为企业顺利实现企业整体经营发展战略目标提供重要保障。

AB 集团为了应对集团快速发展的经营发展战略，实施了员工招聘战略规划。

1. AB 集团员工招聘战略规划的基本原则

（1）AB 集团人力资源部将集团人力资源战略规划的制定纳入集团当前整体经营发展战略体系。集团人力资源战略规划的根本目的是为实现集团整体经营战略目标而进行的一系列人力资源管理活动，它只能是集团整体经营战略体系的有机组成部分，应得到集团内部组织架构中各方面制度体系和职能部门的支持。

（2）立足于当前集团人力资源管理各个基础模块的支持。人力资源战略规划是对企业人力资源各个管理模块的系统设计组合，因此 AB 集团人力资源部对当前集团人力资源各个模块的实际运转能力及发展潜力进行准确的分析和评估。

（3）立足于建立科学、完整的人力资源管理流程。AB 集团人力资源部将人力资源战略规划定义为一项贯穿于集团经营管理活动各个领域、环节的系统工程。

2. 员工招聘战略规划的主要内容

招聘管理工作作为企业人力资源战略规划的重要内容之一，同企业的职位配置、人员培训、薪酬绩效、职业规划等各个人力资源管理模块之间都存在着相互促进和制约的密切联系。

（1）人员配置规划。集团人力资源部在集团经营战略规划的统一部署下，加强与集团各职能部门间的沟通协调，根据集团所面临的内、外部经营环境实际情况，在集团内部有计划地推动人才流动机制的实施，通过执行内部“跳槽制度”，鼓励集团在职员工在集团内部进行合理的流动，一方面有利于集团人力资源的高效配置，同时也能够达到激励员工、预防人才流失的情况发生，缓解集团人力资源招聘工作的需求压力。

（2）人员补充规划。有效人员补充规划可以尽量避免企业出现员工短缺问题，而 AB 集团应对当前处于快速发展时期，重视集团人员补充规划的制定和落实。集团人力资源部重视做好集团人力资源需求的预测工作，明确集团阶段性经营发展目标用人需求，评价当前集团人力资源水平是否能够满足实际需求，分析现有的集团人力资源开发程度是否还存在上升空间，时刻关注集团内、外部环境变化对人力资源需求的动态影响，判断未来集团经营发展所提出的人力资源需求走势，并预判集团人力资源流失风险水平，实现集团的人员补充工作从应激向主动的转变。在招聘策略上，AB 集团充分重视发挥加强分公司的人才引进力度，尤其是在知识型员工的引进方面，积极发挥处于人才聚集地区分公司的地理优势，就近组织开展招聘工作，并通过集团内部人才流动方式，实现集团整体招聘效率和效益的提升。

（3）人员培训开发规划。AB 集团在满足当前集团经营管理需求的基础上，加强人力资源培训工作对集团中长期发展所需职位人才的开发准备工作，通过对集团现有人力资源队伍的长远建设规划，不断提高集团人力资源开发水平，减少对外部人才引入的需求。

（4）薪酬福利规划。集团在可控成本范围之内，对集团员工队伍的薪酬福利体系进行系统规划，构建在人才市场中具备竞争优势的薪酬福利体系，丰富员工薪酬福利体系的组成内容，调整不同职位、不同层级、不同工种员工薪酬福利体系结构，最大限度满足不同类型员工差异化的利益诉求，提高企业对人才的吸引力和凝聚力。

（5）职业生涯规划。集团对员工职业生涯规划同员工对企业的忠诚度、向心力之间的关系给予高度重视，将职业生涯规划作为集团人力资源开发的重要工作内容，在部门内设专职专岗负责企业员工职业生涯规划工作，将集团发展同员工个人提升联系起来，在充分分析集团内部各个部门、各个职位任职需求、职位职责以及未来发展趋势的前提下，帮助员工明晰个人提升发展的方向和要求，并通过组织有效的系统培训和职位轮换制度，为员工学习和实践提供必要的支持，从而最终达到对内提高员工激励水平、对外增强人才吸引力的目的。

（6）人员离职解聘规划。集团人力资源部加强对人员离职管理工作，提高集团对员工非正常离职所导致的员工短缺风险的防范能力，尤其是目前较为严重的一线生产员工频繁离职问题，集团人力资源部一方面加强劳动合同对员工行为的约束力度，同时也在日常培训工作内容中增加有关劳动合同关系的宣传教育工作，使得集团员工能够清楚地认识到个人所应承担的责任和业务，尽量将员工非正常离职现象控制在最低水平。

3. 优化集团人力资源招聘流程设计

在集团人力资源战略规划的整体安排下，集团人力资源部对当前集团的人力资源招聘管理流程进行优化升级，以提高招聘结果的效益和效率。

（1）用人需求信息的统计调查。集团人力资源部招聘专员在每年 11 月底至 12 月初同集团内部各职能部门负责人进行沟通，对集团下一年度的用人需求情况进行全面调查，初步确定各个部门、职位招聘人数并对其进行汇总形成集团年度招聘需求统计表，提交集团人力资源部经理；人力资源部经理根据集团年度人力资源战略规划对人员需求统计信息进行审核，如无疑问，签字后提交集团总经理，经签字确认后作为下一年度集团招聘基础资料，并在人力资源部备份留档；如需求统计信息同集团年度人力资源战略规划存在差异，人力资源部经理向集团总经理汇报具体情况，并提供专业意见，之后根据集团总经理回馈意见修改或维持原人员需求统计信息，形成最终下一年度集团招聘基础资料，并在人力资源部备份留档。针对需求统计表所列用人需求总量，集团要求最终到岗率为98%以上，部门满意度测评分数应高于95分。

（2）招聘职位分析。集团职位分析工作根据职位不同，应当采用不同的分析方法，譬如对于一线生产安装员工，适用于通过观察法进行职位分析；对于财务部、人力资源部等管理职能部门基础职位的分析则适用于工作日志法；而对于其他关键职位、新增职位的分析工作，则应当将与用人部门负责人的沟通访谈作为主要的分析方法。

首先，集团人力资源部制定标准的职位说明书文件，明确职位分析内容，包括职位名称、所属部门、上下级关系、职位任职资格、职位职责、工作内容以及对应的考核方式和内容，以此作为集团职务规范，同时也为招聘专员提供了面试初选所需考察测评的基础信息。根据职位说明书中所列内容项目，招聘专员同用人需求部门负责人就招聘职位进行详细的职位分析，后者必须准确定位招聘职位在其部门及整个公司组织结构中的位置，明晰招聘职位在管理工作流程中的角色关系，并在此基础上确定招聘职位的工作内容、职位职责以及职位任职资格。

其次，对于属于新增职位的招聘工作，招聘专员同用人部门负责人进行详细沟通，了解当前用人部门的主要绩效目标和工作职责，并将目标及工作职责进行对应的人员分解，找出哪些绩效目标和工作职责没有得到落实，分析这些绩效目标和工作职责所需任职人员具备的专业技能和综合素质要求，并根据分析结果制定对应的招聘职位说明书。

再次，招聘专员针对集团各个职位进行职位胜任力的模型构建。先是收集并确定集团内部当前各职位通用的职位胜任力模型指标因素；之后结合当前集团实行的职位绩效测评体系确定职位优秀绩效员工和普通员工，并确定访谈人员名单，拟定访谈内容提纲；由招聘专员分别同名单中的员工进行访谈，访谈内容主要是员工日常工作经验的描述，从中找出优秀绩效员工与普通员工之间关键行为的差别；根据关键行为的差别，招聘专员得出行为描述的评价量表，并统计各个职位通用胜任力模型指标得分情况；最终选择得分最高的六项指标作为职位胜任力模型的关键指标因素，作为指导招聘工作的重要基础工具。

最后，用人部门负责人招聘职位分析工作引入考核机制，明确用人部门负责人对其部门各职位说明书内容的制定和修改工作承担相应责任，对于由于用人部门负责人自身问题而导致的职位分析说明书内容不完整、不准确、不清楚的情况，由此影响招聘工作的有效开展，应对其进行相应的负激励措施。随着企业经营管理工作的不断发展，不同职位的工作内容、职责、任职条件也都会不断调整变化，因此企业的职位分析是一个动态管理工作，集团人力资源部招聘专员必须时刻关注职位说明书的调整修订，确保每一次职位招聘前都要同用人部门负责人进行职位说明书相关内容的核实确定。

（3）招聘渠道和招聘组织的选择。在职位分析基础之上，集团人力资源部招聘专员根据不同的招聘职位选择相应的招聘渠道，并拟定招聘组织成员。在招聘渠道的选择上，采用先内后外原则，优先考虑集团内部在职员工的职位应聘申请，保障企业内部人才流转渠道的畅通，同时降低招聘成本和风险；对于需要进行外部招聘的，招聘专员应通过采用多种招聘渠道相结合的方式，以提高招聘工作的效益和效率，降低招聘成本，控制招聘风险。在招聘组织的拟定上，应强调组织成员与应聘职位的关联性和权威性，即确保用人需求部门负责人作为招聘组织主要负责人，对相应职位应聘者的相关材料及笔试、面试成绩进行审核评定，并参与第二次面试工作及作出最后决定。

（4）制定招聘费用预算。集团人力资源部招聘专员应根据年度招聘计划，编制招聘费用预算表，以达到招聘工作成本可控、提高效益的目的。招聘费用预算应当根据招聘渠道的不同而分别制表，费用项目包括人工成本、广告费用、材料费、渠道费用等。各类渠道费用预算表汇总得出年度招聘总费用预算。

（5）其他招聘准备工作。包括招聘工作所需各项表格的编制和确定、招聘广告的撰写、招聘代理的选择确定等。

4. 人才甄选

（1）简历初选。集团人力资源部招聘专员通过各种渠道发布招聘信息后，对收集到的简历进行初选，根据招聘职位任职需求选择符合应聘标准的人选。根据冰山模型原理，简历初选工作注重考察应聘者职位胜任力显性因素，对于符合招聘要求者，推荐进入第一轮面试。在简历信息的评定过程中，筛选标准应定义为应聘者与职位任职需求最为接近者，低于或是过分高于职位任职要求的，均不应作为进入第一轮面试的首选人员。一般情况下，筛选后进入第一轮复试的人数与职位实际招聘需求人数的比率应大于3∶1，一线生产安装员工的比率除外。

（2）初试。经过简历筛选后，由集团人力资源部组织初试工作，面试主要成员包括人力资源部经理及招聘专员，初试内容主要以面试为主，部分招聘职位根据实际需要，可在面试前组织笔试；初试的测评重点内容，面试部分主要是从人力资源专业角度评估应聘者同应聘职位之间的契合度，通过人职匹配分析，确定应聘者是否具有招聘职位所需的人格特征；而笔试部分主要是针对部分专业技能要求较高或是特殊职能职位的任职需求，集中考察应聘者基础知识、职业规范、技能水平等相关内容，笔试内容由用人需求部门设计安排。

初试环节改变以往随意性较强的现象，采用结构化面试与半结构化面试相结合的方式，即在确保面试测评基本内容完整的基础之上，根据应聘者面试过程中的实时表现，随机提出相关专业问题，从而在保证面试环节规范性的同时，兼顾对应聘者临场应变能力、知识体系架构、逻辑判断思维等方面的综合测评。结构化面试部分要求面试官在提问内容、提问方式、测评标准等环节均采用固定模式，对所有应聘者一视同仁，尽量减少在基础测评方面的主观性，降低面试官主观因素对测评结果的影响，同时也便于对所有应聘者的横向比较分析。结构化面试部分的提问内容、提问方式、测评标准由招聘专员拟定，经人力资源部经理确认后实施。根据以往集团在初试环节上存在的缺陷，优化后的招聘流程体系中应加强人力资源部在初试环节中对应聘者与应聘职位之间的人职匹配分析，通过引入DISC性格测试工具，测试应聘者的性格特征，并与招聘职位性格特征需求相匹配，匹配结果与初始综合表现相结合，作为最终应聘者的初始测评结果。人力资源部根据初试结果，向用人部门推荐优秀人选，推荐比率一般为2∶1。

（3）复试。除部分一线生产、施工员工外，集团招聘工作均实行两轮面试制。复试工作由人力资源部招聘专员组织协调，用人部门负责人作为面试主考官，招聘职位直接负责人一同参与复试；面试内容主要为招聘职位所需专业技能的考核以及职位胜任力模型指标的测评，复试提问的问题由用人部门负责人在复试前拟定并交至招聘专员，同复试过程记录资料一同作为招聘管理资料在人力资源部留档备份。复试工作结束后，用人部门负责人同人力资源部共同研究并决定是否录用，如决定录用，由招聘专员负责同应聘者确认薪酬福利待遇。集团实行职能工资制度，有既定的薪酬体系，但对于管理层或是特殊职位的人员招聘，可由招聘职位直接上级负责人同应聘者进行确认，本着“以人为本”“人企共赢”的原则进行协商。如双方达成一致，招聘专员应对应聘者所提交的各类信息进行确认调查。调查内容应以实用、简明为基本原则，一方面确认信息的准确性，同时也可以进一步对应聘者进行更为真实、全面的了解；对于重要职位待录取人员，在成本可以承受的范围内，可选择委托专业机构进行调查，以提高调查工作的效率和准确程度。

经调查确认无误后，由人力资源部经理向集团总经理提交用人申请。

5. 员工录用

（1）办理入职手续。待录取应聘者经总经理签字确认后，由招聘专员通过电话及电子邮件双重方式通知其录取结果，并约定办理入职手续的时间及要求；一般情况下，所有新入职员工在入职前均需到企业指定医院进行入职前身体检查，检查结果同其他入职手续一道交至人力资源部留档备案。

（2）试用期管理。集团新入职员工试用期一般为1–3个月，最长不得超过半年。试用期期间，人力资源部组织新入职员工同集团签订《试用期人员劳动协议书》，就试用期员工与企业之间的权利及义务进行明确，避免出现劳动纠纷。试用期期间主要内容是企业与员工之间的相互了解，对此集团人力资源部应通过组织新员工入职培训，帮助新员工全面、深入地了解集团和所在部门、职位的现实情况，尽快融入集团的企业文化当中。入职培训的实施者应当包括集团高层管理人员、人力资源部工作人员及员工所在部门负责人三方面，集团高层主要负责对集团宏观层面的战略目标、企业文化、社会价值取向等进行宣讲；人力资源部工作人员主要负责解释说明公司人力资源管理各项规章制度；员工所在部门负责人则是负责讲解部门及职位工作职责、内容及绩效考核要求等。入职培训时间为一周。

（3）员工转正。试用期满后，用人部门负责人根据新员工试用期实际表现填写《试用期员工考核表》，提交集团人力资源部；人力资源部经理就员工在试用期内的表现同用人部门负责人进行讨论商议，最终确定用人方案，包括转正、延长试用期以及辞退；商议结果报集团总经理签字审批后，由人力资源部相关招聘专员执行；对于同意转正员工，招聘专员代表集团同员工完成正式劳动合同的签订。

6. 建立招聘管理评估体系

招聘体系中将招聘管理的评估环节作为重要内容，组建由集团总经理牵头、人力资源部经理主管、招聘专员及各用人部门负责人共同参与的评估小组，对集团整个招聘流程中的所有环节进行科学、全面的评估，以达到累积招聘管理经验、体系优化升级、持续提升效果、有效降低成本的最终目的。

（1）评估对象

集团招聘评估工作的对象包括集团高层管理人员、人力资源部相关负责人、用人需求部门负责人三方面人员，其中对集团高层管理人员的评估主要是评定其对集团未来人力资源需求的确定是否方向明确、政策清晰，是否符合集团经营发展的实际情况，对集团组织结构设计环节是否符合集团业务经营发展的动态变化需要等；对人力资源部经理的评估主要是评定其制定集团人力资源战略规划与集团经营发展战略的匹配性和可操作性，制定集团招聘管理制度的科学性和有效性，组织实施集团人力资源招聘管理活动的全面性与有序性等；对人力资源部专员的评估主要是评定其具体执行集团人力资源招聘管理工作的执行能力，与各用人需求部门沟通的及时性、全面性和沟通内容的详细程度，收集需求信息的时间进度安排，实施集团既定招聘管理计划的准确性和完整性，相关记录、统计工作文本的管理水平等；对用人需求部门负责人的评估主要是评定其提交用人需求申请的及时性，提交信息的准确、详尽程度，申请招聘职位在设置上的合理性，申请招聘的数量和要求是否科学，与人力资源部的配合程度，对招聘工作的重视程度和专业水平等。

（2）评估范围

集团招聘评估体系的范围纵向上覆盖整个招聘管理流程中计划制订、人员甄选、员工录取中全部实施环节；横向上评估范围包括招聘方法评估、招聘人员的评估、招聘渠道的评估、招聘效率的评估、招聘成本的评估。同时，评估工作既包括年度招聘工作整体评估，同时也包括对某一特定阶段或某一特定招聘工作的评估。

（3）评估方法

集团招聘评估体系在评估方法的选择上主要体现定性评估与定量评估相结合的方式特征，根据评估内容及对象的不同，选择最佳评估方法并配以相应的评估指标确保评估工作的科学性和有效性。目前集团应用较多的评估方法包括问卷调查法、访谈法、观察法、工作写实法等。

（4）评估指标体系

集团招聘评估工作的指标体系分为数量指标、质量指标、成本指标以及效率指标四个维度。各个指标维度之间都存在密切的关联，在开展具体评估工作时应做到统筹兼顾，避免出现片面考评现象。

a. 数量评估指标。集团招聘评估数量指标评定工作，主要是指最终实际录取人员数量与计划招聘人数的比值。以此向前推，从过程控制的角度考虑，还要对各职位实际应聘人数水平，即应聘比进行评估。应聘人数越多，供集团选择的余地就越大，因此集团对一般职位的应聘比评估要求为不低于300%。

b. 质量评估指标。集团招聘评估质量指标评定工作，主要是考评到岗人员入职后的表现是否符合职位任职需求，包括性格特征、职业技能、工作态度等多方面因素。而具体测评的指标为转正比。转正比越高，应聘人员与应聘职位的匹配程度越高，集团的招聘成果也越好，因此集团对一般职位的转正比要求不低于80%。

c. 成本评估指标。集团招聘评估成本指标评定工作主要考评三方面内容，一是集团招聘工作的人力成本，包括集团负责招聘工作的招聘专员的薪酬、福利等成本支出，以及在具体实施招聘工作中用于雇用临时工作人员所需支付的费用；二是招聘管理过程中发生的管理费，包括参加招聘会的场地租赁费、网络招聘需要支付的服务费、新员工入职培训费用等项目；三是用于中介的委托代理费用，由于集团与专业猎头公司及劳务服务公司有着比较稳定的合作关系，且费用支出金额较高，因此将这一部分成本费用从管理费中提出，单独进行评估，以提高评估工作的管控水平。集团招聘成本评估工作的各指标参数由集团人力资源部同集团财务部相关负责人根据集团实时战略部署进行商议决策，集团财务部对招聘成本评估工作提供必要的支持。

d. 效率评估指标。集团招聘评估效率指标评定工作，一是评估集团招聘管理工作整体效率水平，评价人力资源部能否在规定的招聘时效期限内在招聘人数和招聘质量两方面完成招聘工作；二是评估不同职位招聘工作的效率问题，分别评定一线施工、安装职位、一般管理职位、管理层职位招聘工作的效率水平；三是评估不同招聘渠道和方法的招聘效率。不同职位、不同渠道的招聘工作，对其效率指标的标准要求也不同。

第二节　全面招聘管理流程

全面招聘管理的流程是一个较长的过程，在企业外部主要表现为招聘、面试等；但在企业内部，全面招聘管理要求企业对于招聘内部需求、面试管理、试用期管理、后期评价及反馈都要作出明确有效的管理流程。企业的全面招聘管理流程主要有以下内容。

1. 确定招聘重点

企业相关部门需要确定此次招聘的主要工作，主要包括四点工作：确定招聘需求、选择招聘渠道、进行人员甄选、进行招聘评估。

2. 用人部门填写《人员需求申请表》

（1）当因组织机构变化、部门人员离职、业务扩展等导致某部门需补充人员时，该部门可向人力资源部门申请领取《人员需求申请表》；

（2）申请部门需认真填写《人员需求申请表》，签批完毕后提交到人力资源部门。

3. 选择招聘渠道

人力资源部门根据任职资格、招聘数量等条件选择合适的招聘渠道。

（1）招聘人员不多，且公司内部较为稳定、人员储备比较充足时可选择内部招聘；

（2）所有招聘职位，内部人员推荐的合适人员优先面试和录用；

（3）大规模多职位招聘储备人才可通过学校双选会招聘；

（4）招聘普通专业人员、管理人员可通过网络、参加招聘会等方式；招聘经验丰富的专业人员、高级管理人员或高级技术人员可通过网络或猎头招聘等方式。

4. 进行人员甄选

（1）初选

首先，根据任职资格等要求对求职简历进行筛选；其次，对有特殊要求的职位组织笔试。

（2）面试

根据不同招聘职位和招聘方法选择合适的面试方式：中层以下人员由人力资源部门和用人部门共同面试；特殊职位专业技术人员可邀请相关分管副总共同参加；中层及以上人员面试由总经理、分管副总、用人部门及人力资源部门共同面试。

（3）录用

首先，面试结束后由人力资源部门、用人部门、分管副总确定录用人员和候补人员，并向总经理汇报；其次，向被录用人员发放录用通知，并告知入职需准备事项；若被录用人员不能入职，及时向候补人员发放录用通知，并告知入职需准备事项；最后，为被录用人员办理入职手续。

5. 进行招聘评估

招聘评估需要总结招聘过程，对招聘成本、招聘方法、面试过程、招聘人员工作情况进行评估。

以上简单介绍了一般公司招聘管理的全过程，可以通过以下 HE 公司招聘管理流程的实例来了解这一流程。

案例实操：HE 公司招聘管理流程

员工招聘管理总流程需要用人部门、部门分管领导、人力资源部门、行政分管领导、总裁共同参与。

下图是 HE 公司 2017 年度的招聘管理总流程。从图中可以看出：

各用人部门提出年度人力资源需求；人力资源部门根据定岗定给作业指引和用人部门的需求编写年度招聘计划，由行政分管领导审核通过，再经过总经理的审批，企业就将组织进行年度招聘计划，其间，用人部门有可能会提出增加用人需求，经过部分分管领导、行政分管领导和总裁的一步步审核后，企业将开始选择招聘渠道，确定招聘小组，组织进行招聘流程的管理。

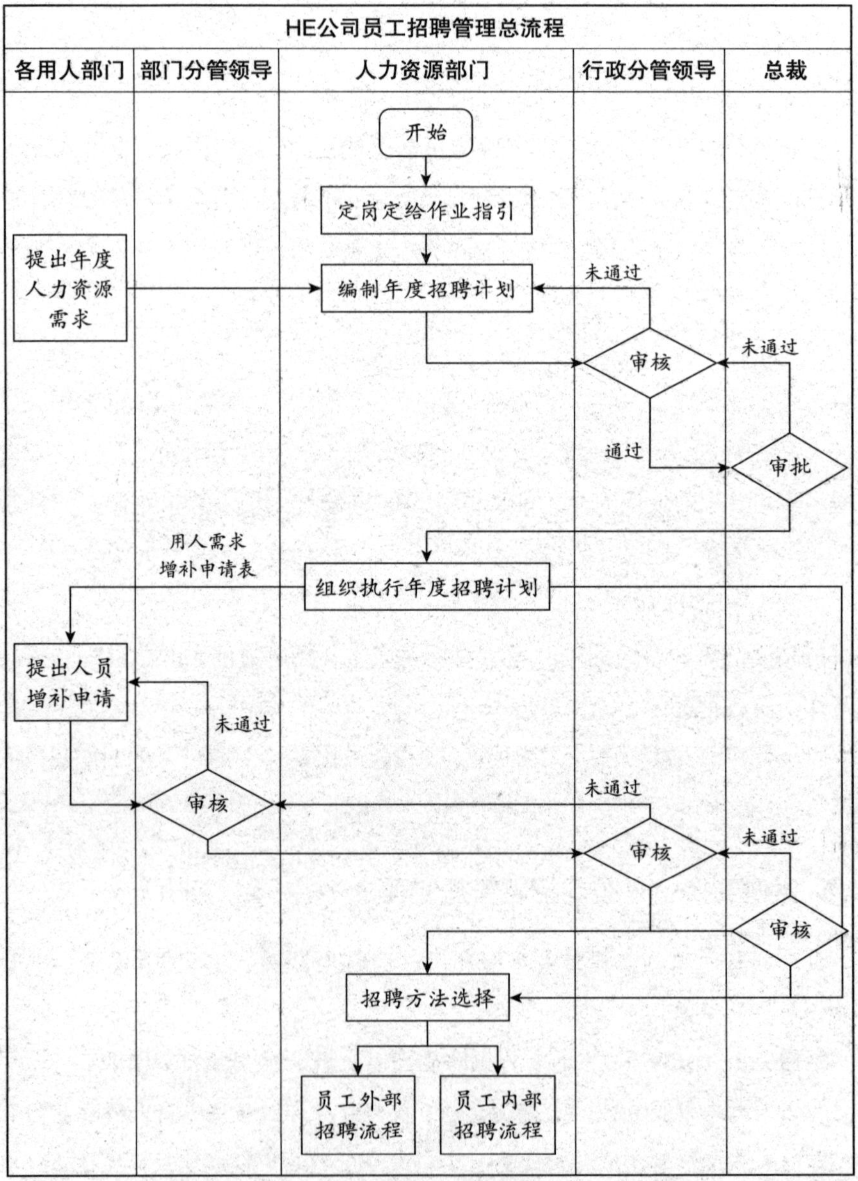

图 1-1　招聘管理总流程

第三节 描述职位职责

职位描述是企业招聘工作中最为重要的内容，也是求职者最为关注的部分，同时也是企业对外宣传雇主品牌的窗口。通过职位描述，求职者可以了解到应聘职位的基本信息，分析判断自己的职业生涯发展是否符合。清晰的职责、明确的任职要求、足够吸引人的薪酬福利待遇都会使得“职位描述”极具广告效应，体现了企业的招聘诚意、HR 专业度，同时也延伸了企业雇主品牌的价值主张。作为人力资源管理中一个基础性的工作，求职者第一眼看到的资料，将在很大程度上影响企业的招聘效果。

一、职责界定的原则

原则表示代表性问题的一个定点词，是行事所依据的准则。职责应该事先约定准则并严格遵守执行，没有原则，各部门报上来的职位和职责会非常混乱。职责界定一般有五个原则。

1. 企业发展导向原则

与企业发展目标相关的事情才能列入职位职责，无关发展职责不能成为主要职责。

2. 职责清晰原则

在职责界定过程中应考虑避免职位之间职责不清晰的现象，每一个职位都设置主责。职责描述尽量描述主责。

3. 职责衔接原则

职责绝非孤立存在，而是在流程运转中实现或完成，在划分职责时考虑工作目标整体实现，避免将过程职责分解到职位后造成职责断裂局面。因此工作承接与传递方向必须界定清楚。

4. 责权对等原则

界定职责就是授权，授责必须同时授权。只有责任没有权力是无法完成任务的。

5. 简洁直观原则

这是表达方式和语言使用上的要求。简洁明了地传递出职位的信息。

二、职责界定方法

一般职责界定是从企业战略目标分解开始，然后从组织架构设置到职位配置入手，进行职能细分和流程梳理，界定各职位承接的事项和承担的工作。

一般员工的共性职责有“遵守公司规章制度”“完成上级交办的其他工作”。主管人员的共性职责有：负责组织制度拟定和贯彻执行、负责目标制定并组织达成、负责成本控制管理、负责员工的发展管理、负责员工的绩效与薪酬管理、负责公司规章制度在本系统的贯彻执行等。这些都不是职责界定的主要内容。

1. 撰写误区

撰写职位职责误区和常犯错误有以下情形。

（1）工作要求当作职责。如会计职责“负责财务工作”，不少职位职责写成了“确保记账不出现差错”。工作职责是具体工作的内容所负的责任，能不能做到，能够做到多少，是职责要求或者说是考核的标准。

（2）工作细节当作职责。或者说把一项职责分解为几个动作表述，如把会计职责的“负责报销核算工作”分解为“负责审核单据”“负责核对预算”“负责核实报销金额”等就过细了，容易淹没工作主题。

（3）协作事项当作职责。如“负责参与学习讨论”“负责参与方案讨论”“负责部门之间的协调”等内容放在任何职位都没有实质意义。职位职责只需要界定主管工作或主办工作。

（4）工作条件和素质当作职责。如把“吃苦耐劳”“忠于职守”“胆大心细”放在职责中。这些属于担任职位应该具备的条件和素质，而不是具体职责。

（5）工作口号当作职责。有些职位职责里有表决心的词汇，如“全心全意”“敢为人先”“准确无误”之类的词句，根本不应该出现在职位职责之中。

（6）职责抄袭。职位职责具有极强的企业特色。同职位名称在不同的企业其担负的职责是不一样的，照搬照抄几乎没有可能。从网络上复制粘贴过来的职责显然影响企业形象。

写职位职责功夫也在写作之外，必须清楚该职位负责的全部事项。也就是说确定职位职责在前，写好职位职责在后。

2. 撰写注意事项

（1）描述职位的工作成果

在进行职位职责描述时，描述的应该是工作成果而非工作过程。例如，企业人力资源部经理的职位职责，应该是“组织人力资源规划，确保企业人力资源工作有计划展开”，而非“具体编写就业指导书，规定人力资源工作的开展步骤”。

（2）描述独特的职责

任何一个职位职责说明描述的都是单独的、不同的最终工作结果，即职位职责不能有交叉和重叠。

（3）职位职责没有时限

职位的职责是没有时限的，因此不要把临时性的工作任务写入职位职责。

（4）职位描述尽量简短

在职位描述环节，有一个不成文的规定，即每个职位的职责描述一般不超过 10 项。职位职责描述不是撰写工作流程说明书，无须长篇累牍罗列具体操作步骤，而是要通过言简意赅的描述，让人对职位的最终职责一目了然。

三、职位职责描述撰写技巧

在招聘过程中，职位职责描述是很重要的，需要掌握其描述技巧。

1. 描述固定句型

在招聘中，描述职责时一般采用以下两种固定句型。

（1）总是起始于动词

总是起始于动词的句型，其基本结构为：动词 + 对象 / 目的 + 结果。

以人力资源部经理的职位为例，其职责应描述为：组织（动词）公司人力资源规划工作（对象），确保人力资源工作与公司年度经营计划相匹配（结果）。

（2）依据职责实施的前提依据

依据职责实施的前提依据的句型，其基本结构为：动词 + 对象 / 目的 + 结果。

这种句型常在前提依据必须要阐述的情况下使用。例如，某企业在制定司机职位职责时，发现除所有司机都需承担的工作外，还有一项驾照年检工作，由于此项工作每年会由不同的人负责，因此，该企业在对这项职责的描述时加上了“根据行政总监安排”。

2. 日常任务转化为职责

每个职位都有着千头万绪的日常工作，因此，企业在描述职位职责时要善于总结，将日常任务转化为职责。

（1）核心产出结果

职位所有日常工作都是为了实现最终的职位责任目标，即同样的产出只为一个产出结果，据此可以把日常工作职责合并成职位职责。

例如，招聘经理时有接收记录辞职信、确定空缺职位和每周更新空缺职位三项日常工作任务，这三项产出全是为了同一个产出结果——便于报聘和行使人事职能，因此将该招聘经理的三项日常工作合并，总结成一项职位职责，即“保管空缺职位表，便于进行报聘及行使其他人事职能”。

在职位职责描述中，对于产出结果的描述非常重要，它是企业绩效考核的重要依据。

（2）职责描述中常用动词的使用方法

职位不同，使用的动词也不同。对企业高管的职责描述，多使用“批准”“指导”“授权”“建立”“制定”“规划”“决定”“准备”“发展”等动词；对企业中层管理者的职责描述，多使用“达成”“增进”“评估”“建立”“赢得”等动词；对于那些具有专业性和涉及资源管理的职位，“分析”“辨明”“鉴别”“界定”等动词更适用。

需注意的是，进行职位职责描述时，应避免使用“负责”“管理”这类表述模糊的动词。因为同一职责可能会涉及多个部门或多个职位，使用模糊性的词语容易造成职责不明或职责的主次不分。

（3）如何运用职能分解法进行职责描述

描述职位职责，还可使用职能分解法，即将部门职责和职位职责有效联动。

表 1–2 是某企业人力资源管理部门的职位职责描述。

表 1–2　企业职位职责描述

序号	部门职能	部长	招聘专员	培训专员	绩效专员	薪酬专员
1	人力资源规划	组织	参与	参与	参与	参与
2	人力资源制度建设	组织 / 审核	执行	执行	执行	执行
3	招聘与配置管理	核心职位	一般职位	配合	配合	配合
4	培训管理	组织		执行		
5	员工绩效管理	组织			执行	
6	薪酬福利管理	组织				执行
7	员工关系管理	组织	执行			

在表 1–2 中，“部门职能”一栏列出了部门的所有工作职责，“部门职能”右侧列出的是部门所有工作职位，中间部分分别用不同的动词界定出了每一项部门职责分配到各个职位的情况。这是对部门职责的一级分解，接下来还可以将分解出来的一级职能进行二级分解。以此类推，将部门职责分解到最细微，也就得到了职位说明书的内容。

（4）将职责描述品牌化

当下较为流行以文案的形式呈现公司的雇主价值主张（EVP），文案中将工作意义、关键职责、任职要求和公司的雇主价值主张联系起来。此外，职责描述的措辞和视觉呈现风格和公司品牌一致，雇主价值主张传递时，内容一般包括五个方面：工作内容、工作收获、工作成就、工作伙伴和工作认可与奖励。

四、职位职责描述的依据和基础

职位职责的描述过程不是无本之木，有其人力资源管理的依据和基础。其依据和基础分别是工作分析、职位说明书、任职资格和胜任力模型。

1. 工作分析

工作分析是对组织中某个特定职务的设置目的、任务或职责、权力和隶属关系、工作条件和环境、任职资格等相关信息进行收集与分析，并对该职务的工作作出明确的规定，且确定完成该工作所需的行为、条件、人员的过程和全面分析。工作分析是人力资源管理工作的基础，其分析质量对其他人力资源管理模块具有举足轻重的影响。

在撰写职责描述前，做工作分析时，应当按照以下五个步骤来进行。

（1）确定工作分析信息的招聘方向

一开始要明确工作分析所获得的信息将用于招聘。工作分析所获得信息的用途直接决定了需要搜集何种类型的信息，以及使用何种技术来搜集这些信息。

在为新设立的职位招聘的时候，上下游的职位工作分析对于空缺的工作岗位甄选员工是极为有用的。让他们自己说出自己所从事的工作的任务是什么，以及他们自己所负有的责任有哪些。而另一些工作分析技术，则不能提供上面所需要的那种描述性信息，因而无法满足编写工作描述这一任务的需要。但它所提供的信息却有助于对每一种工作进行量化排序，可以使得对各种工作进行对比。

（2）搜集与工作有关的招聘市场信息

可以先看看那些可得到的与工作有关的背景信息，如市场上同类型职位的组织架构图、工作流程图和工作说明书等。组织架构图显示出了当前工作与组织中的其他工作是一种什么样的关系，以及它在整个组织中处于一种怎样的地位。组织架构图不仅确定了每一职位的名称，而且用相互连接的直线、虚线明确表明了谁应当向谁汇报工作，以及工作的承担者将同谁进行信息交流等。在组织架构图中只能简单地获知工作流动的方向，而工作流程图则提供了与工作有关的更为详细的信息。

（3）选择有代表性的工作进行分析

当工作有很多但又比较相似，即重复性工作较多的时候，如果一个一个地进行分析，必然非常耗费时间。在这种情况下，选择典型工作进行分析显然是十分必要同时也是比较合适的。

（4）搜集工作分析的信息

在这一步，就是要通过搜集有关工作活动、工作对员工行为的要求、工作条件、工作对人员自身条件，如个人特点与执行工作的能力等要求的信息，来进行实际的工作分析。

工作分析提供了与工作的性质和功能有关的信息。而通过工作分析所得到的信息只有与从事人员，以及直接主管人员进行核对才会减少偏差。这一核对工作有助于确定工作分析所获得的信息是否正确、完整，同时也有助于确定这些信息能否被所有与被分析工作相关的人所理解。

（5）形成工作说明书和工作规范

一般情况下，在完成工作分析之后都要编写工作说明书和工作规范。工作说明书就是对有关工作职责、工作活动、工作条件以及工作对人身安全危害程度等工作特性方面的信息所进行的书面描述。工作规范则是全面反映工作对从业人员的品质、特点、技能以及工作背景或经历等方面要求的书面文件。工作说明书和工作规范书分成两份文件来写，有时候则合并在一份工作说明书之中。

2. 职位说明书

职位说明书是通过职位描述的工作把直接的实践经验归纳总结上升为理论形式，使之成为指导性的管理文件。具体来看，职位说明书是对企业职位的任职条件、职位目的、指挥关系、沟通关系、职责范围、负责程度和考核评价内容给予的定义性说明。职位说明书主要包括两个部分：一是职位描述，主要对职位的工作内容进行概括，包括职位设置的目的、基本职责、组织图、业绩标准、工作权限等内容；二是职位的任职资格要求，主要对任职人员的标准和规范进行概括，包括该职位的行为标准，胜任职位所需的知识、技能、能力、个性特征以及对人员的培训需求等内容。职位说明书的这两个部分并非简单的罗列，而是通过客观的内在逻辑形成一个完整的系统。

职位说明书是企业招聘时的重要依据文件之一。企业需要根据职位说明书来向招聘者说明该职业的日常工作和任职要求，一方面职位说明书能使企业的招聘工作更加地制度化，另一方面职位说明书也能提高企业招聘的效率。

（1）职位说明书的内容

职位说明书根据用途不同有各种不同的标准，通常使用的是内部管理用途的职位说明书，根据招聘市场的特点，出现了招聘用职位说明书的提法。内部管理用途的职位说明书一般由下面所列出的有机组成部分构成。

职位说明书一般用表单形式编制，设计表单通常分七大部分：一是基本信息，包括职位名称、部门、直接上级、所属下级、职责分析日期、编写日期等；二是职位目的，包括职位概述；三是职责和权限，包括主要职责权限、相关职责权限和临时性工作；四是工作关系，包括内部关系和外部关系、联系部门、人员；五是任职资格，包括受教育水平、工作经验、技能和水平、个性和品质等；六是考核指标，包括权重、薪资等级、职位发展方向；七是工作环境。下面以人力资源经理为例。

职位名称是人力资源部门的经理，简称 HRM，职位名称应该写为经理；部门名称应该写为人力资源部；任职人要在任职人签字的地方签字，以示有效性；HRM 的直接主管应该写为分管副总经理。要提供直接主管的签字，以示有效性；任职时间也就是生效时间，一般也就是与劳动合同的时间一致；任职条件包括学历要求、工作经验要求、特殊技能等。HRM 的特殊技能是指掌握现代人力资源管理运作模式，熟悉国内人力资源管理政策法规及人才市场动态等；下属人数指的是部门内所管辖的人数；沟通关系一般分为外部与内部两个层面。HRM 的内部沟通有分管副总经理、部门经理与员工；外部沟通有上级主管部门、所在城市人事劳动部门、各主要媒体或招聘网站、各主要培训机构、应聘人员或同行、相关行业协会。HRM 的职位目的为根据公司战略发展需求，设计运用人力资源管理模式和相关激励政策，激发员工潜力，开发人才，实现人力资源开发在行业内具有市场领先者的目标。行政权限指的是在公司所拥有的财务权限和行政审批权限等。工作内容和职责，是职位说明书最重要的地方，包括职责范围与负责程度、衡量标准等。如 HRM 的职责包括这几个方面：组织体系与制度；培训；人事考核与绩效评估；招聘；薪酬激励政策；职位管理，部门管理与建设；能力要求与个性倾向及特征等；职业生涯发展规划。职位说明书还包括职位关系与理论支持。职位关系又分为直接晋升的职位、相关转换的职位、升迁至此的职位；理论支持是指学习和培训所达到的相关要求。

以上是内部管理所用的职位说明书的主要组成部分。

一般情况下，职位说明书是由一线经理来制定的，人力资源经理起到辅助的作用，主要是提供制定职位说明书的框架格式，并提供参考性建议。通常职位说明书为一式三份，一份为用人部门负责人保管，一份为员工自己保管，一份由人力资源部备份保管。

（2）编制职位说明书

职位说明书是企业招聘的必需文件之一，企业在编制职位说明书时，一般从以下几个方面来进行。

a. 职位分析。根据组织架构，进行职位梳理和工作分析。组织架构是职位设定的基础，制定招聘职位说明书，需要根据组织架构，对职位进行梳理和分析；新增职位需要确定其在组织架构中的位置和职位设定的目的。一般采用问卷调查、职位总结分析、员工记录、直接面谈等方法，明确招聘职位目标。

b. 职位职责。职位职责就是工作说明，即该职位应该做什么、怎样做、需要达到什么样的工作标准。一般采取先由各部门负责人将职位职责进行梳理，然后填报在统一的模版中上报的方法，再经过组织相关部门进行反复考虑和论证，确定最终的职位职责描述。

c. 工作权限。根据组织架构、工作分析和职位职责，确定该职位的所属部门、具体工作权限和管辖权限，直接负责的上下级关系和管辖人数等内容；确定职位任职资格。根据该职位胜任能力确定职位任职资格，具体内容含：年龄工龄、资格证书、工作经验、技术技能、管理能力、学历学位、工作业绩等必备的入职条件。

d. 审批实施。初步框架出来后，人力资源部、用人部门就招聘职位说明书进行细则讨论和补充，最后由人力资源部进行提炼总结后，填写进统一模板，报公司总经理进行审批后实施。

e. 适时调整。随着公司的发展和情况变化，招聘用职位说明书使用过一段时间后，可能需要对一些内容进行调整。调整可以由业务部门提出调整申请、人力资源部进行调整或品质部督察过程发现问题发出整改单、人力资源部进行调整。调整按规定流程进行。

（3）编制中容易出现的问题

在编写职位说明书的过程中，容易出现以下几个问题。

一是职位说明书常年不变。首先，组织结构的频繁调整，人事的变化，部门职能的变化，会相应地导致职位的工作内容发生变化。这时候，职位说明书如果不能适应这种变化及时修正，会很快过时。其次，相较于传统行业，在新兴行业中职位变动和人才流动都非常地快，其中的人力资源风险相对较高，此时企业的人力部门更需要对职位进行分析、编写职位说明书，以减少由于人员迅速膨胀、组织经常变动所带来的风险。

二是职位说明书的格式应当简洁实用，突出重点，项目不应贪多。在描述职责时，尽量多用概括性、通用性的语言，以使职位说明书能有相对较长的稳定性。同时应加强上下沟通，避免出现上层人员热血澎湃、调整方向过快，而基层员工面对变化却无所适从、仍旧原地踏步的情况。即使在传统行业里，职位说明书一般地也需要每 1~2 年修改一次。

三是编写职位说明书不仅仅是人事部门的事。人事部门的责任是提供一种格式和方法，培训一线经理如何编写并运用职位说明书，同时要对一线部门所撰写的职位说明书进行审核。一线经理是具体的编写者，所以要经常审视下属的工作内容是否变了，工作要求、组织关系是否变了，如果有变化，应马上更新职位说明书。

四是过于详细或过于简略。有的公司把职位等级、工作的复杂性、管理责任的大小评价也纳入其中，使得职位说明书过于复杂。职责内容写得很翔实，别人理解起来会很容易，但会加大编写者的工作量，而且，一旦职责内容有了细微变化就要调整职位说明书，会加快职位说明书的更新速度。反过来，如果写得过于简略，语焉不详，或者生僻的专业术语过多，会使人阅读理解起来很困难。还有的公司所写的职位说明书，内容仅仅局限在工作职责方面，这是不够的。

五是对号入座，过分迁就现任职者。职位说明书仅描述职位本身所具有的特性，而与从事或即将从事此工作的具体人员无关。编写时不应掺杂着现有任职者的身影，尽管这很难做到。过分迁就目前的任职者，会影响其客观公正性。当然，也不要矫枉过正，不顾现实条件，按照绝对理想的任职标准和考核标准来写，那会缺乏实用性。

3. 任职资格

任职资格要求由两部分组成：行为能力与素质要求。行为能力包括适应战略要求的知识、技能和经验等；素质要求是指适合从事某一职类、职种、职位、职层任职要求的人的动机、个性、兴趣与偏好、价值观、人生观等。

从事不同职类、职种、职层工作的人所需的素质要求与行为能力要求是不同的，如技术类工作的性质与特点、工作方式与方法同营销类工作的性质与特点、工作方式与方法相比存在很大的差异，因而对从事技术类工作的员工素质要求、行为能力要求与从事营销类工作的员工的素质要求、行为能力要求存在较大的不同；同一职类不同职种、职层的员工在任职资格要求上也有一定的偏重；同一职种不同职位上的员工任职资格原则上应该相同，这样便于同职种内员工的职位调配、轮换和工作协同等。

同一职类、职种的任职资格要求在企业战略相对不变的情况下，保持相对稳定。各职位的具体任职资格要求，可在不违反职类、职种的任职资格要求基础上，随组织机构调整保持一定的灵活性，即可以因组织或人事上的安排而进行若干特定的要求。

企业在进行人力资源开发的管理中要注重各职类、职种、职层员工能力的均衡发展，各职类、职种员工任职能力都要符合战略要求，尤其是企业管理类人员、技术类人员和销售类人员的能力一定要均衡发展。只有这样才能使企业获得持续的发展能力。

任职资格和招聘工作的关联度比较大，很多情况下，任职资格就是面试选人的标准。通过工作分析，即“事”的层面的分析，了解拟招职位的工作任务，而基于这些任务目标的达成，需要找什么样的人来匹配职位，所以任职资格就显得非常重要。在任职资格招聘应用过程中有几点需要注意。

（1）任职资格认知要统一

任职资格的定义本身也有几种，而且不同的人理解也不一样，即使在同一家企业，不同部门、不同层级的人员认知都是不同的。任职资格是指在特定的工作领域内，根据任职标准，对工作人员工作活动能力的一个可标对的证明。

这个定义中有几个核心字眼需要 HR 特别注意：特定领域、根据任职标准和能力证明。这三个核心词汇也是统一标准的核心方向，让所有人员了解应聘人员在特定工作领域、根据任职标准和能力证明上统一。

a. 特定工作领域指员工所属的特定职位和岗位。“特定”表明任职资格强调工作相关性，如一个做财务管理的管理人员，没有必要也不能去参加市场管理营销职位的对标认证。应该知道每个职位的任职标准都是定制的，必须围绕特定工作领域开展，这在每个企业不一样，一定的时间段也不一样，不是通用标准。

b. 根据任职标准指一切的依据是任职标准。标准必须清楚，不能模糊，任职资格强调客观性。

c. 能力证明可以认为员工需要有切实的证据证明自己有达成标准的能力。而如果公司开展了能力证明，也可以自己颁发一些证书，表示员工通过任职资格体系管理认证，可用来证明自己已经具备了某方面的工作能力。

（2）深入沟通了解应聘者比对任职资格

沟通、测试，掌握应聘者的所有资料，了解特长和适合的工作，才能在任职需求中发现适合他的工作岗位。这样才会使应聘者在入职后发挥出自己所有的才能，实现自己与公司需求的契合。

（3）任职资格要求不等于任职资格标准

职位说明书其中有一个部分叫任职资格要求，也叫作基本任职条件要求。如表 1-3。

表 1-3　行政司机任职资格示例

工作条件	年龄范围	28-45 岁	相关工作年限	1 年以上
任职资格	学历	中专及以上	专业	管理类和驾驶
	知识	1. 具有后勤管理的常识 2. 对交规、车辆维护有一定的认识 3. 对安防环保等设施有一定的认识		
	经验	1. 具有服务管理及库房管理知识 2. 具有会务服务经验 3. 对劳动保护用品的管理经验 4. 熟悉办公室接待业务和对外联络事宜		
	技能	1. 能够使用 Word、Excel 等办公软件，制作简单的表格 2. 普通话标准，性格开朗，沟通能力较强 3. 驾驶、厨务等专业技术能力较强		
	行为	1. 管理作风硬朗，不怕得罪人 2. 工作中敢于承担责任，不喜欢找借口，有强烈的责任感 3. 做事讲究效率，时间观念强，保密责任心强 4. 喜欢接受挑战，抗压能力比较强		

上表所示只是该岗位任职人员需要的最低或一般任职要求，并不能体现伴随着公司业务的发展而对于该岗位进一步的发展要求。这仅仅是对该岗位所需人员的初步认识，会使应聘员工对此职位的初步理解不能体现任职资格标准的

发展特点，仅仅是局限于对该岗位在企业发展的某个状态点的静态要求。

对任职资格的认识透彻，对于招聘对象的把握和提升招聘效率将会有很大的帮助。

4. 胜任力模型

胜任力在人才招聘中起着重要的作用。胜任力的内隐性为企业招聘合适的人才带来了一定的难度，同时也对招聘者提出了更高要求。招聘人员应识别应聘者的三类能力：第一类是应聘者的智商（IQ），即应知、应会知识技能等方面，这些属于显性特征，较易识别；第二类是应聘者的情商（EQ），即个人特质，如协调能力、沟通能力等方面，这些属于隐含特征但识别难度相对不大；第三类是应聘者的灵商（SQ），即心灵深处的动力之源，包括动机、自我概念等，这些特征隐含较深，识别难度大，同时对后续绩效产出影响大。

因此，基于胜任力的人员招聘，要求招聘者应通过工作分析确定职位所需的胜任力，并以此为标准，开发安排与职位相适应的评估和选拔方式，避免传统招聘过程中的主观性和片面性。如工作申请表的设计与筛选、笔试问题难度及广度设计、面试安排、职业道德倾向测试等环节应紧紧围绕职位胜任力来进行。

（1）胜任力在招聘中的运用

企业在招聘中要做到基于胜任力进行有效招聘，一般需做到以下几点。

a. 基于胜任力的应聘申请表的设计与筛选。应聘申请表是单位为了主动了解应聘者是否符合工作所需的各项要求而设计的表格。在进行设计时，要基于工作分析所得出的职位胜任力模型，使每个项目要素设定都与职位胜任力要求相吻合，所填信息要重事实轻评价，运用举例加以印证。申请表设计要以经济性、适用性和有效性为原则，在筛选时可以体现出效率与效果的统一，达到又快又准的初选目的，为后续面试环节奠定良好的基础。

b. 基于胜任力的面试方法与技巧。面试是用人单位最常用也是必不可少的测试手段。由于面试是在精心设计的场景下，招聘者与应聘者双方面对面地问与答的过程，通过直接的接触，可以全面了解应聘者的语言表达能力、反应能力、个人修养、逻辑思维能力等，内容十分广泛。但面试也容易受到面试官、应聘者、面试顺序、面试问题等方面的主观影响，出现晕轮效应、首因效应、对比效应等知觉偏差，对录用人员的信度和效度产生一定的负面影响。为减少上述负面影响，基于胜任力的面试应注重面试内容的设计，必须依据工作职位的胜任力模型突出重点，利用结构化和非结构化面试手段进行全面考察。面试问题涉及不同层面，既有面向职位的，也有面向组织、行业的。不同问题可借助一些方法的选用，如关键事件陈述、情景模拟、无领导小组讨论等方法。要将胜任力模型应用在招聘流程中，需要结合相对完善的测评方法才能实现模型的作用，否则模型的建立会变得毫无意义。

c. 在笔试、应聘申请表的设计与筛选、面试等方面要严格把关，切实用胜任力模型的分析结论指导实际招聘过程。通过将胜任力模型运用到人员招聘的全过程，可以帮助组织选准人，实现“人——职位——组织”的匹配，增强招聘的信度和效度。但胜任力模型建立后，并不是一成不变的，需要根据实际情况的变化不断修正胜任力模型和与此相关的环节。

d. 对简历分析。首先，考察其受教育情况。尽管高学历并不等同于高技能，但过低的教育背景显然会在一定程度上限制其潜能的发展。其次，从业经历考察是简历分析的重点。如其工作经历是否过于复杂，在职时间长度是否合适，离职原因是什么等。对其矛盾信息进行判断和正确利用非语言信息，有助于提高招聘的成功率。最后，注意对关键技能和职业资格的审查。

e. 对笔试结果的分析。首先，考察其文化水平和知识素养的胜任力。其次，了解其相关行业背景和对拟聘职位的工作流程、操作规则等程序性要求的熟悉程度。更重要的是从笔试中所反馈出的不同个性特征，来进行人格类型和职业素质测评，以明确其职业锚。如销售人员，需要具备较强的沟通能力、影响力和主动意识以及客户服务意识；对研发人员，应关注其成就欲、创造力和开拓意识；而对行政管理人员，则更应关注其团队意识、经营管理能力和人际关系能力等。

（2）面试中的胜任力分析

下面从面试技术和题目设计的角度对胜任力分析加以阐述。

a. 面试技术性分析

面试中可采用多种测评技术，如行为事件访谈法是一种开放式的以行为回顾为表现形式的探索技术，是揭示个人经历和特质的主要途径。在面试中要求求职者举例说明其在管理中遇到的关键事例和情境，包括正面的和负面的、成功的和失败的、最满意的和最遗憾的事件，目的是通过倾听面试者在某一真实情境下的感觉、想法、意愿和行为来分析其能力、性格和动机。例如："请描述您最为成功的三次销售经历，并总结一下成功的原因是什么。"STAR 模型也是常用的一种测评技术，是描述一个完整行为事件的四个要素，即情境 S（Situation）、任务 T（Task）、行动 A（Action）、结果 R（Result）。它有助于我们了解该应聘者的知识、经验、技能以及他的工作风格、性格特点等相关方面的情况。例如，某面试者在谈到一次成功的销售经历时说道："上次在和一个客户洽谈时，对方提了很多苛刻的条件，但经过我的努力最后他还是和我签了约。"这是一个不完整的事例，虽然陈述了 S（洽谈很困难）、T（目标是与客户签约）、R（最终签约），但恰恰对最重要的 A（行动）却没有描述到。此时就可以针对其不完整部分进行提问，以鉴别其陈述的真伪。

b. 设计高效题目进行深入分析

为通过面试考察其胜任力，面试所设计的题目应具有以下特点：尽量设置为开放式的题目，即让应聘者在回答中不是简单地回答"是"或"否"，而是要求应聘者用较多的语言回答，在此基础上构建多个行为性问题，从而综合考察求职者的素质、知识的广度和深度。如对研发人员，在重点考察本专业领域知识和技能的同时还应了解其外延和边缘知识技能。

通过在招聘中对求职者的胜任力分析，可以明确求职者是否符合本职位需求，是否适应组织文化需求，是否适合团队人才结构的需求，以便决定录用与否。从应聘者角度来看，在分析中还应考虑组织所提供的工作和各项激励是否达到了应聘者的期望，其未来成长潜力和发展空间又是如何。掌握好这种动态的胜任力分析，将会更好地发挥人才的现时优势，并在职业发展中充分释放其潜能，否则，既会造成人才资源的浪费，同时也不利于其稳定。

案例实操：KU 公司招聘工作分析

KU 公司 2017 年度招聘工作分析报告

1.KU 公司现有人员结构情况

（1）人员情况分析

截至 2017 年 12 月 31 日，公司现有人员 162 人，具体人员素质结构如下表 1–4。

表 1–4　KU 公司具体人员素质结构

总　数	162 人	比　例
研究生学历	2 人	1.2%
本科学历	10 人	6.2%
大专学历	36 人	22.2%
中专学历	22 人	13.6%
高中学历	18 人	11.1%
初中及其他学历	74 人	45.7%

人员结构分析：KU 公司现有人员结构中的问题如下：

a. 本科以上人员较少，后线管理职位中大专及中专学历占多数，需适当增加本科以上学历管理人员比例。

b. 一线操作职位初中学历偏多，大多属于基础工种。下一步应适当增加高学历层次人员。

（2）2017 年各部门入职、离职情况，见表 1–5。

表 1–5 各部门入职离职情况统计表

部 门	入职人数（人）	离职人数（人）
企业管理部	6	2
财务部	4	2
业务内勤	2	0
业务部	9	9
化学部	6	3
保障部	5	3
施工部	33	8
新产品研发部	1	0

2017 年公司离职率为 19.58%。年内新招人员离职率为 25.7%。

情况分析：

a. 从 KU 公司今年离职率情况看，基本属于合理良好的范畴，但业务部门及施工部门离职率偏高，部门经理应该重视，做好人才管理工作，减少人员流失率。

b. 在市场竞争中，保持一定的员工流动，可以使企业利用优胜劣汰的人才竞争制度，保持企业的活力和创新意识。

c. 年内新招人员离职率略高，占到新招总人数的 1/4；下一步把新员工入职谈话与调查纳入新的工作当中，做好新员工在职心理辅导，增强员工的企业归属感，减少新员工流失率。

（3）招聘渠道分析

2017 年招聘以网络招聘及现场招聘为主，网络招聘与现场招聘各占 60%、40%。网络招聘依然是重点，从网络招聘效果上分析搜索简历到职率远远低于主动投递到职率。所以还以主动投递简历招聘为主要方向。

KU 公司尝试了校园招聘方式，已和大中院校就业办取得联系，但由于毕业生源短缺及联系时已过高峰期，所以未取得成果。待明年要及早入手，早作准备。

2. 2017 年主要招聘工作成绩

（1）2017 年 7 月至 12 月（6 个月）共参加招聘会 28 次，平均每月 4.6

次。7月至12月共收到应聘登记107人，其中参加面试人员57人（面试率53.3%）。聘用23人（面试合格率40.3%）。

表1–6　各月份面试及入职人数统计表

月份（月）	求职面试人数（人）	入职人数（人）
7	6	2
8	22	8
9	8	4
10	7	5
11	6	1
12	8	3

7月~12月为公司新招人员有：

业务员：8人；化验员：2人；仓库管理员：3人；司机：3人；成本会计：1人；水处理技术员：1人；网络推广员：1人；研发工程师：1人；电焊工：2人；常务副总：1人。

（2）招聘渠道管理

a. 尝试拓宽招聘渠道；

b. 构思内部推荐渠道流程；

c. 尝试校企联合进行人才储备培养工作。

（3）招聘计划管理

确立公司招聘管理制度及流程；加强面试各环节与用人部门的交流，并定期总结分析；改进工作流程，提高招聘效率。

建立招聘管理流程，协助好上级领导做好企业人才管理体系工作。

以上是KU公司的招聘年度工作分析总结，公司希望在下一年不断改进工作方法和提升工作效率，提高创新意识，引进新的理念提升招聘环节，为KU公司人力资源奠定良好基础。

第四节　招聘成本控制措施

招聘是公司招募优秀员工、组建团队的主要方式，对招聘成本的控制是节约人力成本的重要环节。招聘必然会产生成本，而学会用最小的成本招到最多、最好的人才，正是 HR 应该掌握的能力。对招聘成本进行优化，科学选择正确的招聘途径，合理调配人力资源，更是人力资源成本控制的关键。

一、招聘成本

企业人力资源成本控制是指通过科学的计算方法来反映企业人力资源管理和员工行为所引起的经济价值的控制与把握。一般情况下，企业人力资源成本依据其与员工的相关性不同可分为直接成本、间接成本和其他成本。

1. 直接成本

直接成本即企业人力资源招聘、培训所产生的成本，其主要通过以下两个方面表现出来。第一，企业人力资源的获得成本，即主要包括人员的招聘费用，如面试费、资料费等；选拔费用，如面谈、测试和体检等支出；录用及安置费用，如录取手续支出、工作关系调动补偿等。第二，企业人力资源的开发成本，即为了使员工能够达到所需具体工作职位的要求，对其进行的必要培训而支付的费用，主要指上岗前的培训组织、实施及相关补偿等。具体包括在招聘过程中的一系列显性花费，如下载简历费用、校园招聘张贴海报费用、差旅费用、内部推荐奖励以及猎头费用等，这些显性费用在公司财务上能直接列支并清晰区分或分摊出来。

2. 间接成本

间接成本是招聘过程中间接产生的成本，主要是面试投入的人力、物力成本，如面试官面试占用的时间折算的间接成本，这些投入事实上都是非常大的，如总经理面试 2 个小时的成本和部门经理投入 2 个小时的面试成本是不同的。

3. 其他成本

除了以上的直接成本和间接成本，企业招聘时还会发生各种零星成本，如重置成本、机会成本和风险成本等。重置成本是指由于招聘不当导致重新招聘所花费的费用，如招错人带来的再次招聘成本；机会成本是因人员离职和新聘人员能力不能完全胜任工作所产生的隐性花费；风险成本是指企业的稀缺人才没有按期完成招聘给企业管理带来的经济损失。隐性成本是一种隐形的成本损耗，如烦琐的招聘流程影响了招聘人员的其他工作，面试官占据了原本应重点关注核心业务的时间，其所产生的是一种隐形的成本损耗。

二、企业的招聘成本管理

企业的招聘成本管理是综合性成本的管理，成本与效率两者必须兼顾。企业一般选择一种招聘成本控制策略来控制企业的招聘成本。企业招聘成本来自多个方面，必须多管齐下同时进行控制。企业根据其自身的特点和发展的需求，在招聘人才的过程中要综合考虑企业运行的实际需求，用最小的成本为企业吸收到最合适的人才，从而实现企业效益的最大化。

针对企业的招聘成本管理，企业可以做到以下几点。

1. 提高招聘有效性，降低重复率

在招聘的过程中，要对面试人员进行严格的筛选，并结合企业的战略需求以及企业的实际需求，对面试人员的专业素质和个人素质进行全面的了解，对不符合企业需求的应聘人员进行淘汰。在对应聘人员的了解过程中，不要仅仅局限于应聘人士所取得的资格证书、资质资历等，要通过对其进行相关工作能力、人际交往、个人思想品德的测试等，相应地对应聘人员进行严格的筛选。除此之外，还要尽快帮助企业员工熟悉企业的文化环境，使其在最短的时间内融入新的工作团队中，从而有效地促进工作效率的显著提高。

2. 充分发挥新媒体技术

可以利用网络技术和信息技术对公司的招聘计划进行宣传，如利用微信、微博等网络平台对企业的文化进行广泛的宣传，这样便可以有效地减少在传统媒体上面的宣传与投入，最大限度地帮助企业节省招聘方面的开支，同时也可以对企业文化进行一定程度的宣传，从而不断扩大人才来源的范围，为公司最大限度地吸收具有实际效用的高素质人才。

3. 缜密的招聘计划

企业要对自身的发展情况进行科学的分析与调查，在明确用人方面的需求和目标的基础上，制订科学、合理的招聘计划，将所需职位的具体职责、操作流程以及对操作人员的素质需求等都确定下来，同时在招聘告示上将企业对职位的需要以及对招聘人员的具体要求都确定下来，保证应聘人员能够根据自身的实际情况前来参加面试，提高应聘人员职位的针对性和入职后职位的胜任力。

4. 缩短新员工的适应期

根据公司实际情况成立一定的辅助机构，在保障工作效率的同时，对新员工的工作业绩进行考核，对业绩出色的员工进行适当的奖励，增加员工对工作的归属感，使其产生成就感，对业绩普通的员工进行劝勉，帮助其改进工作方法，提升业绩，使其感受到企业的关注，进而激发员工对工作产生浓厚的热情，并在工作中找到归属感，把企业当成家一样去爱护和建设，从而有助于缩短员工的适应期，降低优秀员工的离职率，提高企业的凝聚力和向心力。

5. 利用系统改善成本控制

一方面，创新成本费用的管理。企业应从长远考虑，站在战略的高度，加强企业对财务管理部门的控制，充分发挥财务本身价值信息的巨大优势，通过对市场进行科学的调查，准确地把握市场的动态变化，然后对企业成本进行合理的测定，以此来减少不必要的低效或者无效劳动的产生。另一方面，充分利用现代信息化管理技术和软件。使用专业的控制管理软件可以逐渐将传统的、复杂的手工核算方式淘汰掉，实现对企业招聘成本的有效管理和控制，并且通过相关软件实现企业在招聘方面能够进行科学的成本计算，以此促使企业明确招聘方面所花费的费用，在今后的招聘过程中能够实现对招聘成本的高效、快捷管理，避免造成不必要的损失。此外，基于 E-HR 系统的产业技术，可以实现对人力资源的整合和创新，拓宽调动渠道的方法，合理地进行人员调动，从而最大限度地降低在人力资源方面的成本，高度共享人力资源，改善和提升总体员工的工作效率和满意程度。

以上的成本控制策略是从企业的整个招聘流程来提出的成本控制的建议，另外，针对具体的各项成本，还可选择具体的控制措施。表 1–7 列出了不同成本控制环节可采取的有效策略。

表 1–7　不同成本控制环节对应不同有效策略

控制环节	可采取的有效策略
直接成本	通过供应商的选择和对比来降低费用，如各种招聘网站下载简历都有费用，哪家更经济、更有效，都需要分析
间接成本	面试官面试占用的时间折算的成本，企业要清晰定义出各种职位的招聘方案，哪些职位由哪些级别的人员面试和复试，都要明确
重置成本	为了防止招错人带来的二次招聘的成本，企业要严格规范招聘流程。职位越重要越要加大招聘流程和招聘质量的控制，避免招聘的随意性
机会成本	新聘人员能力不能完全胜任工作，在试用期时企业要加大考核和辅导力度，发现不能胜任的话要及早处理防止留下隐患 最关键的职位为了避免对公司的影响可采用冗余备份机制快速定夺适合人员
风险成本	为了避免企业稀缺人才没有按期完成招聘给企业管理带来的经济损失，企业要加大人才库建设，平时就要做好核心人员简历储备
隐形成本	企业要避免烦琐的招聘流程来降低招聘效率的情形，通过优化流程和不同职位招聘方案，提升招聘的效率

总体上，企业应当识别有可能提高企业总体成本的任何招聘成本，并尝试各种方法降低以上成本，从而提高企业的竞争力。

案例实操：RU 公司招聘成本控制及预算分摊方案

RU 公司招聘成本控制及预算分摊方案

1. 目的

为有效控制人力资源招聘成本，合理划分招聘成本，提高招聘效率，保证招聘效果，特制订本方案。

2. 适用范围

本方案适用于本公司的招聘工作。

3. 招聘成本构成

（1）直接成本

包括广告、招聘会费用、猎头费、中介费、员工推荐奖励金、校园招聘费和网络广告费。

（2）内部成本

主要是指招聘人员的工资、福利、差旅费及其他管理费用。

（3）外部成本

主要是指招聘外地员工所发生的搬家费、置家费、探亲费和交通补贴费等。

（4）机会成本

主要体现为：如果招聘到的员工不符合公司的要求，有可能带来的经济损失、管理费、办公费、员工试用期薪酬、培训费及另找一名员工所需要的招聘费等。

4. 事先控制——人员招聘审核权限

（1）作用

a. 有效识别人员空缺

确保所招聘职位是必需的，且无法替代，其职责不能通过工作分配、现有人员加班、临时借调或外包的形式解决。

b. 严控编制

逐级审批，有利于从公司整体组织架构的角度合理配置人员，避免出现冗员，增加成本。

c. 责任承担

当招聘工作出现重大失误或招聘费用严重超支，需向审批人员问责。

（2）相关界定

a. 提出招聘需求

指相关人员提出人员招聘需求。

b. 审核权

审核权指相关人员对员工招聘工作进行审查，并作出决定的权力。该权力包括推荐给下一个审核者或者核准者进行决策并提供建议，还包括否决招聘员工，审核者行使否决权后，招聘程序自动中止。

c. 核准权

核准权指相关人员根据审核者提供的建议，最终决定员工招聘是否执行，如果同意则立刻执行，反之则不执行。

d. 报备

报备是指员工招聘完成之后，相关人员定期得到招聘统计信息的权力。

（3）人员招聘审核权限（如表 1–8 所示）

表 1–8　招聘审核权限表

		审批分类	主管	部门经理	分管副总	人力资源部	总裁
需求确认	编制内	一般员工 / 操作人员	√	√ Δ	○	□	
		一般管理 / 技术 / 业务人员	√	√ Δ	Δ	□	
		部门经理以上			√	□	
	编制外	一般员工及辅助后勤人员		√	Δ	□	○
		一般管理 / 技术 / 业务人员、部门经理级以上		√	Δ	Δ	□

备注：“√”提出　“Δ”审核　“□”核准　“○”报备

5. 事中控制——招聘渠道优化选择

（1）招聘渠道类型（如表1–9所示）

表1–9 招聘渠道类型比较分析表

招聘渠道	收费情况	招聘特点	招聘效果
内部招聘	免费	对能力强的员工可起到激励作用 避免优秀员工被竞争对手挖走	随时发布信息，针对性强，质量有保证，但选择余地较小
员工推荐	500–1000元（用于奖励）	针对性强，效率较高	费用低，质量有保证，但是存在管理隐患
网上招聘	2000–100000元	覆盖面广，无地域限制，可作为企业形象宣传，针对性强，宣传沟通方便	费用低，不断使用，可选择余地大
校园招聘	免费或少许	可作为企业形象宣传，直接与求职者面对面	后期培训费用较高
报纸广告	6000元/次	固定阅读，媒介覆盖影响力大，但时效性差	需花费较大精力筛选，效果一般，不利于招聘较高职位
招聘会	1000–4500元/摊位	与求职者直接面对面，效率较高	时效性强，质量难以保证，持续时间短
猎头公司	15000–100000元	针对性强，质量高，效率高	质量有保证，但费用高

（2）选择渠道说明

a. 内部招聘

通过内部招聘，一方面确保公司内部业务和文化的匹配，另一方面也是公司为员工的职业生涯发展提供的机会。此种方式费用低，质量有保证，大部分职位可先通过发布内部信息的方式进行招聘。

b. 员工推荐

这种方法在寻找很难招到的人才时，如招聘高科技或信息专业人才时特别有效，可节省大量费用。

c. 网上招聘

专门的招聘网站按年收费，费用较低，可以发布任何数量的广告，因此可以作为一般职位招聘需求的首选方式，但对高级职位的招聘效果不理想。

d. 报纸广告

招聘渠道中，目前公司所在地区人才报纸效果较好，且处于垄断地位。特别适用于招聘各类中高级人才职位，但费用较高。

e. 招聘会

招聘会适用于有长期人才培养计划、相同需求职位较多的公司。

f. 猎头公司

仅限于招聘部门经理及以上级别的职位使用。

公司需按职位不同选择最佳招聘渠道，如表 1–10 所示。

表 1–10　按职位选择招聘渠道

部　门	职位分类	招聘渠道："1" 首选，"2" 次选					
		内部	报纸广告	网上招聘	招聘会	猎头公司	校园招聘
综合管理部	人力资源管理类	1	2	1			
	行政、司机类	1	2	1			
财务部	所有职位	1	2	1			
物业部	物业管理主管		1	2			
	工程类		1	2			
市场部	客服类	1	1	1			
	市场营销人员	1	1	1		2	
投资部	投资管理类、法律类		1	1			

续表

部门	职位分类	招聘渠道："1"首选，"2"次选					
		内部	报纸广告	网上招聘	招聘会	猎头公司	校园招聘
运维部	IT 技术支持类	1	2	1	2		2
技术部	软件开发、项目管理类	1	2	1	2		2
	售前支持	1	2	1	2		
市场部	市场、销售类	1	1	1			
呼叫中心	客户服务类（普通）		2	1			2
	客户服务类（外语）		2	1	2		2
	运营主管		1	1		2	
	项目主管		1	1		2	

6. 招聘成本控制程序

（1）招聘成本类别（如表 1–11 所示）

表 1–11　招聘成本类别

类别	含义
广告费	用于发布网络、专业杂志、报纸招聘广告的媒体广告费用
中介机构服务费	用于支付猎头公司、普通人才服务机构的招聘服务费用
会务（场租）费	用于支付人才招聘会中公司招聘展台的费用
资料费	用于支付招聘材料的印刷、制作、采购的费用
推荐费	用于支付人才推荐者的佣金的费用
公关费	用于支付招聘活动发生的公关费用
相关费用	用于支付招聘活动发生的差旅、餐饮、食宿的费用
其他	与招聘相关的其他费用

（2）程序

a. 各部门制定预算

各部门招聘成本预算情况如表 1–12 所示。

表 1–12　部门招聘成本预算表

<table>
<tr><th>所需职位</th><th>空缺职位数</th><th>拟采取的招聘方式</th><th>预算费用</th></tr>
<tr><td>基层员工</td><td></td><td></td><td></td></tr>
<tr><td>中层员工</td><td></td><td></td><td></td></tr>
<tr><td>高层员工</td><td></td><td></td><td></td></tr>
<tr><td>人力资源部意见</td><td colspan="3">负责人签字：
年　月　日</td></tr>
<tr><td>总经理审核意见</td><td colspan="3">负责人签字：
年　月　日</td></tr>
</table>

b. 借款

人力资源部依据招聘计划和费用预算，统一到财务部申请借款。

c. 费用登记

每次进行招聘时，各部门招聘负责人都应在《招聘成本登记表》上签名，以此作为划分招聘成本的确认依据。《招聘成本登记表》上应注明招聘负责人和实际花费的招聘费用，参加招聘的人员可对其进行监督，如表 1–13 所示。

表 1-13　招聘成本登记表

<table>
<tr><th colspan="2">招聘项目</th><th>时间及地点</th><th>参加部门</th><th colspan="2">各部门招聘负责人签名</th></tr>
<tr><td colspan="2" rowspan="4"></td><td rowspan="4"></td><td></td><td colspan="2"></td></tr>
<tr><td></td><td colspan="2"></td></tr>
<tr><td></td><td colspan="2"></td></tr>
<tr><td></td><td colspan="2"></td></tr>
<tr><td rowspan="2">备注</td><td rowspan="2"></td><td>招聘负责人</td><td colspan="3"></td></tr>
<tr><td>招聘费用</td><td colspan="3"></td></tr>
</table>

d. 分摊方法

招聘成本依据参加招聘会的人数由各单位分摊，但由事业部组织并以事业部名义发布的招聘广告、网络招聘及由此发生的广告费、网络费、用车费由事业部本部承担，在招聘过程中发生的其他费用（如住宿费、业务招待费等）由各单位承担。

各单位费用支出 =（招聘费用总额 ÷ 参加总人数）× 各单位参加人数

e. 分摊单位划分（如表 1-14 所示）

表 1-14　月份招聘成本分划报表

部门支出 / 招聘项目	综合管理部	技术部	市场部	投资部	运维部	工程物业部	财务部	呼叫中心	合计
合计									
备注									

f. 划账流程

人力资源部依据《招聘成本登记表》编制《招聘成本分划报表》。《招聘成本分划报表》由招聘主管编制，并报财务部审核。《招聘成本分划报表》于每月 30 日前报财务部。财务部依据《招聘成本登记表》和《招聘成本分划报表》对招聘成本进行划账。

第二章
需求：招聘准备与需求分析

本章要点提示：

招聘计划方案

解读职位描述

招聘宣传策划

招聘渠道

简历筛选分类

通过本章可以了解招聘需求分析是一项全面系统的工作，是人力资源持续关注的重点。解读职位描述、招聘宣传策划、招聘渠道优化、简历筛选分类都是招聘准备工作的重要内容。面对复杂的市场环境，人力资源管理者不仅要从招聘准备与需求分析出发，确定整体计划，也要对需求的配置程度进行控制。

第一节　招聘计划方案

一、招聘计划及其制订原则

凡事预则立，不预则废。招聘直接影响到人力资源其他各个模块工作的开展，更重要的是，招聘工作做得好就可以避免企业大量的重复性、机械性、单一性、事务性的工作，进而将工作的重点落到企业的发展上面。招聘计划工作的实现，要紧紧围绕公司年度发展规划进行。因此，招聘计划就显得尤为重要。国家这些年也大力推崇“人才引进计划”。“人才引进计划”本质上是一个招聘计划，是根据当地发展定位和特色来确定的人才定位，主要是围绕国家发展战略目标，同时各省、区、市也结合本地区经济社会发展和产业结构调整的需要，有针对性地引进人才。

1. 招聘计划

企业一般需要通过定期或不定期地招聘录用组织所需要的各类人才，为组织人力资源系统充实新生力量，实现企业内部人力资源的合理配置，为企业扩大生产规模和调整生产结构提供人力资源的可靠保证，同时弥补人力资源的不足。这一过程就是企业的招聘计划。招聘计划是人力资源部门根据用人部门的增员申请，结合企业的人力资源规划和职务描述书，明确一定时期内需招聘的职位、人员数量、资质要求等因素，并制订具体的招聘活动的执行方案。招聘计划的制订可以避免人员招聘中的盲目性和随意性。

2. 招聘计划的制订原则

一般情况下，制订招聘计划需要遵循以下几点原则：

（1）内部培养和人才引进相结合的原则

内部培养和人才引进在确定用人标准上是存在差异的，对着重内部培养的人才招聘标准上，可以考虑招聘对象在实际工作经验上不做苛刻要求，但是要求所招聘的对象必须具备培养的潜质，而这类人才的招聘可以采取从学校招聘和人才市场招聘相结合的办法；对于引进的人才，则要在工作经验和工作的适应性上提高招聘标准，要确保引进的人才马上都能进入工作角色，这些人才的招聘要采取从竞争对手那里“挖人”和社会招聘相结合的原则，在“挖人”上，企业的人力管理人员平常就要注意竞争对手那里的优秀人才，建立他们的档案并与其保持联系和沟通，以便在用人之际，能够有合适的“挖人”对象。

（2）现有人力配置和必要人力储备相结合的原则

人才规划要结合企业发展的战略和经营规划，HR 要确保人才规划不但满足企业现阶段的人力需求和配置要求，也要考虑为将来企业的经营和发展储备相应的人力，避免企业在急需用人之际出现人才青黄不接的被动局面。因此这就需要人力管理人员在制订招聘计划时，一方面要考虑企业急需的人才招聘计划，另一方面要根据企业经营发展的需要考虑适当的人才储备计划。对于需要储备的人才，HR 可以考虑招聘一些成本比较低的学生，然后实施老员工的传帮带计划，等企业需要人力时，让这些储备人才相应的补充到岗位上去。

（3）制订与招聘体系配套的保障体系的原则

在企业的招聘计划中，要制订详细的薪资方案、人才试用转正管理规定、员工晋升等方案，这些方案的确定是人力管理人员在制订人才招聘计划时需要必备的相应方案。在实践中，许多企业缺乏相应的薪资等方案，而这些方案的缺乏会给 HR 的招聘工作带来极大的困扰和困难。因为没有这些相应的方案来支撑 HR 的工作，在招聘中难以回答与招聘者切身利益相关的问题从而导致人才不敢加入企业，同时缺乏这些方案也会让招聘者以及入职者感觉企业管理不规范，以至于人难以招进和人招进来难以留住。所以 HR 在制订招聘计划时，一定要看企业是否有这些相应的方案，如果没有，一定要作出详细方案并通过相应流程审批后再启动招聘工作。

3. 招聘计划编写步骤

招聘计划的编写一般包括以下步骤：一是制作人员需求清单，包括招聘的职务名称、人数、任职资格要求等内容；二是选择招聘信息发布的时间和渠道；三是确定招聘小组人选，包括小组人员姓名、职务、各自的职责；四是讨论确定应聘者的考核方案，包括考核的场所、大体时间、题目设计者姓名等；五是确定招聘的截止日期；六是确定新员工的上岗时间；七是确定招聘费用预算，包括资料费、广告费、人才交流会费用等；八是发布招聘工作时间表，尽可能详细，以便于他人配合。

一般情况下，以上招聘计划制订的步骤是逐步进行的。只有过程制订良好以及实施有效的招聘计划才是较优的招聘计划。

二、招聘计划制订中存在的问题

上文虽然列举了招聘计划制订的步骤和内容，但是实际过程中，招聘计划的制订还存在很多的问题。

在设计阶段，制订招聘计划时首先要对现有人力资源状况做系统的盘点，根据盘点结果制订来年的招聘计划，但实际上，很多企业并非如此，即使有些企业做了，但真正用于指导招聘计划制订的却很少。

在执行阶段，人员的需求量确定存在问题。很多企业制订招聘计划的流程是这样的：首先 HR 部门发出需求调查表，其次用人部门提出需求，接着 HR 部门汇总，最后高层审批。按照这一流程做下去经常存在的问题是需求数量过多，每个部门都说现有人员的数量不够，如果不增加，下一年的任务肯定完不成，各方各持己见，最终往往是相互妥协的结果。部门提出招 10 个人，老板不同意，几番讨价还价之后，确定招 5 个人，但是，究竟 5 个人是否足够、是否必需，各方都拿不出客观的依据。人员需求量至少与两个因素有关，一是工作量，二是任职者的能力。能力不同、效率不同，同样的工作量，如果任职者的能力都很高，效率就高，需要的员工数量自然就少；相反，如果现有任职者的能力都很一般，必然需要更多的人。之所以老板和部门主管之间有分歧，原因在于部门主管更多考虑工作量增加，而老板们虽然不一定明确提出来现有员工的能力问题，但是他们基本上是有这种看法的。所以，要想使招聘计划更客观可行，部门主管不能单纯强调工作量，必须同时考虑现有员工的任职能力，因此，招聘计划最好与培养计划同时制订、同时提交。

下面以 PD 企业的招聘计划书以及 LM 公司的内部招聘方案的实例来具体说明一般企业的招聘计划书。

案例实操：PD 企业招聘计划书实例

招聘计划书

1. 招聘的目的及意义

随着企业规模不断扩大，人才需求日益增加，本着增强企业竞争力，提高企业员工素质的目的，以获取企业发展所需人才，为企业发展提供强大的人力支持为宗旨，结合公司 2018 年度发展战略及相关计划安排，特制订公司 2018 年度招聘规划。

2. 招聘的原则

公司招聘员工应以用人所长、容人之短、追求业绩、鼓励进步为宗旨；以面向社会，公开招聘、全面考核、择优录用、相关专业优先为原则；从学识、品德、能力、经验、体格、符合岗位要求等方面进行全面审核，确保为企业吸引到合适的人才。

3. 2017 年度招聘情况回顾及总结

2017 年度是公司成立发展的一年，面对严峻的人员招聘问题，人力资源部通过不同渠道为企业招聘人员情况大约为：简历投递数约 350 份，面试约 120 人次，录用 83 人，离职 26 人，现有人员 70 人（以上分析数据采集日期从 2017 年 4 月 1 日开始，截至 12 月 30 日）。多方面的原因导致了新员工流失率相当严重，流失率超过了 30%，但基本保障了企业的用人需要。

4. 2018 年度岗位需求状况分析

经反复统计与核算，2018 年岗位需求涵盖各部门现有人员空缺、离职补缺、生产线新增人员配备等方面，具体分析如下：

根据各部门人员缺口及预估计流失率，经初步分析，2018 年度招聘岗位信息如下：

一线生产线员工 10 人，预备招聘人数 16 名左右；行政、办公室人员及后勤 13 人，预备招聘 18 名左右；销售及技术、品管类人员 20 人，预备招聘 30 名左右；2018 年各部门、车间计划招聘总人数 43 人，预备招聘人数 64 名。

招聘原则：员工招聘严格按照公司既定的招聘流程，以面向社会公开招聘、择优录用为原则，从学识、品德、体格、符合岗位要求等方面进行审核。确保为企业选聘充分、合适的人力资源。

5. 2018 年度招聘需求

根据公司 2018 年年度经营计划及战略发展目标，各部门提报年度人员需求计划，见表 2–1。

表 2–1　2018 年各部门、车间人员定编需求及人力资源部预聘人数表

部　门	定编需求数（人）	预聘人数（人）	需求岗位说明	备注
销售部	10	15	销售内勤 ×1、国内区域经理 ×4、外贸业务经理 ×1、售后主任 ×3、客户服务中心服务专员 ×1	
人力资源部	8	12	人事专员 ×1、保安 ×3、车队 ×1、食堂 ×1、后勤 ×2	
技术部	4	6	工程师 ×2、实习生 ×2	
品管部	6	8	总检测试 ×5、文员 ×1	
财务部	4	6	出纳 ×1、成本会计 ×1、仓库辅工 ×1、仓库统计 ×1	
生产部	9	15	生管 ×1、操作工 ×8	
总计	41	62		

（2017 年 1 月 15 日前新增辞职人员 2 名，2018 年招聘计划临时增加 2 名）

6. 人员招聘政策

（1）招聘策略

不拘一格，招贤纳才。入职员工基本工资视人才的能力价值，采用分级界定制（充分考虑人才的工作经验、工作技能、学历学识、专业水平等因素）；不限行业，着重潜力；不限渠道，多方纳才。公司内部实施人才举荐制度，对于内部举荐的员工，参考公司《关于人员推荐奖励办法》给予一定的奖励。

（2）招聘原则

聘得起的；管得了的；用得好的；留得住的。

（3）选人原则

合适偏高；目前公司迫切需要的人才；各方面素质俱佳、有一技之长的、有培养发展前途的。

（4）招聘方式

在2018年3月前以现场招聘为主，兼顾网络招聘、猎头、内部推荐等。现场招聘主要以参加市政府、人社局组织的“专场招聘会”“应届大学生就业推荐会”等免费招聘会。网络招聘主要以前程无忧人才网、人才网、微信享受生活等网络媒体；

报刊主要以免费的《人才报》招聘版面为主；猎头荐才与熟人荐才视具体需求和情况确定；

校园、基地招聘：此项招聘途径作为应急方案考虑，在2018年3月20日之前视前几项招聘途径的招聘结果来决定是否实施。但需在前期做好招聘准备（学校或基地的选择、联系、时间安排等事项）；

其他方式（海报、传单）：在店面门口、附近发放传单，张贴海报；

补充招聘途径：开发区、乡镇组织的一些免费招聘会、内部员工推荐、人才中介。

7. 招聘工作架构及成员名单

（1）招聘团队各组定岗定编定责明细

表 2-2 招聘团队各组定岗定编定责

序号	组 别	成 员	定编数（人）	工作内容及职责
1	现场招聘组	张宏伟	1	招聘组组长，全面负责现场招聘组的工作，完成公司新进员工的招聘面试工作
2		赵颖	2	配合组长工作，负责完成应聘人员初试选拔
3		曲建新		配合组长工作，负责完成应聘人员简历筛选
4	网络招聘组	郭晓月	1	组长，负责网络应聘人员的招聘流程指挥、筛选工作
5		李俊	3	配合组长工作，负责完成应聘人员简历收集、归纳
6		王珊珊		
7		李思瑶		协助组长做好网络应聘人员的面试确定及跟进
8	面试组	杨芳芳	1	面试组组长，全面负责安排应聘人员的面试工作，负责技术部应聘人员的面试工作
9		孔天熙	2	协助面试组组长的工作，负责品质部应聘人员的面试
10		李辉		协助面试组组长的工作，负责生产线应聘人员的面试
11	保障组	韩雪娇	1	负责应聘人员的接送
12		陆涵	1	负责应聘人员参观时的秩序维持和保安工作
13	接待组	王美欣	1	接待组组长，负责安排应聘人员来公司参观时的接待、介绍工作
14		胡雪松	2	协助接待组组长做好接待、介绍工作
15		郭晓伟		协助接待组组长做好接待、介绍工作

此招聘团队的设立是为了保障2018年2月7日至2018年2月28日期间的几场招聘会的顺利进行，不作长期编制设立。

8. 招聘的实施

（1）第一阶段

2月初至4月初，为招聘高峰阶段。此阶段以现场招聘会为主，应积极参加现场招聘会，2月20日前保持每周1–2场的现场招聘会参会；应积极参加各个人才市场的专场和各相关学校的免费招聘会；联系人社局、市人才中心等人力资源机构负责推荐和信息告知；发动公司内部员工转介绍；坚持每天刷新网络招聘信息及简历筛选与联系，每星期集中候选人进行集体面试。此阶段完成年度招聘计划的50%左右，重点放在生产线一线员工的招聘工作上。

（2）第二阶段

4月中旬至7月，此阶段现场招聘会逐渐冷淡，新增应聘人员较少，同时各高校在陆续开学后将积极筹备校园招聘会，以保证学生就业，因此，这段时间以网络招聘和校园招聘为主。坚持每天刷新网络招聘信息及简历筛选与联系，确保人员面试质量；积极参与省内部分院校的大型招聘会，联系外省及省内周边各技校、技能培训基地，组织校园招聘会或专场招聘会，每场招聘会将有现场公司介绍、现场初试、现场复试，建议能有1–2位公司高层领导参加，现场复试确定录用结果。此阶段完成年度招聘计划的25%。

（3）第三阶段

7月底至10月底，此阶段整体求职人员数量较少且分散，故此段时间以网络招聘为主，减少或不参加收费型现场招聘会，坚持每天刷新网络招聘信息及简历筛选与联系，每周至少1次集体面试邀约；每周坚持2次以上网络人才主动搜寻联系，补充少数岗位的空缺及离职补缺；组织部门架构的了解分析、在岗人员的了解分析；对当年新入职人员的关注、沟通、培训、统计分析；准备申报下半年的校园招聘会。此阶段完成年度招聘计划的15%。

（4）第四阶段

11月初至12月底，此阶段各大高校都将陆续举办校园招聘会，此阶段主要以校园招聘会为主，主要招聘各部门的储备性人才，建立校园招聘小组，积极参加各校园综合招聘会，目标院校主要以机械设计、销售等专业性院校招聘会为主；网络招聘平台及论坛等信息正常刷新关注。此阶段完成年度招聘计划的10%。

（5）第五阶段

12月底至2019年1月，此阶段，整体招聘环境不理想，主要联系招聘公司高层类人才，以年度人力资源规划、总结报告及统计分析为主要工作，非紧急新增岗位，不重点做招聘工作。进行公司年度招聘效果分析、公司人力资源分析、协助公司战略分析与讨论；编制年度人力资源规划；部门工作总结、讨论、分析，沟通确定新年个人工作计划及目标制订；建立、编制公司人才培养体系，建立人才成长计划；建立并完善人力资源管理制度、流程及体系。

9. 录用决策

企业根据面试的综合结果，将会在最后一轮面试结束当天或3天内告知应聘者结果，并告知录用者办理手续信息。

10. 入职培训

新人入职必须证件齐全有效；新人入职当天，人力资源部应告知基本的厂纪厂规及组织阅读理解《员工手册》；办理好入职手续后，即安排相关培训，培训计划要求应由各部提出并与人力资源部讨论确定；转正时，人力资源部应严格按培训计划进行审核把关，对培训效果不理想或不能胜任者，可以沟通后延迟转正。

11. 招聘效果统计分析

人力资源部应及时更新员工花名册，每半年做一次全面的招聘效果统计分析；根据效果分析的结果，调整改进工作；定期对新入职不足1年的员工作沟通了解，并采取相应的管理措施和方法。

12. 招聘原则及注意事项

部门负责人不允许以尝试的态度对待招聘工作；对应聘者的心态要很好地把握，要求应聘者具备敬业精神和正确的金钱观；招聘人员应从培养企业长期人才考虑，力求受聘人员的稳定性。同等条件下，可塑性强者优先；要注重受聘者在职业方面的技能，不要被头脑中职位要求所限制；在面试前要做好充分的准备工作，并要求注意个人着装等整体形象；接待前来应聘人员须热情、礼貌、言行得体大方，严禁与应聘人员发生争执；招聘团队成员必须保证联系渠道的畅通，有问题随时联系、沟通。

案例实操：LM 公司的内部招聘方案

LM 公司内部招聘实施方案

鉴于内部职工比较了解公司的状况，对公司的忠诚度较高，内部招聘可以改善人力资源的配置状况，提高员工的积极性，公司进行人才招聘应优先考虑内部招聘，提供公司员工获得与发展一致的机会，同时促进公司内部人才培养。

1. 招聘的目的

为适应公司发展需要，满足各部门用人需求，当公司职位出现空缺时，除了常规的招聘渠道以外，公司鼓励员工推荐合适的人才，能够加入团队中。为了提高内部推荐的积极性，拓宽公司人才引进的渠道，及时、快速地收集相关人才信息，提高人才引进工作的效率和质量，节省人力成本，特制定本制度。

2. 内部招聘的形式

在尊重员工和用人部门意见的前提下采用推荐、自荐、竞聘等多种形式，为供求双方提供双向选择的机会。

3. 适用范围

此规定适用于公司全体正式员工推荐公司人才需求工作事项。

4. 推荐原则

（1）不论推荐人职位高低，对被推荐人一视同仁；

（2）对被推荐人综合评估，择优上岗；

（3）员工不得隐瞒已知被推荐人的个人情况；

（4）员工不得推荐有不良行为习惯者应聘公司各个岗位；

（5）所有进入公司员工，在公司内部平等对待。

5. 推荐流程

（1）招聘负责人定期将目前公司的空缺职位在内部进行公示；

（2）员工如有合适人选，需将被推荐人的个人简历及相关资料递交到公司招聘负责人；

（3）招聘负责人根据公司招聘流程进行简历筛选、面试等工作；

（4）如面试合格，将按公司相关招聘程序进行；

（5）招聘负责人会及时将结果反馈给推荐人；

（6）对重要岗位，招聘负责人有权对被推荐人进行背景调查；

（7）内部推荐还应遵守公司其他相关制度。

6. 推荐人奖励标准

（1）被推荐人一经录用转正，公司会将一定金额作为奖励基金发放给推荐人；

（2）奖励基金随当月工资发放，计入工资计算的“其他收入”中；

（3）奖励基金分为两次支付：被推荐人通过公司试用期考核成为公司正式员工（奖金发放总金额的70%）；被推荐人员在公司工作满3个月（奖金发放总金额的30%）。

（4）具体支付方式如表2–3所示。

表2–3　推荐奖励基金支付方式

序　号	岗位名称	奖金金额（元）
1	初级业务与技术人员 例如： 销售序列之初级客户代表；研发、生产、销售技术序列之工程师等类似人员，以及其他等级职级岗位	500
2	中级业务与技术人员 例如： 销售序列之客户主管；研发与销售技术序列之中级工程师等类似人员；职能部门中级专员；以及其他同等职位	700

续表

序　号	岗位名称	奖金金额（元）
3	中高层管理人员、高级业务员、高级工程师、资深技术人员 例如： 职能部门序列之资深专员或部门经理；销售序列之高级客户经理；研发与技术序列之高级工程师、资深技术人员	1000

流程图：

推荐人选——招聘程序——入职试用——推荐成功后——推荐人填写《人力推荐奖励申请表》——人力资源部批核——总经理批准——领取奖金。

附表：《人力推荐奖励申请表》

表 2–4　人力推荐奖励申请表

<table>
<tr><td colspan="8">人力推荐奖励申请表
申请日期：　　年　　月　　日</td></tr>
<tr><td>推荐人姓名</td><td colspan="2"></td><td>部门</td><td colspan="2"></td><td>职位</td><td></td></tr>
<tr><td>被推荐人姓名</td><td colspan="2"></td><td>部门</td><td colspan="2"></td><td>职位</td><td></td></tr>
<tr><td>入职时间</td><td colspan="2"></td><td>与推荐人关系</td><td colspan="4"></td></tr>
<tr><td rowspan="2">用人部门填写</td><td rowspan="2">试用期考核</td><td>通过</td><td></td><td rowspan="2">工作满一年考核</td><td>通过</td><td colspan="2"></td></tr>
<tr><td>不通过</td><td></td><td>不通过</td><td colspan="2"></td></tr>
<tr><td>人力资源部填写</td><td>奖励金额</td><td colspan="2"></td><td colspan="2">奖励金额</td><td colspan="2"></td></tr>
<tr><td rowspan="2">奖励审批</td><td>招聘专员</td><td colspan="2"></td><td>人力资源部经理</td><td></td><td></td><td></td></tr>
<tr><td>用人部门经理</td><td colspan="2"></td><td>总经理</td><td></td><td></td><td></td></tr>
<tr><td colspan="8">奖励标准：</td></tr>
</table>

7. 奖励基金发放补充规定

（1）如被推荐人在转正前离职，则不予支付推荐人第一笔奖金；被推荐人在入职未满 3 个月离职，则不予支付推荐人第二笔奖金；

（2）如推荐者在被推荐候选人转正实施日期前或入职满 3 个月前离职，则不支付推荐者相对应的奖金。

附则：

1. 本制度从发布之日起生效。

2. 其他制度与此制度相抵触的，以此制度为准。

3. 此制度的解释和修订权归人力资源部。

第二节　解读职位描述

一、职位描述主要内容

求职的时候，经常看到的招聘启事中，一般会包括工作职责和候选人任职资格。这个文档在企业内部叫职位描述。正确解读职位说明书，对于一位求职者来说，可以搜索到更多更适合自己的职位，可以更好地分析判断自身与求职岗位的匹配程度，明确未来职业发展方向。对于一位内部 HR 来说，有利于招聘渠道、面试工具的选择，提高人力资源招聘效率。

细化职位描述，明确任职资格。通过思考和沟通以下问题，可以让职位描述丰富化。

1. 职位空缺原因：新设立的吗？替补？替补的原因。

2. 相关组织结构图：下属人数；分工情况；平行部门情况。

3. 岗位的职责和责任（哪一部分工作花费的时间最多）：需要任职者解决的核心问题是什么？岗位对内部门、对外客户是哪些（明确考核的 KPI 指标）？

4. 职位的吸引力在哪里？上升空间？职业规划？

5. 对候选人的胜任力方面有什么特殊要求？

6. 薪酬及福利（薪资结构如何，预算范围是多少）？

作为求职者，如果明确了岗位以上的相关问题，再作出是否接受该岗位的Offer的决定，这样的决策失误率会比较低。同样的岗位名称，其工作职责有时候差之千里，需要运用灵活的追问技巧，才能获取更加真实的信息。

附加问题（视情况而问）：

1. 工作年限，负责什么产品，是否需要同行，有哪些目标公司，是否提供培训？

2. 工作地点，是否需要出差，出差频率多高，是否提供住宿？

3. 签几年合同，试用期多长，如果是直接竞争对手公司的候选人是否会帮忙处理离职的赔偿金，职位的基本薪酬和奖金包，特别的福利和进修机会等？

4. 性别是否介意，年龄限制，学历，语言要求（英语、德语、其他外语或方言）（是否需要和国外沟通，或者是否需要外籍人士）？

5. 面试的流程和候选人所在架构，特别是上司情况：职位名称？职能？带领的团队情况？在哪里办公？大概背景？风格如何？用人有什么喜好？

职位描述又称岗位分析、工作分析，是一种确定完成各项工作所需技能、责任和知识的系统过程，是人力资源管理工作的基础，其分析质量对其他人力资源管理模块具有举足轻重的影响。其对职位信息进行收集、整理、分析与综合，确定这些职位的职责以及这些职位任职人的特征。其成果主要包括两种：一种是职位说明书；另一种为职位描述报告。职位描述是人力资源管理的一个重要的子系统，是建立“以职位为基准的薪酬模式”的重要基础性工作。

二、职位描述的撰写方法

职位描述对于企业招聘有非常重要的作用，企业一般通过以下几点方法来获得职位描述的具体内容。

1. 观察法

观察法是指职位描述人员通过对员工正常工作的状态进行观察，获取工作信息，并通过对信息进行比较、分析、汇总等方式，得出职位描述成果的方法。观察法适用于体力工作者和事务性工作者，如搬运员、操作员、文秘等职位。由于不同的观察对象的工作周期和工作突发性有所不同，所以观察法具体可分为直接观察法、阶段观察法和工作表演法。

直接观察法是职位描述人员直接对员工工作的全过程进行观察。直接观察适用于工作周期很短的职位，如保洁员，其工作基本上是以一天为一个周期，职位描述人员可以一整天跟随着保洁员进行直接工作观察。

阶段观察法适用于工作具有较长的周期性的职位。为了能完整地观察到员工的所有工作，必须分阶段进行观察。如行政文员，他需要在每年年终时筹备企业总结表彰大会，职位描述人员就必须在年终时再对该职位进行观察。有时由于阶段跨度太长，职位描述工作无法拖延很长时间，这时采用“工作表演法”更为合适。

工作表演法对于工作周期很长和突发性事件较多的工作比较适合。如保安工作，除了有正常的工作程序以外，还有很多突发事件需要处理，如盘问可疑人员等，职位描述人员可以让保安人员表演盘问的过程，来进行该项工作的观察。

2. 问卷调查法

职位描述人员首先要拟定一套切实可行、内容丰富的问卷，然后由员工进行填写。问卷法适用于脑力工作者、管理工作者或工作不确定因素很大的员工，如软件设计人员、行政经理等。问卷调查法比观察法更便于统计和分析。要注意的是，调查问卷的设计直接关系着问卷调查的成败，所以问卷一定要设计得完整、科学、合理。

国外的组织行为专家和人力资源管理专家研究出了多种科学的，也很庞大的问卷调查方法。其中比较著名的有：（1）职位描述调查问卷 PAQ。虽然它的格式已定，但仍可用之分析许多不同类型的职位。PAQ 有 194 个问题，计分为六个部分：资料投入、用脑过程、工作产出、人际关系、工作范围、其他工作特征。（2）阈值特质分析方法 TTA。劳普兹等人在 1981 年设计了“阈值特质分析”TTA 问卷。特质取向的研究角度是试图确定那些能够预测个体工作成绩出色的个性特点。TTA 方法的依据是：具有某种人格特性的个体，如果职位绩效优于不具有该种特质者，并且特质的差异能够通过标准化的心理测验反映出来，那么就可以确定该特质为完成这一工作所需的个体特质之一。（3）职业分析问卷 OAQ。美国控制数据经营咨询企业在 1985 年设计了该职业分析问卷，进行职位定量的描述。OAQ 是一个包括各种职业的任务、责任、知识技能、能力以及其他个性特点的多项选择问卷。例如，在 OAQ 中，软件职位被规划分为 19 种责任、310 个任务和 105 个个性特点。

3. 面谈法

也称采访法，它是通过职位描述人员与员工面对面的谈话来收集职位信息资料的方法。在面谈之前，职位描述人员应该准备好面谈问题提纲，一般在面谈时能够按照预定的计划进行。面谈法对职位描述人员的语言表达能力和逻辑思维能力有较高的要求。职位描述人员要能够控制住谈话的局面，既要防止谈话跑题，又要使谈话对象能够无所顾忌地侃侃而谈。职位描述人员要及时、准确地做好谈话记录，并且避免使谈话对象对记录产生顾忌。面谈法适合于脑力职位者，如开发人员、设计人员、高层管理人员等。麦考米克于 1979 年提出了面谈法的一些标准：所提问题要和职位描述的目的有关；职位描述人员语言表达要清楚、含义准确；所提问题必须清晰、明确，不能太含蓄；所提问题和谈话内容不能超出被谈话人的知识和信息范围；所提问题和谈话内容不能引起被谈话人的不满，或涉及被谈话人的隐私。

4. 其他方法

（1）参与法，也称职位实践法，是职位描述人员直接参与到员工的工作中去，扮演员工的工作角色，体会其中的工作信息。参与法适用于专业性不是很强的职位。参与法与观察法、问卷法相比较，获得的信息更加准确。要注意的是，职位描述人员需要真正地参与到工作中去，去体会工作，而不是仅仅模仿一些工作行为。

（2）典型事件法。如果员工太多，或者职位工作内容过于繁杂，应该挑具有代表性的员工和典型的时间进行观察，从而提高职位描述的效率。

（3）工作日志法。这是由员工本人自行进行的一种职位描述方法。事先应该由职位描述人员设计好详细的工作日志单，让员工按照要求及时地填写职位内容，从而收集工作信息。需注意的是，工作日志应该随时填写，如以10分钟、15分钟为一个周期，而不应该在下班前一次性填写，这样是为了保证填写内容的真实性和有效性。工作日志法最大的问题可能是工作日志内容的真实性问题。

（4）材料分析法。如果职位描述人员手头有大量的职位描述资料，如类似的企业已经做过相应的职位描述，比较适合采用本办法。这种办法最适合于新创办的企业。

（5）专家讨论法。专家讨论法是指请一些相关领域的专家或者经验丰富的员工进行讨论，来进行职位描述的一种方法。这种方法适合于发展变化较快或职位职责还未定型的企业。由于企业没有现成的观察样本，所以只能借助专家的经验来规划未来希望看到的职位状态。

上述这些职位描述方法既可单独使用，也可结合使用。由于每个方法都有自身的优点和缺点，所以每个企业应该根据本企业的具体情况进行选择。最终的目的是一致的：为了得到尽可能详尽、真实的职位信息。

三、职位描述的步骤

职位描述在企业人力资源管理中具有重要的作用。一个完整的职位描述需要做到以下几点步骤。

1. 职位梳理

职位梳理是职位描述的基础，任何企业的经营管理体系都是一个完整的系统，因而人力资源管理体系绝不能脱离企业的战略、文化、组织与流程等而独立存在和运行，职位描述也不例外。职位描述是建立在战略目标确定的基础上的，根据战略目标分解，审视各个部门的职责情况，在目标战略发生变化之后，也许部门的职责要发生剥离和更改，只有在部门职责确定的情况下，才能更好地进行职位描述。

职位梳理的第一步是对各部门的职位现状进行梳理，列出各部门现有的职位，以及具体的岗位编制；针对职位现状，结合目前部门职责的情况，以及相关工作量，对部门内所有的职位进行重新设计整理；一般说来，工作负荷低于30%的职位可以取消，将其工作并入其他的岗位中；或者工作负荷太大，则需要进一步进行分解，但在民营企业说来，这种情况是很少存在的，工作量大部分是饱和的，所以在工作设计方面可以不用考虑太多的时间，但在一些刚起步的企业，职位名称的随意性很强，或者在职位描述时有些新的职位产生，那么就需要对部分职位名称进行规范、更改等，使得职位名称能够反映该职位工作的主体工作职责，让人看了之后马上就能知道主要从事什么工作；在职位梳理的同时，也应该遵循以战略为导向的原则，面向未来，结合公司战略目标，思考公司在1–2年内该职位是否要增加人员，增加多少，减少多少，具体什么岗位增加或减少等。这样对每个部门1–2年内做个人力资源规划，可以进一步实现战略要求与职位实际紧密互动。

2. 部门职责分解

在部门职责确定之后，需要将部门职责进一步分解到具体岗位，形成部门职责分配表。职责分配表提供了一个整个部门进行职责梳理的便捷方式，该表强调的是职位的职责上下左右都不重叠，且需要穷尽部门的所有职责。

当然，得出部门职责分配表并不是一件很容易的事情，需要花费大量的时间和精力，先进行职位描述的培训、宣讲，然后由各部门主管领取职位说明书和职责分配表模板，需要强调的是，职责分配表的填写是部门主管和员工双向沟通的过程，但实际上他们都是各行其是，很少进行沟通，员工编写自己的职位说明书，主管完成职责分配表，这样的结果会导致职责分配表的岗位职责和职位说明书的职责有很大的出入，甚至出现很多空白地带，出现某项非常重要的职责根本就没有人“认领”，也进一步说明主管和员工并没有就职责这块达成一致，这时候就要借助外面的专业力量或者人力资源部门扮演资深职位描述师的角色，把任职者以及任职者主管召集到一起，通过多次讨论、沟通及专家的牵引指导，协助任职者和主管完成对职位职责的系统思考、总结及提炼，最后使得部门职责分解到具体岗位。这样，既使得职位本人清楚自己的职责，部门主管对下属的工作内容也会有更清楚的了解，就不会存在空白和交叉，并且在职责分配表中，应该做到尽可能穷尽所有的职责，以做到职责不遗漏。

需要注意的是，在讨论过程中，需要遵循与流程相衔接的原则。大多数企业越来越重视通过面向市场的流程再造，来提高为客户创造价值的能力。职责分配表提供了这样的条件，在进行职责分配的时候，可以与流程相呼应。任何职位必须在流程中找到自身存在的价值和理由，可以根据流程来理顺其工作内容与角色要求。在进行职责分配的过程中，也是相关流程权限重新整理的过程，每个职责都应该有输入与输出，最后形成一个闭环，这样在职责分配表中每个职责所扮演的角色也就很清楚了。但很多企业在开展职位描述时，大多缺乏对流程的系统分析，没有把握流程中职位之间的相互关系，使得职位描述进入只见树木，不见森林的误区。

3. 职位描述的评审

职位说明书是职位描述的一个直接结果，在职责分配表完成之后，职位说明书编写的工作也就大概完成了 30%，只是岗位具体人员需要根据职责分配表按职位说明书编写的要求做适当的整理，因为在职责分配表中体现的更多是流程性的任务活动，需要按重要性先后顺序整理出 4~8 项重要的工作，作为职位的主要职责，这些都是发生在职责分配表评审之后。在职位说明书整理之后，需要再次进行评审，根据职位描述的目标导向原则，有针对性地对职位说明书内容进行评审。例如，是要以考核为导向，还是要以薪酬为导向，或者二者兼顾等。当然评审的过程也是讨论、沟通的过程，但在过程中有项重要的原则就是不要对应到岗位具体人员，职位说明书只是针对岗位的，如果对应到具体人员，很多事情就很难作出公正的评价。

以上是职位描述必需的三个步骤。

四、职位描述中存在的问题

大多数企业都按照职位梳理、部门职责分配表和职位说明书的编写、职位描述的评审三个步骤来进行企业的职位描述，但是实际运行中还会存在各种各样的问题。常见的问题有以下几种。

1. 职位描述的设计问题

包括不懂、不会做职位描述；职位设置不科学、不合理；职位职责相互重叠，造成工作中相互推诿，相互扯皮；职位上、下、左、右关系不明确；新员工到职后一脸疑惑，不知道该做什么；缺乏任职条件或不合理，不能为人员招聘、职位调配提供依据；不能客观体现岗位价值；不能客观体现出职位之间薪酬的差异，造成内部不公平。

2. 职位描述的长期视角和短期视角

从管理的角度来看，职位描述的问题主要有以下几点。

（1）职位描述缺乏战略导向

在实际操作过程中，许多企业本末倒置，不是遵循先确定战略、组织与流程，再开展职位描述的逻辑次序，而往往是将职位描述作为战略、组织与流程变革之前的先导步骤。职位描述一方面要以战略为导向，强调在职位描述中明确地体现职位对战略的价值和贡献；但另一方面也要充分考虑到企业的组织管理模式和职位的历史与现状。因此，以战略为导向的职位描述在实际操作中也应该是一个理想与现实、战略要求和职位实际紧密互动的过程。

（2）职位描述不能适应组织变革的需要

现代企业的组织设计越来越强调对外部环境的反应能力，灵活性、渐进性的组织优化与调整逐步成为企业日常的管理模式与运行方式的副产品。在这样的情况下，势必要求职位描述在稳定中保持灵活，在严密中保持弹性，要求企业根据不同职位所受到的组织变化的冲击与影响，来展开分层分类的职位描述。

（3）职位描述缺乏对流程的衔接与磨合

作为流程衔接与传递的节点，任何职位必须在流程中找到自身存在的价值和理由，必须根据流程来确定其工作内容与角色要求。这要求职位描述必须与流程相呼应。

（4）忽视职位描述过程本身的价值与贡献

大多数企业在开展职位描述时单纯用职位说明书本身的形式质量来评价整个项目的价值与意义，造成职位说明书片面追求文本形式的美观与漂亮，最终成了“中看不中用的花瓶”。缺乏对真正有效信息的分析与关注，导致耗费大量资源形成的职位说明书与职位描述报告不能为实际的管理决策提供支持，成为大量束之高阁的文件，职位描述项目也成了毫无意义的“造文件运动”。

（5）忽视对职位描述过程的管理与控制

整个职位描述项目的效果，在很大程度上取决于对项目过程的控制与管理。

（6）忽视对工作职责之间的内在逻辑关系的系统把握

对职责之间内在逻辑关系的把握，一是有利于形成对职责的系统理解，使任职者能够按照职责的逻辑来安排工作，而非无头苍蝇似的找不到头绪；二是有利于把握不同职责对整体目标的贡献，找到努力的方向，优化资源的配置；三是有利于找到职责履行中的难点，为绩效的改进找到突破口和切入点。

（7）忽视对职责与业绩标准胜任能力之间关系的把握

职位可以看作一个投入产出系统，而员工的胜任能力就是投入，职责就是过程，业绩标准就是产出。只有在对三者的内在关系进行系统分析的基础之上，才能真正实现胜任能力与业绩标准的科学化与标准化。但国内企业在进行职位描述时，往往割裂了它们的内在联系，仅仅依据感觉与经验来建立业绩标准与胜任能力，使得职位说明书本身的系统性、准确性和可信度受到影响，并进而使职位说明书在招聘、录用、考核等组织与人力资源管理中的运用受到限制。

（8）职位描述框架与技术缺乏假设系统

纵观西方发达国家的各种职位描述方法，其背后都有一套完整并经过了检验的关于职位的理解和诠释，从而保证了职位描述方法的系统性与科学性。与此相反，国内的管理学者和企业管理实践者在对国外的职位描述方法加以引进、消化、改进和创新，以及开发本土化的职位描述技术时，却往往忽视了隐藏在技术背后的假设系统，形成对技术的孤立而片面的理解，使职位描述技术的有效性大打折扣。

（9）职位描述的操作缺乏明确的目标导向，造成方法失当，成果缺乏针对性

职位描述在企业的战略、组织与人力资源管理中有着非常广泛的应用。但另一方面，由于任何一种职位描述方法都有其优势与不足，都只能在一定范围内针对一定的目的而展开，而无法满足组织与人力资源管理的所有要求，如以考核为导向和以薪酬为导向所需要的职位描述的侧重点与方法就不同。因此，必须建立目标导向的职位描述技术，即明确职位描述在本企业运用所要针对的具体目标，在此基础上，确定职位描述信息收集的重点、信息收集与处理的方法、职位说明书的内容与版式。但大多数中国企业对这个问题尚缺乏足够的重视，往往将职位描述视为包治百病的良方，不顾企业的病症而胡乱服用，导致职位描述方法失当，信息收集分散，职位说明书缺乏目标针对性。

（10）缺乏成熟的职位信息收集与处理技术

信息收集与处理技术是职位描述技术的核心。但在一般企业所采用的职位描述技术中，职位信息的收集与处理技术还停留在较为初级的阶段。一方面，缺乏定量化的技术与方法；另一方面，对传统的、定性的信息收集与处理方法（如观察法、访谈法、问卷法）缺乏系统性的总结，职位描述专家在实践中所获得的经验性认识还仅仅停留于自身的脑海中，尚未能进行总结，以对人力资源管理人员进行有效的培训。这导致职位描述的效果在很大程度上还取决于职位描述员的个人能力及其对工作的感性认识，这是目前国内企业的职位说明书形式五花八门、质量参差不齐的重要原因。

3. 职位描述中人的因素

（1）管理人员不够重视

中层管理人员不够重视，认为这是人力资源部的事。人力资源部在这里只能充当监督、指导说明书编写的角色，真正的责任人是各部门负责人。因为部

门负责人才最了解部门内部职位的职责，部门运作的流程和人员的分工合作。部门负责人要对部门内所有职位负责，安排任职者编写职位说明书，对提交上来的职位说明书进行审核。

（2）相关部门的员工没有使用职位说明书的意识和流程

职位说明书编写出来以后，人力资源部就以为万事大吉了，把职位说明书锁在电脑里。职位说明书如果没有使用的话，只是一张张废纸，没有任何作用，只有跟人力资源的具体工作联系起来，才能起到基础的作用。所以，完成职位说明书以后，人力资源部需要做的不是松懈下来，而是趁热打铁，宣传职位说明书的重要性，培训、指导各部门如何使用职位说明书，建立一系列的制度、流程来充分发挥职位说明书的作用。

（3）相关部门的员工忽略动态管理

职位说明书编写好以后，不是一劳永逸的事。随着企业的变化、战略方向的改变、组织发生变革、流程优化，职位的职责也会发生变化。所以，一定要建立职位说明书的动态管理机制，适时更新职位说明书。

（4）人力资源人员指导作用偏弱

人力资源人员在编写职位说明书的工作中，虽然不是编写的主要负责人，但是作用非常重大，需要组织、培训、指导各部门进行职位描述，编写职位说明书，对质量进行把关，最后还需要使用、维护职位说明书管理系统。如果人力资源人员的专业水平不到位，必然会影响职位说明书的质量和系统管理。在调查中发现，职位说明书半路夭折的原因，很多是人力资源部门的专业指导不够，缺少足够的技能和方法。最多的是，不知道如何使用职位说明书，放着一把利剑不知道如何使用。

职位描述是人力资源管理的基础，企业需要认识到职位描述的重要性，建立一套真正适合企业实际需要的职位管理体系。

五、职位描述对招聘工作的作用

职位描述是企业人力管理的重要部分，其在招聘管理运行工作中主要发挥着以下几点作用。

1. 利于招聘职位关系明确

职责、权限及工作依据明确，为工作提供有效指导。每个职位都建立具体、明确的任职条件，为人员招聘、调配、选拔、培养提供依据；每个职位都有完整、明确的说明书；检查与评估职位设置的合理性；使每个职位都履行独立职能。

2. 利于明确招聘岗位职责

减少职责不明确、交叉、空白等问题；减少扯皮等问题，降低沟通成本，提高工作效率；明确努力方向和改善方向，提高工作绩效；提供基础信息或工作依据，如为招聘、培训、绩效管理、薪酬等工作提供基础信息；将组织及部门压力层层传递到个人。

3. 利于招聘人员录用与调配

根据任职资格要求，可指导录取到适合工作的和对工作满意的人员，并可使新职员尽快地熟悉工作。

4. 利于招聘人员教育与培训

对于公司老职员，为使其更好地适应本工作或新岗位，可比照职位说明书寻找差距，由人力资源部和员工本身共同努力通过再教育和培训等提高员工能力。

5. 利于招聘时薪酬确定

通过公司职位价值评价，可得出公司各岗位之间的价值排序，如确定为1–9个职等；根据各个职位的任职资格要求和任职者的资历、能力、贡献等确定出职级（如可设计为1–20级）；与每一职等、职级相对应，可确定出任职者在这一职位上的工资。可用函数表述为：职等=f(职务价值排序)；职级=g(任职资格，能力，贡献等)；薪金等级=n（职等，职级）。

6. 利于入职后的考核与晋升

职位分析界定了岗位的职责与任职资格，这可直接作为员工考核的标准和依据；职位分析同时也给出了职务的价值排序和对任职者的要求，这对员工岗位的调配、晋升以及随之而来的薪酬调整提供了有力的根据。

职位描述在公司战略管理和人力资源管理招聘中发挥着重要的作用，企业相关部门应当做好职位描述和职位说明。

案例实操：职位描述表

职位描述表可以发送给用人部门，让用人部门填写，也可以由人力资源部与用人部门一起填写，具体见表 2–5。

表 2–5 职位描述表

<table>
<tr><td>部门名称</td><td></td><td>组别名称</td><td></td></tr>
<tr><td>职位名称</td><td></td><td>职位级别</td><td></td></tr>
<tr><td>直接上级（职位）</td><td></td><td>直属下级（职位）</td><td></td></tr>
<tr><td colspan="4">职位设置目的 / 原因：请简单、清晰说明职位设置的原因、存在目的，包括在某种程度上该职位能对其上司、部门以至公司整体的帮助及独特贡献</td></tr>
<tr><td colspan="4"></td></tr>
<tr><td colspan="4">职责列表：请列出本职位最关键的职责与每项职责的关键行为，职责不超过 6 项，每项职责的关键行为不超过 4 项。请根据各项职责的重要性以及每个月每项职责所花费时间的百分比将其从高到低排列（时间百分比总额为 100%）</td></tr>
<tr><td>关键职责（不超过 6 项）</td><td>时间百分比</td><td colspan="2">关键行为详述（不超过 4 项）</td></tr>
<tr><td rowspan="4">1</td><td rowspan="4">%</td><td colspan="2">1</td></tr>
<tr><td colspan="2">2</td></tr>
<tr><td colspan="2">3</td></tr>
<tr><td colspan="2">4</td></tr>
<tr><td rowspan="4">2</td><td rowspan="4">%</td><td colspan="2">1</td></tr>
<tr><td colspan="2">2</td></tr>
<tr><td colspan="2">3</td></tr>
<tr><td colspan="2">4</td></tr>
<tr><td rowspan="4">3</td><td rowspan="4">%</td><td colspan="2">1</td></tr>
<tr><td colspan="2">2</td></tr>
<tr><td colspan="2">3</td></tr>
<tr><td colspan="2">4</td></tr>
</table>

续表

4	%	1		
		2		
		3		
		4		
5	%	1		
		2		
		3		
		4		
6	%	1		
		2		
		3		
		4		
资历要求：请选择或列出本职位最适合的教育背景、专业、经验背景和资格证书，并在合适的选项□前打“√”				
受教育程度	□	高中 / 中专 / 技校	技能要求	
	□	大专	工作经验	类型：
	□	本科		年限：
	□	硕士及以上	资格证书	
工作环境：包括室内、室外。室外请列明如堆场、仓库等施工现场或作业场地名称		潜在职业危机：指是否处于容易患上脊椎劳损或有潜在危机的环境		
职位架构及带领人数：该职位对上及向下直接负责关系。需注明直接督导人数、间接督导员工人数				

（本职位）

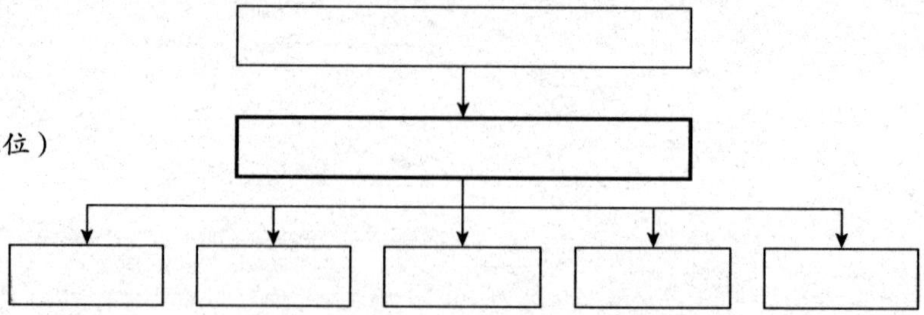

人数：（人）（人）（人）（人）（人）

间接督导员工人数：（ 人）

续表

资格要求：请列出本职位关于以下六项因素的要求	
1. 专业知识	请列出本职位任职者所需的学科知识、技术知识以及掌握知识的深度
2. 运营知识	请列出任职者对哪些业务需要了解以及对行业的了解程度
3. 领导责任	请列出任职者团队领导责任的深度和广度
4. 解决问题复杂程度	请列出任职者工作中要解决的典型问题，从信息获取的难度、是否有经验借鉴可思考的难度分析
5. 对营运影响程度和范围	请列出任职者工作如何影响经营效益和战略方向，以及影响哪些职能和机构
6. 人际关系	请列出任职者经常性内外部联络的对象级别以及交往所需技能
填写人：	
姓名 / 签署　　　　职位　　　　日期	
审核人（ ）：	
姓名 / 签署　　　　职位　　　　日期	

案例实操：如何描述日企里面的职位？

接触过日企的猎头都知道，他们的层级架构很严格。但是很多 HR 遇到日企出来的候选人时就一头雾水，日本企业中是会长职位高还是社长职位高呢？取缔役又是什么职位呢？本案例将以日企职位分析作为详解。

1. 高层领导（トップマネジメント）

高层领导的职位从上至下分为：会长、社长、副社长、专务董事、常务董事、监事。

首先是会长（会長「かいちょう」）

日企中的会长一般是由有过社长经验的人来担当。所谓会长，既有是作为董事会最高经营责任者的，也有是没有实权只是个从一线退下来的名誉职位。一直以来，日本的大企业中，社长是企业运营的总管理者，而会长是作为经济团体的董事履行对外业务的。

其次是社长（社長「しゃちょう」）以及副社长（副社長「ふくしゃちょう」）

所谓社长，一般对于公司外部是作为公司的代表，而在公司内部履行着指挥业务的职责。作为公司的社长，大多数是有代表权的董事。有些公司的会长和社长都有代表权，而也有极少数公司，虽然是社长却没有代表权。而在中国，这个社长的职位就相当于“总裁”“董事总经理”。而副社长顾名思义自然是指仅次于社长的职位了。

再次便是专务董事（専務取締役「せんむとりしまりやく」）

专务董事是经过董事会决议选任的职位。一般担当着公司业务的整体管理，辅佐社长的工作。不一定有代表权。在旧商法中规定专务董事就算没有代表权，但也有可能被贸易对方追究公司责任，但是在新的公司法中明文规定专务董事不必被追究公司责任。

复次便是常务董事（常務取締役「じょうむとりしまりやく」）

所谓常务董事，一般是负责公司的日常业务，辅助社长。常务董事也是通过董事会决议选任的职位，一般由部长晋升上来，职位在专务董事之下。

最后便是监事（監査役「かんさやく」）

在日企中，监事是指监查董事以及账目相关的职务。根据公司经营的业务检查以及财务检查，调查是否有违法或是不正当行为，然后阻止或是修正。

2. 中间管理职（ちゅうかんかんりしょく）

属于中间管理层的职位有：部长（部長「ぶちょう」）、部长代理・辅佐（部長代理補佐「ぶちょうだいりほさ」）、副部长（次長「じちょう」）、副部长代理・辅佐（次長代理補佐「じちょうだいりほさ」）、科长（課長「かちょう」）、科长代理・辅佐（課長代理補佐「かちょうだいりほさ」）。

首先，关于部长（部長「ぶちょう」）以及部长代理・辅佐（部長代理補佐「ぶちょうだいりほさ」）

关于部长，就是在被称为“部”的组织中，担任“长”的职位。各个日企中的“部”这个组织的大小不尽相同，所以相应的部长的地位也会有所差异。一般在企业中，部长可以管束课、组、室等下层组织。相对来说，还是拥有较高权力的，是除去经营层外的最高领导。管理企业中重要部门的「部長」有时候也会兼任董事。而对于部长代理・辅佐，顾名思义，就是在部长不在时作为部长代理处理相关的事务，或是辅助部长工作的职位。

其次，便是副部长（次長「じちょう」）、副部长代理・辅佐（次長代理補佐「じちょうだいりほさ」）

虽然也有“課長”级别的“次長”，但是在日企中“次長”一般是部长级的，意为副部长。一般来说，副部长的职位在部长之下，权力也仅次于部长。但是大部分新兴企业中没有“次长”这一职位。而有些企业中，因为年纪较轻不能赋予其部长一职，故设置了副部长这个职位。这种时候，所谓的部长只是个空职位，或者说部长做的是本部长业务，而实际的部长的工作就由副部长执行。

最后介绍的是科长（課長「かちょう」）以及科长代理・辅佐（課長代理補佐「かちょうだいりほさ」）

日企中，科长就是一个科里的领导者。科长作为组织的中间干部，有着监督立场。根据各企业中科的大小不同，科长的管理权限以及管理人数也会有所差异。一般在日企中会有类似于“営業課長（营业科长）”“経理課長（会计事务科长）”“総務課長（总务科长）”这样在科长前面加上前缀，以表示他们所掌握的业务。而在科长的职位下会设置科长代理・辅佐的职位。

3. 现场管理职（げんばかんりしょく）

现场管理职主要包括“係長「かかりちょう」”以及主任「しゅにん」

首先是“係長”，翻译成中文就是系长。

日企中，系是进行各项业务的最小单位，而系长，顾名思义就是系里的管理职。系，一般次于课，所以系长在课长和课长代理、课长辅佐之下，但又位于主任和一般职员之上。最近，很多企业组织结构简化，逐渐取消系长一职也不少见。像「经理課出納係長」(会计课出纳系长）这样的使用方法比较常见。在这里，有必要向大家说明的一点就是关于日语中的「经理」，这可千万不可与中文里的经理相混淆，因为日语中的「经理」很多是指“会计事务”，这一点一定要牢记。

然后便是主任。

日企中的「主任」，是指在一般员工中技能相对来说掌握得较为熟练，不能算是权力较大的管理职。日企中讲究的是“年功序列”，即按工龄、能力、贡献而晋级或提薪，所以在公司就职5-10年后就会给予一定的管理职，就是所谓的主任。不过，有些企业中会有公司内部自己组织的测试，作为任命形式。在中国，也有“主任”，但是和日企中的主任相比，中国的“主任”显然职位要比较高的了。

在主任之下的便是一般“社員作業員（いっぱんしゃいんさぎょういん)”，即一般社员和作业员，相当于“平民百姓”。

第三节　招聘宣传策划

企业在进行招聘活动之前一般都会进行招聘宣传策划，形成招聘宣传策划的方案，依此方案进行招聘活动的实施。招聘宣传策划是以招聘策划书的形式展现的，包括招聘宣传策划的背景、目的、企业介绍和目标以及招聘具体过程策划和安排。其中主要的招聘宣传技巧更是招聘策划书中核心之核心。

招聘宣传工作，是招聘能否成功的重要内容。一般有宣传准备、平面媒体宣传、互联网宣传、现场招聘、校园宣传活动和社区宣传六个方面的内容值得关注。

一、宣传准备

招聘宣传的准备工作有以下三项。

（1）确定宣传对象。

（2）制定具体的宣传手段。常见的传媒宣传方式有平面媒体宣传及网络宣传。而线下宣传方式则包括招聘会宣传、校园宣传及社区宣传等。

（3）与市场营销部合作，参与招聘宣传。

表 2–6　宣传准备工作清单

准备工作	具体项目	事　项
宣传对象	职位分析	确定招聘方向、目标
		确定招聘及人员需求
	考虑因素	年龄
		工作年限
		专业
		职位级别
		薪酬需求
		个人能力
宣传手段	传媒宣传	平面媒体宣传
		网络宣传
	线下宣传	招聘会宣传
		校园宣传
		社区宣传
与市场营销部合作	协同方案	营销宣传

二、平面媒体宣传

利用平面媒体进行宣传时，HR 主要通过在报纸、杂志等平面媒体上刊登招聘信息、广告的方式进行。一般在地方都市报、各城市招聘类报纸刊登的效果较好。此外，各类招聘会和人才市场也会通过诸如人才报这类的平面媒介做相应的推广，可以为之所用。

表 2-7　平面媒体宣传工作清单

准备工作	具体项目
平面媒体宣传	报纸、杂志招聘信息及广告
	地方都市报、招聘类报纸
	招聘会、人才市场媒介

三、互联网宣传

做网络宣传时，首先，要进行职位广告的设计，包括职位名称设定、职位描述内容的设计及设计技巧三个方面。其次，在链接推广方面，要充分利用三大网等知名招聘网站的资源；利用广告位及文字链接，做好外部链接推广。互动是互联网时代需要关注的网络招聘宣传技巧。

表 2-8　互联网宣传工作清单

准备工作	具体项目	事　项
职位广告设计	职位名称设定	提高职位实际地位
		避免抽象职位名称
		关联性职位协作招聘
	职位描述内容	公司发展方向
		公司价值主张
		薪酬福利待遇
		能力、技术、经验、表现
	设计技巧	充实详细，避免冗余
		版式简单、清晰易读
		信息准确、有效
网络链接推广	网络链接推广	知名招聘网站
		广告及文字链接
		优质外链推广

续表

准备工作	具体项目	事　项
互动设计	关键字搜索设计	密切相关内容
		与用人部门协商
	公众号、微博	企业品牌账号
		公司人员发布文章
		互动交流
	其他社交平台	职业社交平台
		职业问答平台
		QQ 群、微信群等社区空间

四、现场招聘会

进行现场招聘会的宣传时，首先要做好背景广告的设计。形式上，背景广告要有一定的大尺寸，并符合企业一贯的设计风格；内容上，背景广告的主题要有吸引力，主要是企业文化和内涵的展示。

在宣传手册的设计上，首先，要以招聘岗位为核心内容及宣传重点进行设计；其次，要符合企业一贯的设计风格。

宣传片的设计更要注意前面提到的相关技巧，在片长、制作技巧及内容上，严格控制。

表 2–9　现场招聘会宣传工作清单

准备工作	具体项目	事　项
背景广告	形式	大尺寸
		符合一贯设计风格
	内容	标题党
宣传册	宣传册规划	以职位为宣传重点
		符合品牌统一设计风格

续表

准备工作	具体项目	事　项
宣传片	时间控制	不同时间节点宣传片作用不同
	特效和声效	加入吸引力的元素
	展示企业形象	以企业文化、发展历史、功绩成就、业内地位为主
		成本节约
		成为宣传的载体

五、校园宣传活动

校园宣传包括招聘当天宣传及校园日常宣传两种方式。

招聘当天宣传主要包括路演和宣讲会。路演时，主要包含特色宣传片的播放、派发宣传品及小游戏环节。同时，也会请公司人员进行宣讲、沟通。例如，可请企业领导参与互动，并请已入职的师哥师姐谈感想。

在校园宣讲会的时候，除了宣传片的播放、企业领导致辞及师哥师姐谈感想以外，在员工互动及学生问答方面应做得更深入，并由 HR 做专门的答疑。

校园日常宣传要做得出彩，不能局限于应届毕业生。有些企业介入重点高中学生的升学过程中，植入企业品牌及文化，可资助他们参观大学校园，全程免费，专人服务，并提供统一的服装；对于大一、大二的学生，企业可冠名各类活动，并推广活动进程；对大三、大四的学生，则可组织毕业生就业指导活动，打响企业品牌；也要与相关老师建立良好的合作关系，向老师做宣传，提供实训基地和课题调研的机会。

表 2-10　校园宣传工作清单

<table>
<tr><th>准备工作</th><th>具体项目</th><th>事　项</th></tr>
<tr><td rowspan="9">招聘当天宣传</td><td rowspan="5">路演</td><td>特色宣传片</td></tr>
<tr><td>宣传品发放</td></tr>
<tr><td>小游戏互动</td></tr>
<tr><td>高层互动</td></tr>
<tr><td>师哥师姐感受</td></tr>
<tr><td rowspan="4">宣讲会</td><td>企业宣传片</td></tr>
<tr><td>高层致辞</td></tr>
<tr><td>师哥师姐谈感受</td></tr>
<tr><td>HR 答疑</td></tr>
<tr><td rowspan="6">校园日常宣传</td><td>优秀高中生宣传</td><td>资助参观校园</td></tr>
<tr><td rowspan="2">大一、大二学生</td><td>冠名各类活动</td></tr>
<tr><td>推广活动进程</td></tr>
<tr><td>大三、大四学生</td><td>毕业生指导</td></tr>
<tr><td rowspan="2">高校老师宣传</td><td>实训基地</td></tr>
<tr><td>课题调研</td></tr>
</table>

六、社区或产业园区宣传

相对于传统的招聘会，社区宣传成本较低，一般能在没有竞争、轻松和谐的条件下完成招聘宣传，且人才定位比之专场招聘会还要精准。

社区宣传能在中高端社区或外来人才集中地直接“落地”。对于这些人来说，场地就在家门口，买菜、购物时就能路过，完全不会浪费时间。进行社区宣传时，可在小区内布置独立的摊位；公示有吸引力的薪资；并利用高档社区的 LED 屏幕，发布岗位信息，做简单的职位描述，再打出公司可能在什么时候、在哪个大型的社区会做某某公司的高级人才招聘。也可以在楼道内直接张贴相关海报，给中高端人才一个直观的感受。

此外，如果公司处在特殊产业园区，也可以做另类的社区宣传。可以在园区的空地或者上下班的必经之路拉出海报，进行宣传，突出岗位名称，略写具体内容，这样，上下班的中高端人才天天都看得到，这样的宣传效果绝对好过社会招聘宣传会。

表 2-11　社区或产业园宣传工作清单

具体项目	事　项
社区或产业园宣传	成本设计
	竞争较少
	人才定位
中高端社区	便捷，随时可到
	独立摊位
	公示薪资
	社区 LED 屏
	楼道海报
特殊产业园区宣传	海报突出职位名称
	略写具体内容

案例实操：利用社交化传媒有效进行招聘宣传

传统招聘宣传策划还在企业中有一定的使用比例，但是当下的互联网为招聘宣传策划提供了更为方便的招聘宣传方式。其中一种方式就是社交化传媒的招聘宣传方式。

在社交网络（社交网络一般有职业类社交网络和娱乐类社交网络的说法，职业类社交网络以 Linkedin 为例，娱乐类社交网络以新浪微博为例）里面进行招聘这一具体行为一般被称作社交招聘，即利用社交网络来开展招聘工作。

社交网络招聘与传统的网络招聘有着巨大的区别，这些区别体现在信息传播机制、互动性等方面。传统的招聘网络是典型的“记录性系统”，它记录雇主发布的招聘信息也就是职位描述，以及求职者的个人信息也就是简历，两个信息都是以数据的形式存储在招聘网络中。原则上，这两个信息依赖用户，求职者或者企业的招聘人员通过搜索或者检索行为，才可以匹配到一起。社交网络是典型的“参与性系统”，在这个系统中用户成为网络的节点，也就是说，不管是企业的招聘人员，还是求职者都是网络“节点”，这些节点既是信息的传播者同时又是信息创造者。这也就意味着在这个网络中是人与人之间的互动，而不是“职位广告”与“简历”之间的关系。

雇主的招聘人员可以通过社交网络发布招聘需求信息，这些信息将被作为信息源通过社交网络“人际关系链”传播，这些信息被企业招聘人员的“关注者”或者说“粉丝”进行转发、评论。按照社交网络的基本原理“6度分割理论”，企业招聘人员发出的招聘信息原则上可以被任何一个潜在的求职者收到，只需要通过中间6个特殊节点的人转发。任何一个求职者可以通过6个中间人，链接到任何一个企业的招聘人员或者业务部门负责人。一旦链接起来，这些人之间可以通过相互评论或者私信等方式进行沟通。

社交网络招聘实现形式有两种，一种是社交网络平台本身提供招聘服务，如国外的Facebook以及Linkedin提供的社交招聘服务，国内的职业社交网站，通常也以提供社交招聘服务为主。另外一种可以通过这些社交网络平台的开放API开发的应用，如boss直聘、Branchout、Bullhorn Reach等。

社交招聘的优势在于，在会员活跃度较高的社交网站上，企业对于某个人才的了解不再局限于“简历”的层面，其“人脉圈”的显示，也是一个人职业经历和能力的良好佐证。国外的相关调查表明，45%的雇主和猎头会通过社交网站观察求职者，社交平台透露的求职者信息会给雇主和猎头留下深刻印象，这些印象直接对求职结果产生影响。

案例实操：招聘广告语

以下是一些流行的招聘广告语，将招聘包装起来，才能产生推广的效果。

1. 收拾行李，寻找最新的自己

青春是挽不回的水，转眼消失在指尖，用力地浪费，再用力地后悔，不要沉溺于过去，接受新的生活，新的自己，新的团队！

在这里，你能收获的不仅仅是高薪，还有技能、知识和家人！

收拾行李，寻找新的自己，加入吧！

2. 点赞你的生活

不要被生活所捆绑，勇于迈出你的第一步！敢于挑战！敢于奋斗！

只要你想要，没有什么做不到！

即刻起，点赞你的生活，从这一份工作开始！

3. 合适你就来

是一家地产营销代理公司，4 个月创造了 8800 万元的销售业绩！

只要你有才，虚以待位，只等你来！

4. 闯！

迈出你的第一步！

不惧困难，不怕拒绝！

去相信，去证明，梦想一触即发！

高薪不是幻影，只要你愿意！

还在等什么？

5. 飞向你的舞台！

快节奏的生活，需要加快你忙碌的步伐，想要在最短的时间内获得较高的收益吗？

加入吧！——丰联，一个为你搭建平台助你成功的企业！

在这里寻找属于你自己的舞台。

6. 你在烦恼什么？

还在为找工作而烦恼吗？

这里，有属于你的位置！

够胆你就来！

屌丝逆袭！只要你转变。

7. 想神马有神马

节后生活，想神马有神马。

想工作，来这里！

一群年轻活力的销售团队，一份高额的收入。

高收入 + 低风险 + 短平快 = 理想工作

做土豪？不是梦。2014 要神马有神马。

这里有高薪的工作岗位，这里有年轻活力的团队。

这里有你想要的一切！只要敢想，没有什么做不了！

无限的发展空间，我们的成长邀请你一同参与！

8. 薪满益足，让你心满意足

薪——想要高薪，只要你愿意；

满——满载的不仅是你的钱包，还有你的理想；

益——收益金钱、学识和技能；

足——足够的发展空间。

第四节　招聘渠道

一、招聘渠道的内容

招聘渠道是组织招聘行为的辅助之一。一个好的招聘渠道应该具备以下特征：（1）招聘渠道具有目的性，即招聘渠道的选择是否能够达到招聘的要求；（2）招聘渠道的经济性，指在招聘到合适人员情况下所花费的成本最小；（3）招聘渠道的可行性，指选择的招聘渠道符合现实情况，具有可操作性。

招聘主要包括以下几种。

1. 现场招聘

现场招聘是一种企业和人才通过第三方提供的场地，进行直接面对面对话，现场完成招聘面试的一种方式。现场招聘一般包括招聘会及人才市场两种方式。招聘会一般由各级政府及人才介绍机构发起和组织，较为正规，同时，大部分招聘会具有特定的主题，如“应届毕业生专场”“研究生学历人才专场”“IT 类人才专场”等，通过这种毕业时间、学历层次、知识结构等的区分，企业可以很方便地选择适合的专场设置招聘摊位进行招聘。对于这种招聘会，组织机构一般会先对入会应聘者进行资格的审核，这种初步筛选，节省了企业大量的时间，方便企业对应聘者进行更加深入的考核。但是目标人群的细分方便了企业的同时，也带来一定的局限性，如果企业需要同时招聘几种人才，那么就要参加几场不同的招聘会，这在另一方面也提高了企业的招聘成本。人才市场与招聘会相似，但是招聘会一般为短期集中式，且举办地点一般为临时选定的体育馆或者大型的广场，而人才市场则是长期分散式，同时地点也相对固定。因此，对于一些需要进行长期招聘的职位，企业可以选择人才市场这种招聘渠道。

现场招聘的方式不仅可以节省企业初次筛选简历的时间成本，同时简历的有效性也较高，而且相比其他方式，它所需的费用较少。但是现场招聘也存在一定的局限，首先是地域性，现场招聘一般只能吸引到所在城市及周边地区的应聘者。其次这种方式也会受到组织单位的宣传力度以及组织形式的影响。

2. 网络招聘

网络招聘一般包括企业在网上发布招聘信息甚至进行简历筛选、笔试、面试。企业通常可以通过两种方式进行网络招聘，一是在企业自身网站上发布招聘信息，搭建招聘系统；二是与专业招聘网站合作，如智联招聘等，通过这些网站发布招聘信息，利用专业网站已有的系统进行招聘活动。

网络招聘没有地域限制，受众人数大，覆盖面广，而且时效较长，可以在较短时间内获取大量应聘者信息，但是随之而来的是其中充斥着许多虚假信息和无用信息，因此网络招聘对简历筛选的要求比较高。

3. 校园招聘

校园招聘是许多企业采用的一种招聘渠道，企业到学校张贴海报，进行宣讲会，吸引即将毕业的学生前来应聘。对于部分优秀的学生，可以由学校推荐，对于一些较为特殊的职位也可通过学校委托培养后，企业直接录用。

通过校园招聘的学生可塑性较强，干劲充足。但是这些学生没有实际工作经验，需要进行一定的培训才能真正开始工作，且不少学生由于刚步入社会，对自己的定位还不清楚，工作的流动性也可能较大。

4. 传统媒体广告

在报纸杂志、电视和电台等载体上刊登、播放招聘信息受众面广，收效快，过程简单，一般会收到较多的应聘资料，同时也对企业起了一定的宣传作用。通过这一渠道应聘的人员分布广泛，但高级人才很少采用这种求职方式，所以在招聘公司中基层和技术职位的员工时比较适用。同时该渠道的效果同样会受到广告载体的影响力、覆盖面、时效性的影响。

5. 人才介绍机构

这种机构一方面为企业寻找人才，另一方面也帮助人才找到合适的雇主。一般包括针对中低端人才的职业介绍机构以及针对高端人才的猎头公司。企业通过这种方式招聘是最为便捷的，因为企业只需把招聘需求提交给人才介绍机构，人才介绍机构就会根据自身掌握的资源和信息寻找和考核人才，并将合适的人员推荐给企业。但是这种方式所需的费用也相对较高，猎头公司一般会收取人才年薪的 20%-30% 作为猎头费用。

6. 内部招聘

内部招聘是指公司将职位空缺向员工公布并鼓励员工竞争上岗，对于大型企业来说，进行内部招聘有助于增强员工的流动性，同时由于员工可以通过竞聘得到晋升或者换岗，因此这也是一种有效的激励手段，可以提高员工的满意度，留住人才。内部招聘的人才一般对公司和业务已经比较了解，因此可以较快进入新角色，不需要公司进行大量的培训。但是这种方式也有一定的缺点，如果企业过多地使用内部招聘，企业将缺乏新观点、新视角的加入，员工存在一定的思维惯性，缺少活力。详细来说，内部招聘渠道包括职位公告、职位技术档案、员工推荐三种。以员工推荐为例，国内许多企业都采取老员工推荐的方法来招聘新员工，针对性、可靠性比较高。但要注意某一员工推荐过多的话，很可能会产生一些小利益团体。为了鼓励员工推荐，企业可以出台一些奖励措施。

7. 员工推荐

企业可以通过员工推荐其亲戚朋友来应聘公司的职位，这种招聘方式最大的优点是企业和应聘者双方掌握的信息较为对称。介绍人会将应聘者真实的情况向企业介绍，节省了企业对应聘者进行真实性的考察，同时应聘者也可以通过介绍人了解企业各方面的内部情况，从而作出理性选择。已经有许多企业采用这种招聘方式，如高露洁公司就鼓励员工推荐并设置了一些激励手段，如果应聘者被录取，介绍人将会得到一定的奖金。但采用该渠道时也应注意一些负面影响：一些公司内部员工或中高层领导为了栽培个人在公司的势力，在公司重要岗位安排自己的亲信，形成小团体，这会影响到公司正常的组织架构和运作。

8. 人事外包

所谓外包，英文直译为“外部资源”，指企业整合利用其外部最优秀的专业化资源，从而达到降低成本、提高效率、充分发挥自身核心竞争力和增强企业对环境的迅速应变能力的一种管理模式。在一个企业里，要健全人力资源部门就要设置配套的各种专业人力资源人员，如“薪资管理专员”“招聘专员”“培训专员”等。代价相对来说是相当庞大的。但是，在国内很多企业都没有这样的配备，尤其是一部分中小型企业，从性价比例值的角度来讲，他们没有必要在这样规模的企业中设置这样多的人员，于是就把这一块管理外包给人事机构，而专业的人力资源机构相对来说比自身企业做得更加完备，企业借助了更多专业的东西来完善自身人力资源不足的现象，从而节约自己的资源，创造了最大的价值。

人事外包能规避风险，减少纠纷，降低营运成本，节省人事专员的时间，提高工作效率。除此之外，人事外包还客观地反映劳动力市场的普遍薪酬行情，为企业进行薪酬管理提供科学的依据，为企业吸引、留住和激励人才打下坚实的基础。根据企业的实际需求，提供专业人事服务，使企业不但可以及时引进先进的人事管理方式，规避政策风险，提高员工满意度，还可以节省大量事务性工作的人力、资金和时间。

9. 人才租赁

人才租赁是中国近年来出现的一种派生的人才服务项目，它指用人企业根据自己的工作实际需要，向人才中介组织提出所需人才的标准条件和工资、福利待遇，人才中介组织通过查询自己的人才库、向社会招聘等方式搜索符合条件的人才，经严格挑选，把人才派往用人企业工作的服务方式。一般地说，人才租赁的主要形式有两种：一种是按一定期限租赁人员；另一种是以完成某个工作项目为目的租赁人员。

人才租赁实行管人与用人的分离，租赁单位与所租人才不发生人事隶属关系，由专门机构对各类人才实行社会化、集约化管理，使用人企业摆脱具体、琐碎的人事管理事务，集中精力于生产经营的主业，有效地减轻用人企业的管理负担。

二、招聘渠道的变化

传统的招聘方式受到网络化、信息化的影响，导致招聘方式不得不有所转变，形成综合的多方式招聘局面。

1. 网络化的渠道

这里主要是说有别于传统的面对面招聘渠道，它们是随着网络化和信息化发展而不断产生出来的，目前来看，有以下一些新颖的渠道。

（1）微博

发布方便，但是由于没有相应的法规约束，里面信息的真实性需要招聘单位独立完全去核实，增加机会成本，通过这种渠道进入公司的员工不多。

（2）微信

由于微信具有市场占有率较大、使用高频的特点，更加受到 HR 的青睐，很多企业都有自己的微信公众号，借此发布企业相关信息和招聘信息，成本更低。

（3）群

这包括 QQ 群、HR 微信群、街道社区群、行业交流群等，这种方式成本基本不会产生，而且范围广、信息量大，特别适合招用本地人或行业内的专业人才。

（4）远程

这种招聘成本低廉，但需要相应的终端设备配套，包括视频、电话、一定场所等，主要是招聘专家或高级人才，这些人才远在外地，专程来面试比较困难时而采用。由于能够见人、闻声、听言、辨色等，如身临其境，节约双方时间，比较受欢迎，但使用频率不太高。

2. 非网络化渠道

新颖的招聘渠道还没有超过传统招聘渠道的作用，传统招聘渠道目前还是各单位重点使用的招聘方式，但随着时间的推移、竞争的加剧，一些传统的招聘渠道也出现了一些新颖的变化。

（1）现场

以前的现场招聘会到处张贴着招聘彩页，宣传声、入场票、人流量等让现场招聘各单位摊位前十分混乱，整个现场秩序混乱。如今的现场招聘，基本运用了电子产品，纸质化的东西越来越少，现场都配备了摄像头，较大一点的现场招聘还会在网上建立供需见面。

（2）报刊

这是原来不少单位惯用的招聘方式，但随着广告费用的增加，阅读报刊人数的日益减少，企业逐渐减少大篇幅的招聘，要么减少篇幅、要么干脆不采用这种方式。

（3）投递

原来不少招聘都以收应聘者纸质投递来的简历，这样虽然真切感很强，但工作量很大，会产生许多纸张堆积；现在大多变成收电子简历，但也会允许纸质简历投递，毕竟仍有一些不会使用电脑的应聘者。

（4）内荐

随着时间的推移，在推荐费用、人数、年龄要求等方面都有所变化，只有这样，才能保证推荐者的积极性。

（5）网站

这是目前各单位采用最多的一种方式，但随着网站之间竞争的加剧，以及新颖招聘方式的涌现及行业性、地区性招聘渠道的分块，各网站也纷纷推出其他优惠、增值服务项目，如网上、网下企业咨询免费服务，定期拜访公司等。

目前来看，多数公司仍然使用着传统的招聘渠道，而且占据着较大比例的招聘，但传统方式随着市场的变化本身也在完善中。

基于不同的样本得到的招聘渠道的效果是不一样的。因此，企业不应该盲目地依赖某种招聘渠道，而应该结合企业自身特点，包括财务状况、紧迫性、招聘人员素质等，同时考虑招聘职位的类型、层次、能力要求等，来选择适当的招聘渠道。

比如，处于成长期的企业，人才需求量很大，对于公司高级管理人员，应该采用内部招聘的方式，因为这部分人员对公司非常熟悉，对新工作能够很容易上手，当工作变换时，对处于高速发展中的企业不会造成较大影响，同时这种晋升的机会也可以激励人才，留住人才。对于中低层次的人才，应该考虑采用见效快的招聘渠道，如现场招聘以及网络招聘。

企业在选择招聘渠道的时候需要做到以下几点。首先，分析单位的招聘要求。其次，分析潜在应聘人员的特点。再次，确定合适的招聘来源。按照招聘计划中岗位需求数量和资格要求，根据对成本收益的计算来选择一种效果最好的招聘来源，是内部还是外部，是学校还是社会等。最后，选择合适的招聘方法。按照招聘计划中岗位需求数量和资格要求，根据对成本收益的计算来选择一种效果最好的招聘方法，是发布广告还是上门招聘、借助中介等。

三、内部招聘的优点和缺点

内部招聘就是从组织内部选拔合适的人才来补充空缺或新增的职位。其优势在于以下四点。

（1）从选拔的有效性和可信度来看，管理者和员工之间的信息是对称的，不存在“逆向选择”，即员工为了入选而夸大长处，弱化缺点问题，甚至“道德风险”问题。因为内部员工的历史资料有案可查，管理者对其工作态度、素质能力以及发展潜能等方面有比较准确的认识和把握。

（2）从企业文化角度来分析，员工与企业在同一个目标基础上形成的共有价值观、信任感和创造力，体现了企业员工和企业的集体责任及整体关系。员工在组织中工作过较长一段时间，已融入企业文化之中，视企业为他们的事业和命运的共同体，认同组织的价值观念和行为规范，因而对组织的忠诚度较高。

（3）从组织的运行效率来看，现有的员工更容易接受指挥和领导，易于沟通和协调，易于消除边际摩擦，易于贯彻执行方针决策，易于发挥组织效能。

（4）从激励方面来分析，内部选拔能够给员工提供一系列晋升机会，使员工的成长与组织的成长同步，容易鼓舞员工士气，形成积极进取、追求成功的气氛，达成美好的愿景。

但是，内部选拔本身也存在着明显的不足。比如，内部员工竞争的结果必然是有胜有败，可能影响组织的内部团结；组织内的“近亲繁殖”“团体思维”“长官意志”现象，可能不利于个体创新；内部选拔可能因领导好恶而导致优秀人才外流或被埋没；也可能出现“裙带关系”，滋生组织中的“小帮派”“小团体”，削弱组织效能。

总体上，内部提升有利于激励企业内部的员工；企业内部的员工对企业产品及流程比较了解，可以在很短的时间内进入工作状态；招聘成本低；内部提升，一方面是该员工对企业的人、产品、文化都比较熟悉，更容易发挥特长，而且这样培养出来的人对企业的忠诚度比较高。选任时间较为充裕，了解全面，能做到用其所长，避其所短；对组织情况较为熟悉，了解与适应工作的过程会大大缩短，上任后能很快进入角色；内部提升给每个人带来希望，有利于鼓舞士气，提高工作热情，调动员工的积极性，激发他们的上进心。

四、外部招聘的优点和缺点

外部招聘的优点有以下五点。

（1）外部招聘可以为企业增加新鲜血液，可以从新人身上学习到先进的管理方法和工作经验；

（2）来源广泛，选择空间大，特别是在组织初创和快速发展时期，更需要从外部大量招聘各类员工；

（3）可以避免“近亲繁殖”，能给组织带来新鲜空气和活力，有利于组织创新和管理革新；

（4）由于他们新近加入组织，与其他人没有历史上的个人恩怨关系，从而在工作中可以很少顾忌复杂的人情网络；

（5）可以要求应聘者有一定的学历和工作经验，因而可节省在培训方面所耗费的时间和费用。

同时，外部招聘的缺点有以下六点。

（1）外部招聘员工需要一段时间熟悉公司作业流程及工作环境；

（2）可能因为对外部员工不够了解，导致招到不合格的员工；

（3）外部招聘可以直接找个符合企业要求的人，应聘者拥有招聘岗位所需要的特质和经验，但是是否可以很好地融入团队，以及充分发挥出应聘者的能力，都是可能存在的问题；

（4）难以准确判断应聘者的实际工作能力；

（5）外部招聘员工容易造成对内部员工的打击；

（6）外部招聘的费用较高，会增加企业的招聘成本。

因此，通过比较内部招聘的优缺点和外部招聘的优缺点，企业应当综合考虑选择最为合适的招聘方式。

案例实操：KT 公司招聘渠道分析报告

KT 公司的招聘渠道是较多的，就招聘信息发布的渠道上，有内部介绍、网络、职介中心，现将公司目前的各招聘渠道的效果分析如下：

1. 招聘渠道

网络：分别为前程无忧、智联招聘、机械英才网、HZ 人才网、YH 人才网，收集招聘信息的方式为在网站上进行在线投递。

职介中心：通过在人才中心等职介机构登记备案发布招聘信息。

内部推荐：通过员工内部推荐。

现场：通过现场招聘的形式进行招聘。

2. 各招聘渠道效果

现将 2016 年 9 月开始至 2018 年 2 月底止，对每个招聘渠道进行一次具体的分析：

（1）总体及部门分布情况：

表 2–12　人员招聘渠道分析

在职人员招聘渠道分析								
20 人	总计	占比	职能部门	输送链事业部	汽摩链事业部	传动链事业部	工程链事业部	盾牌事业部
网站	13	65%	5	2	2	3	1	0
推荐	7	35%	4	0	1	1	0	1
职介	0	0	0	0	0	0	0	0
现场	0	0	0	0	0	0	0	0
离职人员招聘渠道分析								
2 人	总计	占比	职能部门	输送链事业部	汽摩链事业部	传动链事业部	工程链事业部	盾牌事业部
网站	2	100%	0	0	0	0	2	0
推荐	0	0	0	0	0	0	0	0
职介	0	0	0	0	0	0	0	0
现场	0	0	0	0	0	0	0	0

从以上两个表可以看出，在目前在职人员中，招聘的主要渠道为网站和

推荐（含内部推荐及外部推荐）两个渠道，通过网站招聘在职的人员有13人，占比为65%，通过推荐招聘在职的人员有7人，占比为35%。

（2）各事业部招聘需求

表2-13 各事业部招聘需求统计表

需求岗位	需求人数	占比	职能部门	输送链事业部	汽摩链事业部	传动链事业部	工程链事业部	扶梯链事业部	盾牌事业部
ERP 工程师	1	2.78%	1	0	0	0	0	0	0
技术员	7	19.44%	1	1	1	2	1	1	0
调度员	1	2.78%	0	0	0	0	1	0	0
人事专员	1	2.78%	0	0	0	0	1	0	0
能源维保主管	1	2.78%	0	1	0	0	0	0	0
副部长	1	2.78%	0	0	0	1	0	0	0
业务助理	4	11.11%	4	0	0	0	0	0	0
统计员	3	8.33%	0	0	1	1	1	0	0
安全员	2	5.55%	0	0	0	0	2	0	0
工艺工程师	1	2.78%	0	0	1	0	0	0	0
质量工程师	1	2.78%	1	0	0	0	0	0	0
业务员	2	5.55%	1	0	0	0	0	1	0
机械设备设计工程师	1	2.78%	1	0	0	0	0	0	0
设备电气工程师	1	2.78%	1	0	0	0	0	0	0
管理专员	1	2.78%	1	0	0	0	0	0	0
设计主管	1	2.78%	0	0	0	1	0	0	0
TPS 专员	1	2.78%	0	0	0	0	1	0	0
会计	1	2.78%	0	0	0	1	0	0	0
计划员	2	5.55%	1	0	1	0	0	0	0

续表

需求岗位	需求人数	占比	职能部门	输送链事业部	汽摩链事业部	传动链事业部	工程链事业部	扶梯链事业部	盾牌事业部
体系管理员	1	2.78%	0	0	0	0	1	0	0
产品设计员	1	2.78%	0	0	0	0	1	0	0
热处理工程师	1	2.78%	0	0	0	1	0	0	0

从表 2–13 可以看出，KT 公司在用人需求方面，技术员、业务助理需求最多，占比分别达到 19.44% 和 11.11%。所以公司在储备人才上面还是要尽量储备技术员及业务助理这两个岗位为先，以备不时之需。

3. 招聘渠道选择

到目前为止，合作的招聘网站分别为 YH 人才网、HZ 人才网、机械英才网、前程无忧、智联招聘；其中机械英才网因为属于是专业型网站，知名度没有前程无忧与智联知名度高，所以一般在招技术方面人才的时候，效果相对比较好，其他岗位基本不起作用。其他 4 个网站，效果最好的要属前程无忧和智联招聘，从 2016 年 9 月开始至目前，招聘录用的管理人员中，其中技术员、业务助理、安全员、总监助理、会计、研发工程师、工艺工程师、热处理工程师这些录用人员的简历，都是从这两个网站下载下来的。在推荐上面，内部推荐相比外部推荐效果要好。通过以上数据，目前公司两个招聘效果比较好的渠道为网络招聘及内部推荐，在下一步选择的招聘渠道上，要加强推进网络招聘及推荐两个渠道的深度，同时也应拓宽招聘渠道，不单一依赖个别渠道，为公司业务拓展更快、更好地发展，更有效地完成招聘任务，将公司的招聘信息传达到更多的求职者当中，为公司带来更多的意向求职者，在众多的选择当中，挑选出更适合公司发展前景的人才。

KT 公司人力资源部

第五节　简历筛选分类

简历是求职者对自身工作经历、教育背景、知识技能等的总结。既是个人经历的写照，也是个人的自我宣传广告。通常情况下，用人企业在发布招聘信息后，会收到大量的求职简历。对于一些比较受求职者欢迎的用人企业来说，每年收到的简历可以用数以万计来形容。招聘人员会面对大量简历，因此企业需要建立简历的筛选分类的标准。在现实招聘中，简历筛选是个主观性较强，难以把握的环节。个人简历给了求职者比较大的自由发挥空间，允许求职者充分展示自己的各项特征和能力，这种由求职者自己制作的、用于“自宣传”的个人简历，可能会掺杂大量的冗余信息，甚至是虚假信息；有时可能故意忽略一些对求职者本人不利而用人企业需要知道的信息。

一般的简历包含以下几个方面：求职者个人基本信息，如求职者姓名、性别、年龄、学历、毕业院校、所学专业、个人身体特征等；受教育经历，如上学经历和培训经历；相关技能，如求职者掌握的相关技能以及获得的各种证书，如英语、计算机、普通话等；工作经历，如曾经从事过的工作；对于应届毕业生来说，则是个人从事的兼职和社会实践活动等；自评价，如个人自身的特长、个性、兴趣爱好、职业规划、求职动机等。

面对成百上千份经过巧妙修饰的简历，招聘人员需要建立合适高效的筛选标准，以此提高建立筛选的效率，提高招聘的效果。

一、筛选标准

简历的筛选有以下几个标准。

1. 看专业和学校背景

某知名大型公司已经将很多工作外包给人才网站，一个优秀人才应聘该公司，需要经过以下几个程序：软件系统筛选简历→人工筛选简历→第一轮面试→笔试→第二轮面试。自动软件系统会通过考察五个方面来挑选简历：学校与专业、学习成绩、班级排名、英语能力以及项目经验，这些都有可能是应聘该公司的拦路虎。公司青睐来自重点院校、专业对口的大学生，名校背景、突出的英语能力，担任过班长、学生会干部、社团组织者的经历，都会成为应聘公司的加分亮点。

2. 言简意赅的简历

还有的大公司根据每个职位的岗位描述和招聘需求来筛选简历，之后，人力资源经理把选中的简历发到对应的业务部门进行第二轮筛选，在业务部门经理和人力资源经理沟通、协商好之后，产生面试名单。

一份干净整洁、言简意赅的简历是最受公司欢迎的，长度在 2–3 页纸比较合适。个人信息、工作经验的叙述和招聘职位的要求越接近越容易赢得入围机会；这几年的风格逐渐简约大气、注重经验，那些花哨的简历越来越不受欢迎。简历的真实内容才是考核重点。

对于应届毕业生的简历，公司会比较注重对方的相关社会经历，如参加过哪些社会活动、是否为学生干部等。而招聘社会人员时，对方的工作经验是最受关注的。公司的销售人员，也需要严格的专业教育背景和行业工作经验。

3. 从简历判断求职者的思维特点

针对不同岗位的需求，对简历筛选会有不同的考察侧重点。如招聘技术型人才时，看应届毕业生的简历会比较注重其专业成绩，在校是否有过相关作品；如果招聘的是管理型人才，除看所学专业和学习成绩外，还会注重他在校时担任的学生会工作、参加的社会活动等。看社会人员的简历时，除了硬件必须符合招聘岗位需求之外，主要看工作经历。

简历行文里透露出来的信息其实很重要。简历表述的语言、行文方式及简历撰写的层次性、逻辑性、流畅性、重点性，都能流露出作者的思维特征。

4. 细节考察职业诚信

（1）有些大公司非常在意职业道德和职业诚信，通常会注意查看简历内容的完整性、真实性，应聘者工作的连续性和稳定性。他们并不在意应聘者有其他方面的工作经历、不够良好的教育背景和中断的工作时间，但隐瞒和欺骗就会使公司对你个人的诚信和职业道德有所怀疑。

为此，HR 会关注简历细节的描述是否冲突。公司会保存每份投来的简历，建立简历档案。很多人为没有受到很好的大学教育而感到遗憾，所以会在简历中把教育背景模糊掉，如将函授或者自考等字眼模糊掉。此外，很多应聘者也知道企业非常关注职业的连续性，有些人可能有一段时间没有工作，但在简历中会把时间归到某段工作中，这些都会在做背景调查时被查出来。

（2）介绍工作经历的时候，在某公司工作的时间，应该精确到月而不是年。要有公司的全称，也可对公司做简要介绍，担任的职位名称及所在部门名称、主要工作职责、主要工作业绩等。也可以简要介绍上下级关系，如直接上司的职位、所辖下属的人数等。

HR 习惯于简历用数字说话，“非常出色”“作出很大的贡献”这些用词都是不合适的。最好能够改成“完成了多少销售业绩，联系了多少家公司”，如果数字过于敏感不适宜表达，可以用百分比或者企业的表彰来表达，还可以写上获得的证书。

有些不像销售部门那么容易量化的部门，如行政部门，可以通过办公设备的维护和采购、降低成本、客户满意度、如何及时维修等方面作出说明；HR 部门可以通过客户满意度、招聘周期、人岗的匹配、离职率等来体现。

5. 要外表美也要内在美

好的简历应体现个人的实力，所以工作经验、成果、技能与知识应在简历中最显眼的位置标明，并且用简洁流畅的语言表述出来。简历的格式应简洁、布局清晰，让人一目了然。

别出心裁的简历也代表着创意，代表着突破思维惯性的精神，企业并不反对。但企业更注重实际的内容而不是外表。如果应聘公关及礼仪方面的职位，可以附上照片。简历中可以反映出的内容是很有限的，企业招聘时应结合岗位要求，重点考察工作相关的内容及学习经历。这是简历中比较实在的部分。公司在招聘部门骨干人员时，希望他能够独当一面，并取得显著的成果。所以他们的工作经历与工作成果是面试中最重要的方面。从岗位所需要的成果出发，从知识结构、工作技能、沟通能力、业绩成就和管理能力五个方面来考察。

6. 分辨真假简历

一些公司所需岗位的岗位说明是根据实际情况来制定的，由业务部门根据岗位说明书的标准提出用人的岗位需求，集团人事部门规范岗位说明。

人力资源部对应聘者填写的各种应聘申请表格进行审查，淘汰那些不符合要求的应聘者（市场比例一般为 6∶1 左右）。针对简历所提供信息的准确性问题，有七个需要特别注意的方面：（1）学历、经验和技能水平适合岗位需求。（2）职业生涯的发展趋势，主要预计求职者任职的稳定性，如其在一定时间内跳槽或转岗的频率。（3）履历的事实依据，要看写得是否实事求是，内容是否具有行为描述的特征。例如，当时的情境是什么？面对的任务是什么？采取了什么行动？结果如何？（4）自我评价的适度性，适度的评价能够反映求职者的素质和自我认知的客观性。（5）推荐人的资格审定及内容的事实依据。主要看推荐人是否可靠、客观，提供的事实是否有说服力。（6）书写格式的规范化，这能体现求职者的基本训练和素质，必要时，可以要求提供手写的简历或信件。（7）联系方式及求职者的自由度，求职者的这些要求应当得到尊重。

二、如何筛选

建立的筛选工作是企业招聘的重要部分之一，掌握筛选标准和技巧，会提高工作效率和筛选简历质量。

筛选简历的水平简单分五个级别，列举如下：

1. 筛标准

根据公司的岗位说明书，对简历进行快速扫描，对简历上的求职意向，包括期望月薪、目标地点、居住地方、目标职能等和基本情况，包括性别、学历、工作经历、资格证书、技能要求、英语和计算机水平等进行确认，没有达到要求的就直接淘汰。根据岗位的关键词对简历进行快速确认，如公司需要招一个 HR 主管，那么在看简历时就会特别关注简历上是否有“人力资源主管”这个词语，一般看简历时会提前想好 3–5 个关键词来确认。

2. 找问题

简历版面设计和细心程度：有些简历排版版面非常乱，介绍情况时也是看不到什么逻辑，还有很多错别字，那么可以初步判断此人逻辑性和细心程度有问题。

简历空白期：不同工作间是否有空白期。

跳槽频率：应聘者跳槽的频率是否太高？一般员工在公司待 3 年左右跳槽是比较合适的，如果一年换一次甚至几次，可以初步判断此人不稳定。如果应聘者每次跳槽的职位性质变换非常大，可以初步判断此人求职意向不太明确。

跳槽职位变化：如果应聘者每次跳槽的职位性质都是逐步上升的，可以初步判定此人职业呈现上升阶段，上进心比较强，如果应聘者每次跳槽的岗位等级都基本一样，工作了几年还是助理，那么可以初步判断其水平一直没有提升。

职位和工作内容是否对称：现在的公司都喜欢对职位名称进行美化。例如，销售都叫经理或者工程师，小公司的 HR 总监和大公司的 HR 总监可是完全不一样的，HR 可以通过其简历上描述的工作内容、下属人数、向谁汇报和职位名称、公司规模、工作资历进行对比，能初步判断出其真实的水平如何。例如，你看到一份职位名称是 HR 经理的简历，但是他刚毕业 2 年，公司规模只有十几人，而且他要负责行政、社保、考勤等事情，下属只有一个前台，那么你可以初步判断其真实能力也就只到了 HR 助理这个水平。

简历是否按照公司的岗位要求来写：有些对公司特别感兴趣的应聘者，会特别注明求职意向是本公司，而且其工作经历和职位说明都会按照公司的岗位要求来写，说明该应聘者的目的性非常强，对公司非常感兴趣。有些应聘者明明写着求职意向是老师，又投 HR 的岗位，说明这个人求职意向不太清晰。

3. 做匹配

看简历的时候要分类管理，不能觉得不合适的马上过滤掉；有些暂不联系的但是比较优秀的人才需要放进人才库储备着，并且回复邮件说后续有合适的岗位再联系；有些简历虽然不适合他投的岗位，但是可以考虑转做其他岗位；有些简历虽然不符合公司现有所有岗位的要求，但是如果是竞争对手的应聘者，公司可以约其来面谈，了解下行业情况。

同时还要做到匹配性。第一是专业匹配。有些岗位需要考虑求职者过去所从事专业与应聘岗位的匹配度，这个匹配度一般可以通过以下三个方面来考察：求职者所学专业与应聘岗位的专业对口程度；求职者过去在相同或相似岗位上工作的时间长短；求职者曾经接受过的培训与应聘岗位的符合程度。第二是工作背景匹配。求职者曾经工作的公司大致背景与应聘公司的背景是否相似，如所在行业是否一致、面对的下属是否相似等。这一点对于中高层的管理者来说可能尤为重要。第三是工作地点匹配。要考虑求职者期望的工作地点与应聘职位是否一致。第四是期望薪资匹配。要考虑求职者的期望薪资与应聘职位的薪资水平是否一致。第五是稳定性匹配。要考察求职者的就职稳定性与应聘岗位是否一致，求职者的就职稳定性可以通过考察求职者在总的工作时间内跳槽或转岗的频率来进行推算。如果求职者在短时间内频繁跳槽和换岗，应聘职位又要求相对稳定，则要多加考虑。

4. 问清楚

看到合适的简历中的问题点或者介绍不清楚的要标记，电话邀约或者面试时要和应聘者确认清楚；通过看简历，对应聘者的整体能力水平大概做一个定位，在面试前需要在心中列出面试问题，如果是 HR 新手，可以用纸记下来面试问哪些问题，在面试前和主管确认这样问是否合适。

5. 传技巧

如果 HR 是新手，在看到一些介绍比较模糊的简历或者自己不熟悉的岗位行业性质时，可以记下来问下同事或者领导，了解清楚状况，而不是一概淘汰掉，这样自己的技能才会提高；如果 HR 是有经验的，自己在简历筛选过程中的经验可以随时和 HR 朋友或者下属分享，在帮助他人提高的同时，自己的总结能力和学习能力也必定会相应提升。

案例实操：一眼识破简历上的整容点

据不完全统计，简历的造假率达到66%。一般人都会对自己的简历做一定的修整，这就要求企业相关人员对简历的整容点进行识别。

1. 警惕“含糊”信息

求职者在撰写简历时常常会隐藏一些不利信息，夸大一些有利信息，而达到此目的常用技巧之一就是运用含糊字眼。

（1）水平含糊。例如，一位大学毕业生的简历中有这样的描述：“英语水平：具有较强的听说读写能力”，用这种含糊的表达方式来描述自己的技能水平，基本可以推测该名学生在大学期间没有通过英语最基本的四级考试。

（2）教育经历含糊。学历一般是非常硬性的指标，所以求职者可能会做一些处理。例如，一位自考的大学毕业生，对受教育类型不做说明，从简历中受教育时间看很容易误以为是统招统分的学生。因此，用人企业在制作求职申请表时最好特别注明“受教育类型”。还有如时间含糊，例如，有一份简历是这样写的：“1999—2003年，××大学管理学院；2004—2006年，××有限公司”，如果从“年份”上看，一般人看不出什么问题，但实际上这里的空隙很大。如果这个人于2003年7月大学毕业，2004年7月就职，中间就会有一年的空档。仅从年份上看，中间甚至可以产生近两年的空档，如2003年1月到2004年12月。所以，用人企业在制作求职申请表时通常需要特别注明求职者对时间的描述要具体到某年某月。

2. 警惕“逻辑性”问题

在审查简历时，要关注简历中有关信息的逻辑性，如简历中的描述是否符合逻辑性、是否符合应聘者的真实身份、是否有互相矛盾的地方等。

（1）不合逻辑。例如，求职者在描述自己的工作经历时，列举了一些著名的企业和一些高级职位，而他所应聘的却只是一个普通职位，这种不合常情的事情就需引起注意。

（2）不合身份。例如，应届毕业生的求职简历中，有关社会实践的部分有以下描述："在 ×× 公司，负责销售工作。"类似这样的表述明显不符合求职者的身份，公司会让一位做兼职的大学生负责销售工作，让人怀疑。

（3）前后矛盾。例如，简历中可能有以下信息："出生年月：1985 年 8 月；学历：中专；教育经历：1997 年 9 月进入 ×× 中专；工作经历：2001 年进入 ×× 公司。"在这份简历中，存在明显矛盾的地方。从时间推算，这位求职者应该是 12 岁进入中专学习，16 岁进入一家公司工作。按照现在的教育制度，12 岁应该正在念小学，就算读书早一点，也应该在读初中，不可能读中专。

（4）时间不连贯。求职者的简历中发现如下信息："1999 年 9 月—2003 年 7 月，武汉 ×× 大学本科；2002 年 6 月—2004 年 8 月，广东 ×× 公司。"从简历上看，学习和工作地点在两个不同的地方，大学四年的时间有两年不在学校。后来经过证实，发现该名求职者获得的学位是通过函授得到的。

（5）自评价与事实不符。主要查看求职者自评价是否适度，是否属实，是否与工作经历中的描述一致。例如，一位求职者在自评价中自称"细致耐心"，在简历中却发现多处错别字。

清晰和逻辑是简历最为基本的要求，因此，一定要筛出模糊的以及不合逻辑的简历。

第三章
甄选：体现招聘价值

本章要点提示：

笔试

面试

复试

甄选方法

通过本章了解甄选与评价既可以帮助组织选出适合职位需求的人才，也可以帮助人才全面认知自己。本章主要介绍笔试、面试、复试及其他甄选方法，而且通过对评价中心技术的分析，将人力资源管理者对招聘的认知提升至甄选层面。

第一节　笔试

一、笔试及分类

在通过简历这一关之后，应聘者需要进行面试和笔试。笔试是一种与面试对应的测试，是考核应聘者学识水平的重要工具。这种方法可以有效地测量应聘人的基本知识、专业知识、管理知识、综合分析能力和文字表达能力等素质及能力的差异。笔试的类型包括基本专业知识的考核、智力、性格情感测验等。

1. 客观题和主观题笔试

对专业基础知识的笔试考核形式主要有七种，分别是多种选择题、是非题、匹配题、填空题、简答题、回答题、小论文。可以将以上的七种形式分为客观题考核和主观题考核。

选择题、是非题、匹配题、填空题等是典型的客观题考核，这种方式评分公正、抽样较广、免除模棱两可及取巧的答案，可以测出应聘者的记忆力，笔试试卷易于评阅；但它也有下列缺点：不能测出应聘者的推理能力、创造力及文字组织能力，试题不易编制，答案可以猜测，有时甚至可以以掷骰子的方式来碰运气。论文笔试是典型的主观题考核，它以长篇的文章表达对某一问题的看法，并表达自己所具有的知识、才能和观念等。论文笔试易于编制试题，能测验书面表达能力，易于观察应聘者的推理能力、创造力及材料概括力；同时它也存在下列缺点：评分缺乏客观的标准，命题范围欠广博、不能测出应聘者的记忆能力。

2. 技术和非技术笔试

除了以上的分类，还可以根据岗位的技术性和非技术性进行分类。常见的有技术性笔试、非技术性笔试。

技术性笔试主要针对研发型和技术类职位的应聘，这类职位的特点是，对于相关专业知识的掌握要求比较高，题目特点是主要关于涉及工作需要的技术性问题，专业性比较强。这类考试的结果，和专业的学习成绩密不可分。一般大型公司，如IBM，Microsoft，Oracle等在招聘R&D职位时都会进行这样的笔试。对应聘者的编程经验要求非常高。最后经过笔试筛选，淘汰了90%的候选者，由此可见笔试对技术性职位的重要性。

非技术性笔试更为常见，对于应试者专业背景的要求也相对宽松。非技术性笔试的考察内容相当广泛，除了常见的英文阅读和写作能力、逻辑思维能力、数理分析能力以外，有些时候还会涉及时事政治、生活常识、情景演绎，甚至智商测试等。

英文笔试是在所有的笔试中占的比例最大的一类非技术性笔试，其考察的重点主要是材料题能力和写作能力，即表达能力。英文笔试第一部分包括口语、材料题。这和大学英语四、六级的材料题不同。一方面，它更接近于商业英文的表达习惯，文意表达得清楚和规范是最主要的特点，因此它并不讲求句式的繁复和修辞的多变；另一方面，它注重的是逻辑思维能力的考察，因此重要的是把握透过表面的文字的内在的意思。第二部分是数字题，也是以商业英文为主，注重的是从数字和图表中获得有用的信息的能力。英文笔试还有一类非常重要的形式，就是英文写作的考察。

性格测试是对应聘者的性格进行基本分析，但是实际情况中存在应聘者可以控制自己的分数的风险，就是说可以让测试结果符合招聘一方的期望；智商测试的考题涉及很多计算，其受应聘者控制的部分较小。

二、笔试的优点与缺点

笔试由于它的优点因而在大多数企业招聘中得到应用。笔试的优点表现为以下几点。

一是经济性。笔试可对大批应试人员在不同空间、不同时间内实施，测评效率高。

二是广博性。笔试的试卷内容涵盖面广，容量大，一份笔试试卷常常可以出几十道乃至上百道不同类型的试题，因而通过笔试可以测试出应聘者的基本知识、技能和能力的深度和广度，测试的信度和效度都比较高。

三是客观性。这是它最显著的优点，考卷可以密封，主考人与被测者不必直接接触，评卷又有可记录的客观的尺度，考试材料可以保存备查，这较好地体现了客观、公平、公正原则。总之，采用笔试的方法，机会均等而且相对客观，这是其他方法难以替代的。

但是笔试也有其不足的地方，很多基础知识的笔试都偏重于机械记忆，不易发现个人的创造性和推理能力，不能全面地考察应聘者的工作态度、品德修养以及组织管理能力、口头表达能力和操作技能等。因此，笔试虽然有效，但还必须采用其他测评方法，如行为模拟法、心理测验法等，以补其短。一般来说，在企业组织的招聘中，笔试作为应聘者的初次竞争，成绩合格者才能继续参加面试或下一轮测试。

三、笔试问卷设计

笔试问卷一般由招聘部门的相关人员和人力管理部门沟通，确定招聘人员的相关知识和技能需求。一般情况下，在设计笔试试卷时，要注意以下一些原则。

一是专业性，自始至终符合专业招聘目标。要明确知识考试的目标是什么，在设计笔试试卷时要从头到尾贯彻执行，这样才能得到应有的效果。

二是综合性，各种知识考试类型可以结合起来运用。比如，在一张笔试试卷上既可以有通用知识的内容，又可以有专业知识的内容，也可以有相关知识的内容。这样可以节省时间，在较短时间内全面了解一个应试者各方面的水平。

三是应用性，充分重视知识的实际运用能力。因此设计笔试试卷时，要尽量多用案例以及讨论等方式。

另外，针对具体的笔试题目的设置，应当由用人部门的相关负责人针对应聘岗位的具体需求来出题。不同岗位的笔试内容差异较大，如会计银行类的笔试和软件开发的笔试内容将会不一样。

1. 难度

题目难度是题目的难易程度，它是题目对被测试者知识和能力水平的适合程度的指标。测验难度水平的适当与否取决于考试的目的、性质和题目的形成。

试题的难度通常分为 A、B、C、D 四个层次：

（1）A 类试题为容易题，相当于 70% 以上的候选人能够正确回答，难度值处于 0.7~1 之间。

（2）B 类试题为中等偏易题，相当于 50%~70% 的候选人能够正确回答，难度值处于 0.5~0.7 之间。

（3）C 类试题为中等偏难题，相当于 30%~50% 的候选人能够正确回答，难度值处于 0.3~0.5 之间。

（4）D 类试题为难题，相当于 30% 以下的候选人能够正确回答，难度值处于 0~0.3 之间。

难度标准的要点为：

（1）从被测试者生理、心理、知识和能力的实际水平出发，选用图表、图片和漫画等多种候选人喜闻乐见的形式陈述题目。

（2）不是繁题。

（3）不是难题。

（4）不超出教学大纲（或课程标准）的要求。

2. 区分度

区分度是指考试题目对学业水平不同的候选人的区分程度的指标。具有良好区分度的题目，对候选人有较强的鉴别能力，水平高的候选人得分高，反之则得分低。在常模参照考试中，题目的区分度是一个非常重要的指标，一般依据选拔的目的和选拔率来确定。

区分度标准的要点为：

（1）试题具有适当的区分度。

（2）试题的区分度较稳定。

3. 信度

信度是指测试的结果是否稳定、可靠。让一个候选人把同一份笔试试卷做两次，如果两次结果相近，那么测试具有较高的信度。主观题的信度尤其重要。由于评分者的信度难以保证，主观题的信度也往往难以保证。

信度标准的要点为：

（1）陈述试题的语言简明、易懂、无歧义。

（2）对测量对象容易疏忽的地方，有提示语（或者警示语）。

（3）非开放性试题的评分标准合理，评分标准预见性好。

4. 效度

效度是指测试是否有效地考察了希望考察的内容。就语言水平测试而言，效度直接关系到测试结果能否准确反映候选人的语言能力。考试内容、考试形式与命题技术都直接关系到测试的效度。

效度标准的要点为：

（1）有利于测量对象进行自我测量。

（2）选用的题型使用得当，发挥了该题型的功能。

（3）试题陈述无科学性错误。

（4）开放性试题的评分标准合理，体现开放性试题本意。

（5）知识点源于工作标准，抓住工作标准中的实质性内容。

（6）不偏。

（7）不旧。

（8）涉及的问题具有同质性。

如果通过让候选人写单词的音标来考察候选人的语音能力，那么测试就缺乏效度。能写音标不等于能正确发音。

5. 笔试试卷的标准

标准一：是否有利于提高整个考试的效度。

（1）在确保笔试试卷结构效度的前提下最大化内容效度。

（2）落实从学科角度考察候选人之进一步学习的能力。

标准二：笔试试卷设计是否有利于候选人发挥自己的正常水平，引导候选人形成好的生活和学习习惯。

（1）难度。

（2）载体。

标准三：是否有利于促进考试自身的改进和完善，是命题者与应试者的博弈。

标准四：笔试试卷的测量学指标是否优良，包括：

（1）效度。

（2）信度。

（3）区分度。

（4）稳定性。

（5）可推广性。

（6）教育性。

6. 如何保证试题和评分的信度和效度

信度的保证有以下几个点：

（1）增长试题的长度。

（2）提高试题的区分度。

（3）提高评分的客观性。

效度的保证有以下几个点：

（1）试题的题目要求应清楚明了。

（2）用词和句法要适当。

（3）扩大考试的内容的覆盖面。

（4）题目编排顺序应先易后难。

（5）避免有规律的答案。

7. 笔试试卷的命制

命制的意思就是给予制定，笔试试卷的命制有以下几项。

（1）考察形式

包括：目的、性质、采用何种类型的考试形式、方法、考试对象、考试时间、评分制等。

（2）考察内容

包括：考试内容、范围、题型种类及其水平（难易度）和样题。

考试内容规范表俗称内容细目表，一般包含以下四个方面的内容：

a. 考试的测量目标和行为目标。

b. 考试涉及的内容领域。

c. 题型。

d. 题量，包括每一测量目标或内容领域的题量。

8. 笔试试卷结构

试题规范表又称试题细目表，试题规范表的主要内容为：

（1）学科。

（2）考试的测量目标和行为目标。

（3）内容领域或内容要求。

（4）题型。

（5）题干的限制条件或要求。

（6）对迷惑项的要求。

（7）正确答案。

（8）样题。

9. 材料准备

特别是阅读材料的准备和筛选。应注意：

（1）题材广泛、体裁多样。

（2）有强烈的时代感。

（3）贴近候选人生活实际。

10. 试题命制

知识点的分布，技能检测层次的确定，选项的设定，题干的描述，文字的叙述等。

11. 斟酌修改

材料语言是否地道，语言表述是否准确，选项设定是否恰当，情景设置是否真实，单词拼写是否正确，笔试试卷难度是否合适，要点分布是否均匀，答案给定是否规范，评分标准是否科学，笔试试卷结构是否利于阅卷等。

四、命题的技术

笔试试题的常见形式有五种：选择题、填空题、材料题、写作题和问答题。

1. 试题编写基本要求

（1）语言正确、地道、得体、简洁。

（2）避免偏颇性，注意文化背景的差异。

（3）考点明确，且通常只考一个考点。

（4）试题设计要具有严密的科学性和严谨性，要保证试题的答案没有争议。

（5）题干与备选项之间在逻辑关系或词语使用上应避免有所暗示或包含。

（6）同一套笔试试卷中不能有互为答案的试题。

（7）备选项的长度、结构、语言表达要尽量一致。

（8）单选题通常只包含阐明问题所需要的条件，没有空白的句子对选项起限制作用，一般没有冗余信息。

（9）备选项要求同质，干扰项要有较大的似真性，应与正确选项在逻辑上和语法上跟题干保持一致，不应拼凑明显不合理的选项。

（10）正确选项出现在各个位置（A、B、C、D）的次数应大致相等。

2. 各种题型编制的具体要求

（1）选择题

选择题是最常见的题型，客观性试题大多采用选择题型。它既可以考察候选人的语音、词汇、语法知识，也可以考察候选人的英语能力和交际能力。

选择题是由题干和选择项组成的，提出问题部分叫作题干，题干后面是几个选择项，选择项目中有一个是正确答案，其余是干扰项。最大的优点是便于阅卷和评分，主要的缺点是对设计技术有较高的要求。选择题的难度主要取决于干扰项诱惑性的强弱。

选择题的类型包含三种：不完全陈述型、提问型和陈述型。

编撰选择题的基本要求如下：

a. 题干本身应该有意义，并以明确的问题形式呈现。

b. 题干中不要包括无关的内容，选项中相同的内容应尽可能置于题干中。

c. 应答所要求的思维过程不要过于复杂。

d. 所有的干扰项都应该似是而非。

e. 避免题干与正确选项之间存在语言联系，以避免阅读能力较强的候选人从中获得有用的线索。

f. 使正确答案随机分布在选项中，以防止候选人察觉出正确选项的分布规律。

需要注意以下几点：

a. 试题要较为均衡地涉及语法知识、词汇知识、常见表达法、语用知识，而不能集中考察某一方面的知识，特别是不要过多地考察语法知识。

b. 要注意设计一些考察语用知识的试题。也就是说，所给选项本身没有语法错误，而且每个选项填到句子中以后，句子本身也没有语法问题，但是，如果使用正确答案以外的选项（干扰项），则会出现句子意思不清楚或者不符合上下文逻辑的情况。

（2）填空题

填空旨在考察候选人在阅读过程中综合运用语言知识的能力。这种题型要候选人根据上下文信息寻找线索，进行合理的推理和猜测，在材料中的空白处填入适当的词语。这些空白不是孤立的，而是与前后的文字在语义、逻辑和句法等方面有联系的。

设计填空试题时要注意以下几点：

a. 问题应该主旨明确，大意清楚，有较好的指向性。

b. 语言难度适当，题材是候选人比较熟悉的内容。

c. 问题的长度要适当。太短的材料不利于填空部分；太长的材料可以多设几个空，但同时也会增加候选人的阅读负担和答题时间。

d. 不宜在问题的首句和末句中挖空。

（3）材料题

材料题主要考察候选人对书面语言的理解能力，要求候选人能够读懂比较熟悉的日常生活话题方面的简短文字材料，如公告、说明、广告，以及书刊杂志中一般性话题的短文材料。材料题的考试形式一般是要求候选人在阅读一篇短文后，从所给的选项中选出正确选项。近年来也出现了将阅读与回答问题、翻译、写作等结合起来的考察形式。

材料题的考察内容主要包括以下几个方面：

a. 理解文章中的具体信息（包括图文转换的信息）。

b. 根据上下文推测生词的意义。

c. 进行简单的判断和推理。

试题命制：

a. 考察的应该是只有通过阅读才能获得的信息。

b. 考点对材料内容的覆盖应尽可能全面。

c. 避免将阅读题出成语法、词汇或句子释义题。

d. 各选项的形式、长度、结构应基本一致。

e. 各选项不应相互牵连或包容。

f. 正确答案一般不应是材料中的原句。

对阅读能力的考察不能只停留在对细节和字面意义的理解上，要切实考察候选人理解书面语言的能力，特别是从各种题材和体裁的材料中获得信息的能力。

（4）写作题

对于候选人写作能力的考察主要是采用书面表达。这种形式对写作的目的、对象、体裁及字数都有较为明确的规定，写作内容往往以文字提示、图画或图表的形式来提供。这种考试形式既有一定的写作要求，又有一定的开放性。若试题命制得当，既可以减少阅卷中的主观性，较好地控制评分误差，又能区别出候选人书面语言表达能力的真实水平。

试题命制：

a. 要求候选人表达的话题应该是候选人熟悉的。

b. 要点文字表述简洁，避免过多提示。

c. 留有一定的余地给候选人适当发挥。

d. 体裁应多样化，命题作文、看图（表）写作、书信、电子邮件、日记等。

e. 内容表达至少以句为单位。

f. 评分以达意为基本准则，不宜求全责备，要求过高。

书面表达旨在考察候选人的语言表达能力，看其是否能够运用学过的知识和掌握的技能进行思想交流。书面表达实质上是指导性写作，要求用书面形式输出和传达信息。书面表达试题不宜设计成短文填空或翻译等形式。

（5）问答题

问答题属于主观题之一，编撰问答题的基本要求如下：

a. 如果测量的行为目标能够用客观题来测，就尽量不要用主观题。

b. 挑选的材料应该与候选人学习经历过的材料有类似性或是全新的材料。

c. 设计的试题应该能够测量相关的行为目标并且与某一内容领域相关。

d. 应该用清晰、明确的语言表述背景材料和问题。

e. 设计的试题数应与背景材料的长度相匹配。

f. 对试题的赋分应该合理。

g. 对每个问题给予适当的完成时间。

案例实操：BD 公司软件开发岗位笔试试题库

以下是 BD 公司软件开发岗位的笔试试题库，以作参考。

工程师笔试题

1. 问答题

（1）在软件开发的形式中，有单独开发和团队开发，请您分析两种开发形式的利弊？

（2）除了工资还有什么福利对你具有吸引力？

2. 案例分析

（1）案例一：项目经理陈经理所在的项目组接到总监分配的一项紧急任务，要求在 2 天内完成 A 项目，陈经理马上召集其下属工程师小张和小黄进行工作分配并分析项目要点和各个要点的主要做法。时间已经过去了 1 天半，工程师小张发现，依照陈经理对项目要点的主要做法行不通，但时间已经所剩不多了。

问题一：如果你是小张，你会怎么做？为什么？

问题二：由于项目做法的问题导致项目的进度无法按总监的要求在 2 天内完成，总监怪罪下来，你认为这是谁的责任，为什么？

（2）案例二：工程师小李和工程师小陈分别在同一个项目组负责软件开发工作，他俩是同时进入公司的，而且被分配在邻座，因此关系非常好。工程师小李最近发现小陈经常在上班时间做一些与本公司业务无关的工作，并且一次偶然的机会小李发现小陈的薪资比自己的薪资要高一倍多。

问题一：如果你是小李，你会怎么做，为什么？

问题二：如果你是小陈，你发现做的事情被小李发现了，你会怎么做，为什么？

3. 技术题

（1）short s1 = 1; s1 = s1 + 1; 有什么错？ short s1 = 1; s1 += 1; 有什么错？Byte a=1, b=1, bye c=a+b 有什么错？ Short a=1, b=1, Short c=a+b 有什么错？

（2）Overload 和 Override 的区别。Overloaded 的方法是否可以改变返回值

的类型？

（3）构造器 Constructor 是否可被 override ？

（4）当一个线程进入一个对象的一个 synchronized 方法后，其他线程是否可进入此对象的其他方法？

（5）当一个对象被当作参数传递到一个方法后，此方法可改变这个对象的属性，并可返回变化后的结果，那么这里到底是值传递还是引用传递？

（6）EJB 中 LocalHome 的作用是什么？

4. 程序测试题

（1）谈谈你对以下程序的看法。

class MyString extends String{ public static int i = 0; private char[] chars = {?a?, ?b?, ?c?}; public MyString ( ) {} static{ System.out.println ("i = " + (i++)); } public String getString( ){ String s = ""; for(char c : chars){ s += c; } Return s; } }

（2）请写出以下程序的输出。

class B { private int radius = 10; public void draw ( ) { System.out.println ("B.draw ( ), radius = " + radius); } public B ( ) { System.out.println ("B constructor"); draw ( ); } }

public class A extends B { private int radius = 1; public void draw ( ) { System.out.println ("A.draw ( ), radius = " + radius); } public A (int radius) { this.radius = radius; System.out.println ("A constructor"); } public static void main (String[] args) { A a = new A (5); } }

5. 编程题

（1）写一个 Singleton 的类出来。

（2）一组字符串如：iu7i8hy4jnb2，编程输出里面的数字：7842。

（3）一组字符如 {1，3，4，7，2，1，1，5，2}，输出里面出现次数最多且数值最大的一个，出现几次。

第二节　面试

一、面试和分类

面试是一种经过组织者精心策划的招聘活动。在特定场景下，以考官对候选人的面对面交谈与观察为主要手段，由表及里测评候选人的知识、能力、经验等有关素质的考试活动。面试是公司挑选职工的一种重要方法。面试给公司和应招者提供了进行双向交流的机会，能使公司和应招者之间相互了解，从而使双方更准确作出聘用与否、受聘与否的决定。

一般来说，面试有以下几个目的：考核求职者的动机与工作期望；考核求职者的仪表、性格、知识、能力、经验等特征；考核笔试中难以获得的信息。

面试的类型多样，一般根据以下几个标准来进行面试的分类。

1. 根据面试标准化程度分类，可以分为结构化面试、半结构化面试和非结构化面试

结构化面试指在面试内容、程序和评价三个方面进行结构化的一种面试形式，包括内容结构化、程序结构化和评价结构化三个方面。“结构化”指面试设计参照职位要求、应试者特征，对面试题目、评价标准作适当裁剪，目的是减少考官评价偏差，提高面试信度和效度。“结构化”是一种重要的缓冲变量，结构化面试比无结构化面试具有更高的信度和效度。行为面试和情景面试是结构化面试的两种重要形式。行为面试假设过去的行为是未来行为的最好预测指标，主要通过求职者对过去某种行为的追问和表述，来捕捉其某些能力或其他个性特征；情景面试基本原理是目标设置理论，假设对未来的意图和设想是未来行为的有效预测指标，主要通过求职者对某种假设情景的设想、联想、假设和分析，来捕捉其某些能力或其他个性特征。

半结构化面试是指只对面试的部分因素有统一要求的面试，如规定有统一的程序和评价标准，但面试题目可以根据面试对象而随意变化，如无领导小组讨论等。

非结构化面试是对与面试有关的因素不作任何限定的面试，也就是通常没有任何规范的随意性面试，如一些企业聊天式的提问面试。在非结构化的面试条件下，面试的组织非常"随意"。关于面试过程的把握、面试中要提出的问题、面试的评分角度与面试结果的处理办法等，主考官事前都没有精心准备与系统设计。非结构化面试颇类似于人们日常非正式的交谈，除非面试考官的个人素质极高，否则很难保证非结构化面试的效果。目前，非结构化的面试越来越少。

2. 根据面试对象分类，根据面试对象的多少，面试可分为单独面试和集体面试

单独面试是指主考官个别地与应试者单独面谈。这是最普遍、最基本的一种面试方式。单独面试的优点是能够提供一个面对面的机会，让面试双方较深入地交流。单独面试又有两种类型：一是只有一个主考官负责整个面试过程，这种面试大多在较小规模的单位录用较低职位人员时采用；二是由多位主考官参加整个面试过程，但每次均只与一位应试者交谈，公务员面试大多属于这种形式。

集体面试又叫小组面试，指多位应试者同时面对面试考官的情况。在集体面试中，通常要求应试者作小组讨论，相互协作解决某一问题，或者让应试者轮流担任领导主持会议、发表演说等。这种面试方法主要用于考察应试者的人际沟通能力、洞察与把握环境的能力、领导能力等。无领导小组讨论是最常见的一种集体面试法。

3. 根据面试进程分类，可以分为一次性面试、分阶段面试，分阶段面试又可分为依序面试和逐步面试

一次性面试是指用人单位对应试者的面试集中于一次进行。在一次性面试中，面试考官的阵容一般都比较"强大"，通常由用人单位人力资源部负责人、业务部门负责人及人事测评专家组成。在一次性面试情况下，应试者是否能面试过关，甚至是否被最终录用，都取决于这一次面试表现。面对这类面试，应试者必须集中所长，认真准备，全力以赴。

分阶段面试又可分为两种类型，即依序面试和逐步面试。依序面试一般分为初试、复试和综合评定三个阶段。初试的目的在于从众多应试者中筛选出较好的人选，主要考察应试者的仪表风度、工作态度、上进心、进取精神等，将明显不合格者予以淘汰；初试合格者则进入复试，复试以考察应试者的专业知识和业务技能为主，衡量应试者对拟任工作岗位是否合适。复试结束后即再由人力资源部会同用人部门综合评定每位应试者的成绩，确定最终合格人选。

逐步面试一般是由用人单位的主管领导、处（科）长以及一般工作人员组成面试小组，按照小组成员的层次、由低到高的顺序，依次对应试者进行面试。面试的内容依层次各有侧重，低层次一般以考察专业及业务知识为主，中层次以考察能力为主，高层次则实施全面考察与最终把关。应试者要对各层次面试的要求做到心中有数，力争每个层次均给考官留下好印象。在低层次面试时，不可轻视，在面对高层次面试时，也不必拘谨。

4. 根据面试风格分类，可分为压力性面试和非压力性面试

压力性面试是将应考者置于一种人为的紧张气氛中，让应考者接受诸如挑衅性的、刁难性的刺激，以考察其应变能力、压力承受能力、情绪稳定性等。

非压力性面试是指在没有压力的情景下考察应考者有关方面的素质。

5. 根据面试内容设计的重点分类，可分为常规面试、情景面试和综合性面试

常规面试，就是最常用的主考官和应试者面对面以问答形式为主的面试。在这种面试条件下，主考官处于积极主动的位置，应试者处于被动地位。主考官提出问题，应试者根据主考官的提问作出回答，展示自己的知识、能力、素质和经验。主考官根据应试者对问题的回答以及应试者的仪表仪态、肢体语言、在面试过程中的情绪反应等对应试者的综合素质状况作出评价。

情境面试是面试形式发展的新趋势。在情境面试中，突破了常规面试即主考官和应试者一问一答的模式，引入了无领导小组讨论、公文处理、角色扮演、演讲、答辩、案例分析等人员甄选中的情景模拟方法。在这种面试形式下，面试的具体方法灵活多样。面试的模拟性、逼真性强，应试者的才华能得到更充分、更全面的展现，主考官对应试者的素质也能作出更全面、更深入、更准确的评价。在情境面试中，应试者应落落大方，自然和谐地进入情境，去除不安和焦灼的心理，只有这样，才能发挥出最佳效果。公文处理、角色扮演、演讲、答辩、案例分析等是人员甄选中常用的情景模拟方法。

综合性面试兼有前两种面试的特点，而且是结构化的，内容主要集中在与工作职位相关的知识技能和其他素质上。

6. 根据面试途径分类，可分为电话面试、视频面试和现场面试

电话面试是指不需直接面对面而是以电话交流为途径的面试。电话面试成了人才初选的新方法，它一方面为企业获取人力资源节省了时间，另一方面也为企业节省了人力资源招聘成本。

视频面试是指通过视频聊天的方式对求职者面试。多媒体面试研究随着经济信息化和全球化发展的加速，企业跨地区、跨国经营日益活跃，这客观上要求企业跨地区、跨国配置人力资源。由本土招聘变为跨地区、跨国招聘。远距离招聘和评价成为必要。在人力资源实践活动中，一些全球化较早的企业已经开始尝试远距离招聘，他们常常采用视频面试和电话面试作为远距离招聘的两种主要方式。

现场面试是指面试官与求职者面对面地直接交流沟通。

7. 根据面试的进展模式，可以分为引导式面试与非引导式面试

引导式面试主要由主考官向应试者征询某些意见、需求或获得一些较为肯定的回答。如涉及薪金、福利、待遇和工作安排等问题宜采用此类方法面试。引导式面试的特点是“特定”的问题要求做“特定”的回答，主要通过应试者回答问题的水平来测试其反应能力、智力水平与综合素质。

与引导式面试相反的是非引导式面试。在非引导式面试中，主考官所提的问题是开放式的，内涵丰富，涉及面较广泛。主考官提问后，应试者可以充分发挥，尽量说出自己的意见、看法或评论。它没有“特定”的回答方式，也没有“特定”的答案。同引导式大幅度相比，在非引导式面试中，应试者可畅所欲言，因此可以取得较丰富的信息，有利于作出较为客观的评价。

综合以上内容，企业为了在面试中得到应聘者真实的素质和能力，会采取多种多样的面试方法。在实际实施的时候，企业会考虑不同岗位的特点，选择不同的面试方法，因为对全部岗位采取全套的面试方式是会产生巨大的招聘成本和时间成本的，而且这也是没有必要的。

二、面试的程序

不同的面试其面试程序有些许差异，但是总体上还是类似的，下面以最为典型的结构化面试的面试程序为例，介绍一般企业常见的面试程序。

1. 面试的准备阶段

（1）制定面试指南

面试指南是促使面试顺利进行的指导方针，一般以书面形式呈现，主要包括如下内容：

a. 面试团队的组建。规定面试团队的人数、成员来源、具体负责人等内容。

b. 面试内容准备。在面试之前，应该规定面试的内容，以及要达到的目的。一般可以按照结构完整的面试的步骤加以准备，准备面试题目及答案、面试的评分标准，以及面试的地点等内容。

c. 面试提问分工和顺序。规定面试员工的提问内容和顺序。如面试开始后，主考官负责对面试过程进行组织，并针对综合能力的考察进行提问，专业知识和技能方面的问题由熟悉业务的副考官、考官发问。

d. 面试提问技巧。规定面试提问的方式，如面试提问可考虑两种方式：第一，针对应聘者答辩的内容随机提问，不事先准备；第二，分别由熟悉业务的考官出题，讨论后列入《面试问题提纲》。

e. 面试评分办法。制定面试评分标准，给所有考官以参考答案，避免失去面试打分的公正性。如面试过程中，评价小组分别打分，评价结束后进行汇总，求出加权平均分，以加权平均分作为面试成绩，并排列应聘者面试成绩的名次。

（2）准备面试问题

准备面试问题，可以帮助招聘考官获得求职者是否具备合格的岗位才能方面的信息。

a. 确定岗位才能的构成和比重。首先，分析该空缺岗位所需要的才能有哪些；其次，分析专业技能与综合能力各占多少比重；再次，分析综合能力包括哪些内容，各自占多少比重等；最后，用图表的方式将面试才能项目以及相应的权重列出。

b. 提出面试问题。根据才能分析和评价要素权重，准备问题形式和数量，可以将所提问题列表给出。

（3）评估方式确定

完整的评估方式，是对面试中所收集到的信息按工作岗位需要的标准进行评估的体系。

a. 确定面试问题的评估方式和标准。在面试问题准备的基础上，还必须确定相应的评价标准，尽可能给出统一的答案或者参考答案。

b. 客观评价应聘者。

c. 确定面试评分表。面试评分表是考官对应聘者表现的评价记录，以便尽可能客观公正地评估应聘者的每一项才能，作出综合评价。需要强调的是最好给出评价标准，以免不同考官对同一应聘者的评分出现过大的差异。

（4）培训面试考官

面试是一项复杂的工作，面试考官必须掌握一定的面试技术，才能保证面试过程的有效实施，保证面试结果的科学性和客观性，因此需要对面试考官进行培训。培训内容包括提问的技巧、追问的技巧、评价标准的掌握等。

2. 面试的实施阶段

面试的实施过程一般包括五个阶段：关系建立阶段、导入阶段、核心阶段、确认阶段和结束阶段。每个阶段都有各自不同的任务，在不同的阶段中，采用的面试题目类型也有所不同。

（1）关系建立阶段。在这一阶段，面试考官应从应聘者可以预料到的问题开始发问，如工作经历、文化程度等，以消除应聘者的紧张情绪，创造轻松、友好的氛围，为下一步的面试沟通做好准备。

（2）导入阶段。在这一阶段，面试考官应提问一些应聘者一般有所准备的、比较熟悉的题目，如让应聘者介绍一下自己的经历、自己过去的工作等，以进一步缓解应聘者的紧张情绪，为进一步的面试做准备。

（3）核心阶段。在这一阶段，面试考官通常要求应聘者讲述一些关于“核心胜任力”的事例，面试考官将基于这些事实作出基本的判断，对应聘者的各项核心胜任能力作出评价，为最终的录用决策提供重要的依据。

在这个阶段主要采用的是一些行为性问题，但通常与其他问题配合使用。例如，可以用一个开放性问题引出一个话题，然后用行为性的问题将该话题聚焦在一个关键的行为事件上，接下来可以不断使用探索性问题进行追问，也可以使用一些假设性的问题，提问那些在应聘者的过去经历中找不到合适的实例的问题。

（4）确认阶段。在这一阶段，面试考官应进一步对核心阶段所获得的信息进行确认。在本阶段常用的是一些开放性问题，尽量避免使用封闭性问题，因为封闭性问题会对应聘者的回答产生导向性，应聘者会倾向于给出面试考官希望听到的答案。

（5）结束阶段。在面试结束之前，面试考官完成了所有预计的提问之后，应该给应聘者一个机会，询问应聘者是否还有问题要问，是否还有什么事情需要加以补充说明。不管录用还是不录用，均应在友好的气氛中结束面试。如果对某一对象是否录用有分歧意见时，不必急于下结论，还可安排第二次面试。同时，整理好面试记录表。

3. 面试的总结阶段

面试结束后，应根据每位考官的评价结果对应聘者的面试表现进行综合分析与评价，形成对应聘者的总体看法，以便决定是否录用。面试结果的处理工作包括三个方面：综合面试结果、面试结果的反馈以及面试结果的存档。

（1）综合面试结果

a. 综合评价。面试中，每位考官对每位应聘者在面试评价表中都有一个独立的评价结果，现在需要做的是将多位考官的评价结果进行综合，形成对应聘者的统一认识。这个工作可以在综合评价表上完成。综合评价表是将多位主考官的评价结果汇总得出的。

b. 面试结论。面试结束后，主考官和面试小组还要给出一个面试结论。具体步骤如下。首先，根据面试评价汇总表的平均分，对应聘者进行综合评价；其次，对全部应聘者进行比较；最后，将岗位条件和应聘者的实际情况作比较，应特别重视那些和应征岗位最为密切的评价项目。总之，面试考官衡量应聘者的素质时，应以公司岗位需求为前提，着眼于应聘者的长期发展潜力，判定其是否符合公司的需要。

（2）面试结果的反馈

面试结果的反馈是指将面试的评价建议通知给用人部门，经协商后作出录用决策，并通知应聘者的过程。有时还要进行一次"录用面试"，解释录用的各相关事项，解答应聘者的各种疑问。

a. 了解双方更具体要求。在录用面谈中应商谈更具体的条件和要求，如待遇和福利事项、录用的体检条件和证明材料、录用期限和报到日期的规定等，以及一些特殊问题，如是否需要经常出差，是否在公休节假日值班、加班等，要在面谈时向对方说明。

b. 关于合同的签订。企业录用员工以后，一定要严格按照相关的法律法规，与劳动者正式签订劳动合同。

c. 对未被录用者的信息反馈。在面试结果反馈阶段，应同时发送聘用（或试聘）或辞谢通知书。辞谢通知书的内容必须顾及应聘者的自尊，要表明应聘者未获企业录用，并不是能力不足，而是企业目前不需要而已。

（3）面试结果的存档

以上工作全部结束后，应将有关面试的资料备案。对公司而言，这些资料是企业人力资源档案管理系统的基础资料。这些资料体现了公司对新员工的首次全面性的评价，是公司对新进员工系统考评的开始。

4. 面试的评价阶段

面试结束后，应回顾整个面试过程，总结经验，为下一次面试设计做准备。当然，关于结构化面试还要采用一些技巧，包括对面试程序设计、时间进度、与受测者建立信任、规避评分误差技巧等。例如，在结构化面试中，可以贯穿开放式提问、封闭式提问、清单式提问等语言沟通技巧，而且还有一系列的非语言沟通技巧。非语言沟通不仅包括面部表情、身体动作和手势，还包括说话中的停顿、语速、声调和清晰程度对应聘者的心理进行了解的过程，在整个面试过程中能比较真实地反映应聘者的心理活动情况。在结构化面试测评的过程中，也可结合其他的工具或方法，如利用"应聘人员自我评价表"、履历表等，侧面了解被测人员的详细情况，减少评分误差，从而有效地提高结构化面试测评的可靠性。

由此可见，结构化面试是一个科学的结构化的程序。这就要求企业的人力资源管理部门结合本单位的实际情况灵活地应用。同时，结构化面试具有明显的优势，随着企业的发展和社会的进步，还需要不断地对面试技术进行改进，使结构化面试的应用更加规范化、科学化。

不同的面试程序会有些许差异，但是总体的步骤和结构化面试的程序是类似的。

三、素质能力评价

面试的目的是考察应聘者的自身素质和其应聘的岗位是否匹配，考察应聘者能否胜任其应聘的工作。面试中面试官主要考察应聘者的知识结构、技术直觉经验、学习习惯、管理经历、英文能力，以及人格。另外相应的还有独立思考能力、逻辑思维能力、职业诉求、表达能力、执行力、团队合作能力等。根据不同的招聘岗位，还会提出不同的素质能力评价要求，如软件工程师和素质能力评价就不同于销售人员的素质能力评价。

下面以企业对销售岗位的应聘者的素质评价为例。

企业对销售人员的要求最重要的是五大特征，按照频次从高到低排列依次是：经验、沟通能力、学历、团队精神和吃苦耐劳。其中经验和学历属于显性特征，在招聘中比较容易衡量；沟通能力、团队精神和吃苦耐劳属于隐性特征，对销售岗位至关重要，在招聘中需要借助相关工具和方法进行甄别，以使招到的人员切实符合企业的需求。

根据上述销售人员的胜任力模型，为使招聘到的人员具备上述五大特征，针对销售人员的应聘申请表就必须包含可以反映上述五个方面的要素，对销售经验和学历信息直接呈现即可，而沟通能力、团队精神和吃苦耐劳则要用具体事实进行佐证，以便于收集可靠有用的信息，并达到申请表的高效筛选。

在销售人员的面试中，为考察应聘者的沟通能力、团队精神和吃苦耐劳，借助结构化和非结构化面试手段，采用关键事件陈述法和情景模拟等方法，能够准确地进行判断，辨别出隐藏在行为背后的真正动机和特质，并能够较为精确地揭示出应聘者的胜任特征。如为考察应聘者的沟通能力如何，可进行情景模拟，展现实际拜访客户的情景。在这个过程中，面试人员可观察应聘者的整体表现、和客户的沟通过程、对客户问题的反馈及解答情况，据此可较全面掌握应聘者的沟通能力是否符合销售人员的岗位要求。

要将胜任力模型应用在招聘流程中，需要结合相对完善的测评方法才能实现模型的作用，否则模型的建立会变得毫无意义。在笔试、应聘申请表的设计与筛选、面试等方面要严格把关，切实用胜任力模型的分析结论指导实际招聘过程。通过将胜任力模型运用到人员招聘的全过程，可以帮助组织选准人，实现“人—职位—组织”的匹配，增强招聘的信度和效度，但胜任力模型建立后，并不是一成不变的，需要根据实际情况的变化不断修正胜任力模型和与此相关的环节。

面试中对应聘者的素质能力评价一般需要用到行为素质面试评分标准（如表 3-1 所示）。素质面试评分标准包括影响力、灵活性。前者包括六个级别，后者包括四个级别。级别越高，说明应聘者的行为素质评分越高。

表 3-1　行为素质面试评分标准

影响力	6 级
1 级	寻求说服他人的机会（发现说服他人的机会，确定重要的信息和观点）
2 级	通过事实和信息说服他人（为了说服他人，在讨论或演讲中提供事实或信息。思考视觉上的吸引力，并能把信息组织得清楚易懂）
3 级	精心准备（在提供看法和建议时，仔细斟酌；提供支持性的理由和数据来认证观点；从听众需求的角度摆出有说服力的观点）
4 级	预测言行的结果（调整言行以达到预期的影响力；预先思考，精心计划，使自己和提供的信息对相应的听众产生具体的影响）
5 级	组织行动和方法（通过一连串的有逻辑的事件和行动，以及戏剧性的安排，产生预期的反应和行动）
6 级	预期反应（预期他人可能的反应，并准备适当的例证和信息，组织讨论和说服）
灵活性	**4 级**
1 级	承认灵活性的必要（在日常工作中会运用一些技巧、措施或采取间接的方式促成工作中小问题的解决，具体操作中体现在选取解决问题方法上的多样化、全面性）
2 级	适当改变规则（在需要的时候改变规则，善于借助外力来帮助自己有效解决工作难点问题）
3 级	采取一定的战术，作出重大改变（注重解决问题方法上的选取，针对问题本身设定有效解决问题的计划和行动，经过多次行动达到解决问题的目的）
4 级	采取特别的策略，对计划目标进行全面的调整（根据现有的资源重新制订可行计划，通过多次行动，从而达到实现既定目标）

面试的时候，面试官会参照行为素质面试评分标准，对照其应聘的岗位对应聘者进行评分，下表列示了人力资源部经理这一应聘岗位的应聘者行为素质

评分表。人力资源部经理要求的素质有客户导向、影响力、培养人才的能力、人际影响力、目标管理力、灵活性、关系建立的能力、献身组织的精神、战略视角的能力，面试官对照着这些素质标准给应聘者评分，最后得到应聘者的行为组织评分。

表 3-2　行为素质面试评分卡

岗位名称	人力资源部经理		应聘者		
行为素质	得分	行为素质	得分	行为素质	得分
客户导向		人际影响力		关系建立	
影响力		目标管理力		献身组织精神	
培养人才		灵活性		战略视角	

四、金牌面试官

面试官在面试中发挥着重要的作用。面试官是指具备一定识人能力，能够根据公司战略、产品特性、业务发展及人才市场供给状况有效地甄选适合公司要求人才的专业人员。面试官分为专业面试官和业务型面试官。面试官理应了解相关的面试流程、知道相关的面试技巧，以及注意在面试过程中可能犯的错误，还需要注意一些关键点。面试官的选择是面试成功与否的关键。由于面试时间的限制，面试通常是通过主考官与应聘者之间的双向语言交流和智慧交锋来完成，面试考官要在这样的情境中倾听、分析、观察、判断，从而获得自己的结论。如果用了不称职或者没有能力的主考官，就可能选不到真正优秀的人才，这对用人单位是一种巨大的损失。所以，面试考官的选择非常重要。

所以，很多企业人力资源部确定了“金牌面试官”项目，金牌面试官一般有以下几个重点需要注意。

1. 面试官管理规定

（1）目的

进一步明确面试官各项要求，提升雇主品牌形象，促进招募吸引能力。

（2）适用范围

适用于集团招聘面试环节工作。

（3）面试官类别及工作说明书

表 3–3 初试官和复试官工作说明书

面试官类别	角色定义	任职资格	职责与要求
初试官	指各人力资源部门招聘人员，负责将符合公司用人标准的候选人推荐给用人部门	熟悉并认同企业文化、核心价值观，有良好的沟通、表达能力，有实际面试经验	a. 依据用人部门需求，核实候选人工作经历、学历、工作经验、身体条件等基本信息，填写《面试记录表》 b. 完成对应聘者的初试、填写面试结果，判断应聘者的基本胜任素质，给出评价意见 c. 了解应聘者的离职原因及到岗时间 d. 了解应聘者的目前薪酬及期望薪酬 e. 与应聘者谈好岗位、试用与转正期薪酬福利、报到日期等信息 f. 按承诺时限，及时、清楚告知应聘者招聘进展、按模板发放录用通知
复试官	指能够承担专业知识 / 技能、岗位胜任力等筛选及出具专业面试意见并对专业面试结果负责的人	主要来自用人部门的管理人员或者业务骨干	a. 可以承担集团内部同类别岗位应聘人员的专业面试工作 b. 熟知空缺岗位的知识技能结构、胜任力要求 c. 从专业的广度、深度熟练运用面试方法、技巧，含笔试、现场操作技能测试等进行甄别 d. 对面试过程认真记录在《招聘录用审批表》上，规范、完整填写面试意见，对面试结果负责 e. 评价应聘人员的综合素质潜质。对企业文化、核心价值观认同情况等方面进行评定 f. 专业面试环节最多不超过两轮 g. 应在 1 个工作日内将专业面试意见反馈给初试官

（4）资料管理

各面试官的面试意见及签名由各单位人力资源部门负责存档并做好记录；对没通过面试的应聘人员的面试资料，初试官要履行保密要求；分门别类整理好面试资料；及时回复应聘人员面试结果；各人力资源部门需及时更新“招聘台账”，包括但不限于应聘者姓名、联系方式、最近雇主及岗位、初试官、专业面试官、终试官、是否录用等基本信息。

（5）其他

人力资源部每年不定期组织面试人员资格培训，确保初试官、专业面试官面试方法、技巧培训及资格认证的全覆盖；各单位人力资源部门负责定期向人力资源部招聘部提报各公司 / 职能部门的面试官名单；人力资源部定期对面试进行监控及抽查。

2. 面试官考核评价

面试官考核评价是很重要的一环，因此在面试官考核表上要有一定的倾向性和设计性。以表 3-4 为例。

表 3-4 面试官考核评价表

填表日期：

面试官			所在部门	
岗位编号			面试者应征岗位	
评分标准：5 分（杰出）4 分（优秀）3 分（良好）2 分（一般）1 分（需改进）				
	评估项目	项目要点与说明		备注
技能与素质指标	1 简历识别	能够准确发现简历中的疑点（工作空档期、频繁变换工作、最近新学技能、离职真实原因等）	□ 1 分□ 2 分□ 3 分□ 4 分□ 5 分	
	2 倾听能力	全神贯注倾听，注意观察思考	□ 1 分□ 2 分□ 3 分□ 4 分□ 5 分	

续表

	评估项目	项目要点与说明		备注
技能与素质指标	3 动机识别	了解面试者具体需求、求职动机	□ 1 分□ 2 分□ 3 分□ 4 分□ 5 分	
	4 运用面试技巧	能够设定情景、运用行为描述等技巧	□ 1 分□ 2 分□ 3 分□ 4 分□ 5 分	
	5 技能识别	准确发现面试者能力与岗位要求匹配	□ 1 分□ 2 分□ 3 分□ 4 分□ 5 分	
	6 客观判断	做完整的面试记录，能够给出综合面试评价结果	□ 1 分□ 2 分□ 3 分□ 4 分□ 5 分	
	7 企业文化渗透	能够宣传企业文化以及用人理念，维护雇主品牌	□ 1 分□ 2 分□ 3 分□ 4 分□ 5 分	
	8 双向机制	允许面试者有足够的时间提问	□ 1 分□ 2 分□ 3 分□ 4 分□ 5 分	
	分数合计			
评分标准：如果有以下行为，即扣分，每项 2 分				
否决指标	面试时显得忙乱，未全神贯注进行		□ −2 分	
	以第一印象判断面试者		□ −2 分	
	亲和力较差		□ −2 分	
	未讲明岗位工作职责和工作性质		□ −2 分	
	未遵守面试时间，让面试者苦等		□ −2 分	
	分数合计			
总得分				

3. 面试官行为规范

面试官行为规范在培训的时候也是着重点。以下列举的前三点是正向行为，后面几点是负向行为，即需要面试官避免的行为。

（1）握手、自我介绍

这是面试的第一步，也是大多数面试官往往忽视的一个细节。作为面试官，首先伸出手来主动与应聘者握手，会让对方感到几分亲切，也会消除一些应聘者的紧张心理。接下来就是双方落座，给求职者斟茶倒水，面试官进行自我介绍。面试官的开场白一般不要超过两分钟。开场白一般包括以下内容。

欢迎应聘者，告诉他你的名字和职位，为接下来的面试打下积极的基调：明确表示你欢迎应聘者来应聘本单位的某项职位。赞扬应聘者的经验和成就，表示你一直想进一步了解他。感谢应聘者安排时间来面试。

解释面试的目的，告诉应聘者：面试是双方深入了解的机会，有助你进一步了解应聘者的背景和经验，有助于应聘者了解应聘的职位和组织。

描述面试计划，告诉应聘者你将回顾应聘者的工作和经验，然后问他在过去的工作 / 经验中做过的事情的实例，以及他是如何做到这一点的。

提供有关信息，并回答应聘者提出的有关职位和组织的问题。可以简单介绍一下公司概况、职位要求以及公司的基本工作规范。

在面试过程中做记录。可以向应聘者解释记录只是为了帮助你以后能记住面试的细节。简要描述工作说明。把话题转到主要背景了解部分，告诉应聘者你将开始回顾了解他的背景情况，要告诉他在了解他的背景概貌后，将主要会问他更详细的信息。这将使应聘者大致明白你想要的信息的详细程度。

（2）面试提问

而后转入面试正题。对于简历表上的疑点，事先要列出面试问题。对此，面试前面试官一定要认真细致地阅读求职表，努力找出求职者的疑点。提问疑点的目的就是设法搞清事实真相。一般来说，疑点有以下几条：工作时间是否存在空白段，为什么频繁跳槽，离职的真正原因，最近获得了哪些新技能等。对于职位要求的提问，是面试的重点。

事先，面试官要根据每一项职位要求列出对应的问题，问题不必太多，两三个即可。这样，多项职位要求的问题累计起来可以达到 10 个左右。耗时也不要太长，15-20分钟为宜。对于职位要求的提问，要满足star原则，即每个问题都要涵盖情形（situation）、任务（task）、行动（action）和结果（result）。例如，首先，要了解应聘者是在一个什么样的情形（situation）之下取得销售业绩的。其次，要了解应聘者为了完成工作，上司赋予了哪些工作任务（task）。再次，要了解应聘者为了完成这些任务采取了哪些行动（action）。最后，我们才来关注结果（result）。

（3）结束面试

当你觉得应该结束本次面试的时候，可以这样告知应聘者："您还有什么问题要问吗？"询问应聘者一些缓冲问题，如"给你两分钟，请你仔细考虑，你还有什么优点我们没有谈到"等，利用缓冲问题时间，回顾记录。最后告知应聘者招聘的以下步骤，并且感谢应聘者。

（4）面试官遗漏重要的信息

面试官把过多的精力和时间花在影响工作是否成功的个别因素，往往只考察到应聘者有限的几个方面，而难以获得关于应聘者的完整信息。

（5）询问了非法的、与工作无关的问题

如果面试官问了非法的、与工作无关的问题，可能会把自己卷入令人生厌的法律纠纷中，或是给应聘者留下非常不好的印象。

（6）面试官的问题重复

尽管有时面试官之间需要问应聘者一些重复的问题，但是，大量重复的问题就是在浪费面试宝贵的时间，不但容易使应聘者生厌，而且不能考察应聘者的全面素质。

（7）应聘者对招聘方法过程不满

面试官有时候会在面试中夸夸其谈、啰里啰唆、粗鲁或思维无序。在这种情况下，有些应聘者会拒绝面试，甚至拒绝录用。糟糕的是，企业的声誉也因此受到损害。

（8）面试官不作记录或很少作记录

有的面试官不作或很少作记录，依赖自己的记忆。这样做的结果往往是对面试过程中的第一个人和最后一个人记得较清楚，而其他的应聘者记忆就不清楚了。面试官在面试结束后总要从收集到的结果中分析应聘者的回答，以便进一步作出判断。有的面试官可能总在扮演“业余心理学家”的角色，但是往往错误地从结果中判断应聘者的个性和能力。为了不使应聘者引起歧义，可以与面试者沟通：“为了有助于日后的判断和甄选，面试中需要做些笔记，请您不要介意。”还有一点要注意，笔记以应聘者不能看清为宜。为此，面试官应与应聘者保持适当的距离，当然，切不可在膝上做笔记。

（9）面试官作出草率的判断

有的面试官会通过一次会面时的握手或随后的几个问题就作出录用决策，但是研究表明：如果能够继续有计划地收集应聘者的情况，作出的决策无疑会更好。

（10）只依赖面试作出录用

面试如果用得好，的确非常有用。但是，不可以单纯依赖面试，而应该综合其他的方法，如笔试、情景模拟以及向证明人查询等。

4. 面试官应知道的面试技巧

在金牌面试官的项目中，要充分给予面试官面试技巧，并且演练培训，以下列举三个面试技巧。

（1）行为面试法

行为面试法是基于行为的连贯性原理发展起来的。其假设前提是，一个人过去的行为能预示他未来的行为。正如一个经常迟到的人，下次开会还会迟到一样。面试考官提出的问题应该让应聘者用其言行实例来回答，通过了解他过去经历中的一些关键细节，来判断其能力，而不要轻信他自己的评价。行为面试法的另一个假设前提是：说和做是截然不同的两回事。与应聘者自称“通常在做”“能够做”的事情相比，其过去实际的所作所为更为重要。面试官要了解应聘者过去的实际表现，而不是取得未来表现的承诺。

面试考官首先要了解与行为有关的回答是什么样的。它是指应聘者描述自己在具体情景下的言行，包括背景情况，应聘者采取的行动以及结果等。在应聘者回答的时候，要注意那些与行为无关的回答。与行为无关的回答指理论性的、含糊的，或仅仅是某种观点。如面试问题是：请告诉我一件最近你在工作中与他人共同解决问题的事。与行为无关的回答一般是这样的："这样的事情是很多的，我基本上都是和同事一起完成工作的。我这个人不会和同事发生争执，基本上都是大家一起做，也没有什么矛盾。有时我们也会加班，大家在一起是比较愉快的。"非行为事件的描述中，会出现较多内容空泛、含混不清、指代不准的词语：应该、我会、我想、可能、经常、有时、我们、每个人、大家等。当遇到这样的词语时，面试人员要进行引导，如追问："这件事发生在什么情况下？与你一起工作的是什么人？你当时承担什么职责？你们采取什么方式工作？在这一过程中你们对问题的看法有没有不同？任务完成后，你的合作者如何评价你？"

具体来讲，行为面试法有几个技巧需要注意：引导应聘人员按事件发生的时间顺序来报告。一旦发现应聘人员的报告中有跳跃，就提出问题请其详细介绍。因为这些时间上的"空白点"往往是应聘者最不想为人所知的"软肋"，一般都是比较失败或潦倒的经历；尽量使用简单的问话引导应聘人员讲出事件的细节，而且要让应聘人员讲过去而非现在的看法或行为；如果应聘人员在叙述中提及"我们"，一定要问清楚"我们"是指谁，目的在于了解应聘人员在当时做了什么，甚至可以追问应聘人员行为背后的想法。如："您是如何作出那个决定的？"或"您当时是怎么想的？"不要过多地重复应聘人员的话，一是得不到新的信息，二是很可能被应聘人员理解为一种引导性的提问。行为面试中所提的问题，都是从工作分析中得到的，也就是说，招聘方应当有的放矢地向应聘者提问。

（2）情景模拟

针对注重实战的一些岗位，面试官可以选择情景模拟这种面试方法。情景模拟可以使我们直观地看到应聘者在将来要面对的环境中的表现。作为面试过程中的一个部分，情景模拟可以在以下情况下提供行为类信息：有的素质仅靠一般面试无法准确评估。有的关键素质需要更多的信息。应聘者缺乏工作经验。应聘者从另外的职业刚刚转来。

（3）对动机素质进行面试

招聘中对应聘者动机的评价和对其技能和能力的评价一样重要。动机可以分为三类：工作合适度、组织合适度、工作地点合适度。目前，引起对工作不满和员工流失的一大主要原因就是“合适度”不足。员工有能力做好工作，可是因为对有些事情不满意，所以不愿意做好工作。动机素质可以帮助面试官考察应聘者的各种“合适度”：首先是工作合适度，一个人能够做好工作，但可能不喜欢这项工作；其次是组织合适度，一个人可能喜欢自己的工作，但是可能对企业的管理方式和企业文化不满；最后是工作地点合适度，一个人可能对自己的工作地点不满意。

对动机素质的面试和其他素质的面试形式上不同，但也是在收集关于应聘者动机的行为类事例。为了达到这一点，应该询问具体的动机特征，包括应聘者满意和不满意的工作/角色、组织和地点分别是什么。和应聘者的技能和能力实例结合在一起，可以更全面地考察应聘者。

5.“金牌面试官”能力素质模型要求

面试官一般由5~7人组成为宜，通常由董事会代表、公司分管领导、人力资源专家、部门领导、工会代表组成。

一个合格的面试官应该具备以下素质。

（1）具备相关的专业知识

相关的专业知识是面试考官的基本素质。虽然前期的考试中已解决了对应试者的知识水平的判断，但在面试过程中，也会或多或少地遇到此类问题，有时，专业知识的提问被看作一种面试技巧，因此，需要具备这方面的知识。一个优秀的面试小组中，其考官的知识组合应该是完备的。

（2）良好的个人品格和修养

除代表个人的修养水平外，面试考官还代表着组织，代表着一种组织文化特征，从他们身上可以反映出组织的水平。考官必须给人以正直、公正和良好修养的感觉，使每位应聘者在与他们的接触中感受到一种信任和尊重。

（3）健全的自我认识能力

心理学研究表明：人们总是习惯以自我为标准去评价人。作为面试官，如果不能够对自我有一个健全、准确的认识，就无法准确地评价他人。

（4）善于把握人际关系

面试的过程就是人际交往过程。在与应聘者的交流中，应该善于运用有关人际关系的知识和自身对人际关系的敏锐感知力去判断应试者处理人际关系的能力。无论录用何种人员，其工作必然会或多或少地与人际交往关联。因此，对一个人处理人际关系能力的评价成为面试评价要素中衡量的指标。

（5）丰富的社会工作经验

面试评价总体来说是一个非量化评价过程，它的完成和质量在很大程度上依赖面试考官所具有的、丰富的工作经验，借助于工作经验的直觉判断往往能够准确地把握应试者的特征。同时，丰富的社会工作经验也是提高和掌握面试技能的保障之一。

（6）评价他人客观公正

人员选聘是为组织挑选所需要的人才，因此不可因个人的喜好或应聘者的外表、习惯、家庭背景等非评价因素影响评价的结果。公正、客观的评价意味着能以独立第三者的角度去评价应试者的品德、素质。考官能否做到公正、客观将决定面试的效度和信度。

（7）熟练运用各种技巧

面试是一种技巧性很强的工作，要求面试官必须熟练掌握各种面试技巧，达到运用技巧准确、简捷地对应聘者作出判断评价的目的。

（8）有效控制面试场面

面试对象是一些很难控制的人，他的行为可能干扰到面试的正常进行。因此要求面试官拥有某种驾驭人的能力，使面试的进程和目的免受影响。

（9）对应聘职位的组织状况进行较为深入、全面的了解有助于提高面试工作的质量，同时可以帮助组织选拔出真正需要的人才。

（10）掌握相关的人员测评方法

面试过程中会自然地利用某些人员测评方法来评价应聘者，因此，掌握测评方法是提高面试能力的有效途径。总之，对面试官的要求是严格的，通常情况下，单单一个人很难具备以上条件，这时要考虑到面试官的组合问题，经组合的面试官小组满足这些条件，否则无法保证面试质量。

五、影响面试的因素

面试如果有效的话企业很快就能招募到合适的人才，然而如果面试效率较低，将会大大地增加企业的招聘成本。很多因素都会影响面试的结果，企业的面试进程的有效与否取决于参与面试的各方，主要包括面试官、应聘者。面试官和应聘者出于自身的原因而降低了面试效率的情况经常发生。

1. 针对面试官

（1）影响面试的面试官因素

现在很多企业都认识到了招聘面试的重要性，也会聘请知识丰富而有经验的专业人员来做面试官。一般来说，出色的面试官有利于企业招到合适的人才，但是由于人与人之间的交流带有极强的个人倾向，面试官的判断也经常会因为主观因素而发生偏差。影响面试官判断的心理效应主要有以下几种。

a. 第一印象效应：应聘者给面试官留下的第一印象已经在很大程度上决定了该应聘者是否会被录取。在面试开始的 3 分钟内，85% 的面试官已经作出决定。

b. 晕轮效应：当面试官被应聘者的优点吸引时，会忽略观察其他方面，而是主观的由应聘者一方面优秀推出他在其他方面也同样的优秀。

c. 惺惺相惜效应：面试官更容易接受自己的同类，如同性格、同气质、同爱好、同校、同乡等，而把“异己”排除在外。

d. 异性效应：面试官更容易受到异性的吸引。当面试官见到具有良好的外部特征、气质举止俱佳的异性时，就容易对其产生好感。

e. 归因效应：由于面试官在面试中处于主导地位，所以在面试中就容易产生居高临下的感觉，因而从心理上总是认为自己是绝对正确的。

f. 序位效应：当面试官连续面试多个应聘者时，会对最初的或最后的应聘者印象深刻。

g. 对比效应：当面试官连续面试多个应聘者时，对当前的应聘者作出的评价会受到前一个应聘者的影响，并不自觉地将两个应聘者进行比较。

h. 中央趋热效应：面试官对多个应聘者进行评分时，打的分数往往集中在中间位置。

i. 从众效应：当多个面试官同时面试应聘者时，相互之间对应聘者的意见会受到影响，极少数有不同意见的人由于压力不敢表示自己的不同看法。

这些心理倾向在一定程度上影响了面试官的判断，从而也在一定程度上影响了最后的招聘结果。

针对以上可能存在的不良效应，企业应当在面试中采取合适的方法来对其进行改善。面试当中的这些问题，有很多是由于人本身的特点而引起的。要想解决这些问题，就要尽可能地消除面试中由于人的主观性而带来的负面影响，通过各种方式增强面试的客观性，使面试能达到公正、公平、合理而有效率。

（2）如何改善

要想实现面试目标就要做到以下几个方面。

a. 明确面试的目标。目标能够给人带来方向，因而在一定程度上规范人的行为。面试的目标大体上可分为三个方面：面试官试图准确地考核应聘者是否具备了从事这个工作岗位的必要条件；试图通过推销该工作以及该组织的正面特点来影响应聘者作出是否接受聘请的决定；通过提供该工作岗位既有挑战又有益处的正负两方面平衡的介绍来帮助应聘者作出合适的工作选择。这三个目标看起来有些矛盾，其实是相互联系的一个整体。考察应聘者的条件是面试者最初的目标。当面试者感觉到应聘者的条件符合企业的要求时，说服应聘者成为企业的一员就成为面试者的又一个目标。而全面的介绍工作岗位的益处和挑战，是帮助应聘者作出符合自己的选择，使招聘的结果具有持续性。

b. 确定预期业绩目标。预期业绩是用来确定面试官对某员工业绩水平的期望标准。对某岗位所要求的业绩目标不同，对应聘者的要求也就不同。比如，假如您要聘用一个推销员，您期望这个新聘员工实现的销售额是五千万元，那您对他的要求将不同于期望他有百万销售额时的水平。预期业绩目标应该是具体而又可衡量的，这样可以通过这些目标来考察应聘者是否符合岗位要求。

c. 明确工作障碍。工作障碍是一名员工要想取得卓越成就和实现组织重要目标而必须克服的主要工作困难。很多企业在招聘面试时只介绍该岗位的益处而不介绍该岗位所面临的挑战和困难，使新聘用的员工对工作岗位没有充分的思想准备。不具备该岗位所要求的心理承受力或没有充分的思想准备的应聘者，在实际工作中遇到困难容易失落，或者倍感压力而长期处于紧张焦虑的状态。这不仅影响本人的身心健康，而且影响工作效率和质量，以及团队的士气。当应聘者感到不适合该工作而离去时，又增加了再次招聘的成本，影响企业人员的稳定。

d. 基于预期业绩目标和工作障碍的能力要求。每个岗位对人员都有不同的能力要求，但这种要求不应以主观的简单判断为标准，而是应该以预期业绩为目标，通过考察应聘者在实现预期业绩的过程中解决主要工作困难时所体现的能力。面试官在面试过程中很容易被应聘者所表现的某一方面的超凡能力所吸引，进而接受应聘者，但这方面的能力有时与该工作岗位没有太大的相关性。通过模拟工作障碍来考察应聘者的能力不仅客观，而且符合该岗位要求。同时，对工作障碍进行问题设计也比较有针对性，避免面试官把过多的时间用在公关上，以及面试中出现重复而无效的问题。

e. 用团队面试优化面试过程。团队面试是把几个人组成一组来面试应聘者。它一般是整个选聘面试中的第二次面试。团队面试对团队成员有一定的要求：一般来讲，团队面试应该把面试官人数限定在四个到五个以内，因为超过这个人数可能产生一种威慑作用而且难以协调；在团队组成中，应至少有一名是女性，以避免异性效应带来的影响；团队成员的性格、气质、知识也要有一定的差异；团队成员对应聘者的评分应该独立而且互不影响。团队面试可以从很多方面优化面试过程。首先，它可以减少多个单独面试所造成的内容重复与疲劳。其次，因为面试官都采用相同的一套问题以及答案作为评估应聘者的依据，这就可能使面试官在评估的依据上互相质疑对方。这种质疑迫使面试官更加认真地考虑聘用决定的理由并使用更加客观的标准。再次，团队面试可以使不同水平的面试官之间互相学习。优秀的面试官能更容易地把诀窍传递给水平较差的面试官。最后，团队面试向应聘者传递一个良好信息：团队合作是企业所提倡的工作方法，也是企业的文化之一。

对于企业面试中所出现的问题，通过上述步骤和方法可以帮助企业建立一整套比较客观的招聘标准。在这种标准的规范之下，充分发挥优秀面试官的成功经验，能够帮助企业更有效地选拔适合企业的优秀人才，从而更好地为企业的发展服务。

2. 针对应聘者

从应聘者的角度来看，其准备程度是影响面试效率和效果最关键的因素。

（1）应聘者对应聘单位的了解程度较低

应聘者在没有充分准备的情况下就参加面试，对用人单位的性质、地址、业务范围、经营业绩、发展前景、对应聘岗位职务及所需的专业知识和技能等缺乏一个全面的了解。单位的性质不同，对求职者面试的侧重点不同。如果是公务员面试，内容和要求与企业公司相差很大。公务员侧重于时事、政治、经济、管理、服务意识等方面。而一位资深人力资源专员说："面试时，都会问求职者对公司了解多少，如果他能很详细地回答出公司的历史、现状、主要产品，我们会高兴，会认为他很重视公司，对公司也有信心。"如果应聘者对公司几乎没有了解，也没有做充分的准备，那么这样的面试将会增加公司的招聘成本，增加无效的招聘比率。

（2）应聘者的能力与用人单位工作的要求不相符合

求职者面试前应对自己的能力、特长、个性、兴趣、爱好、长短处、人生目标、择业倾向有清醒认识，尽量使自己的能力与工作要求相适应。而实际上，很多应聘者在对自身没有充分认识的情况下就随大流投递简历，参加面试，最后发现自己不适合这份工作，这不仅会增加自己的机会成本，也会增加企业的沉没成本。

（3）应聘者的情绪状态和整体能力表现不佳

应聘者如果在面试中能够保持能量、信心、好奇心和勇于表达想法，那么将会加快企业尽快招到合适的人才的速度，但是如果应聘者的整体表现不佳，那么也会增加企业的无效招聘。

综合以上，影响企业的面试和招聘效率的人的因素主要在于面试官和应聘者，其间也会存在像招聘流程这类的管理组织影响因素。

案例实操：AD 公司的结构化面试

结构化面试是指面试的内容、形式、程序、评分标准及结果的合成与分析等构成要素，按统一制定的标准和要求进行的面试。尽管结构化面试也是通过考官与应考者之间的交流来进行的，但从形式到内容上，它都突出了标准化和结构化的特点。比如，结构化面试要求面试题目对报考相同职位的所有应考者应该相同；面试考官的数量在2人以上；典型的结构化面试还要求在对拟任职位进行工作分析的基础上编制面试题目。正因为如此，结构化面试的实施过程更为规范，面试结果也更为客观、公平、有效。

结构化面试的特点有：面试测评要素的确定要以工作分析为基础；面试的实施过程对所有的应考者相同；面试评价有规范的、可操作的评价标准；考官的组成有结构。总而言之，结构化面试具有试题固定、程序严谨、评分统一等特点。从实践来看，结构化面试的测量效度、信度都比较高，比较适合规模较大，组织、规范性较强的录用面试，因此，结构化面试已经成为目前录用面试的基本方法。结构化面试兼具面试与笔试的优点，因此，结构化面试是比较有效的面试方式。

下面以 AD 公司招聘销售经理的结构化面试为例。

1. 收集信息，确定岗位资格条件

收集信息综合分析后制定了这次销售经理的岗位任职资格，条件如下：

表 3–5　销售经理的岗位任职资格条件

基本条件	年龄	28—40 岁
	性别	男
	健康状况	身体健康，能适应经常出差
受教育程度	最佳学历	本科及以上
	最低学历	大专
	专业要求	市场营销、企业管理、市场策划等相关专业
	计算机水平	熟练使用各种办公软件
业务知识	市场分析	根据国家政策和行业发展特征，准确定位企业产品的销售政策、营销手段措施和目标市场
	产品管理	了解本企业产品的特性、品牌建立和维护
	价格管理	根据竞争对手、替代产品的价格信息，管理企业产品的市场价格
工作经历	在同等职位工作 3 年以上，有外资企业、同行业大中型企业市场营销工作经验优先	
能力和素质要求	能力	能力标准
	领导能力	通过激励、授权等方式领导下属的能力
	计划执行能力	制订可行的计划方案并能付诸实施
	判断决策能力	对市场有敏感度并能及时作出准确判断和决策
	目标管理能力	制定明确的目标，并将总目标细分为多个目标，从整体把控、纠正偏差的能力
	开拓能力	积极开拓市场，发现潜在商机的能力
	客户服务意识	认识到客户的价值和重要性，能够灵活运用多种技巧解决客户所提出的问题并提供客户满意的服务
	沟通能力	与客户、媒体及其他相关部门的沟通和协调能力
	职业素养	主动性强、认同公司的价值观和销售管理政策，自律、成功动机强烈、心理承受力强、良好的职业操守等
个性特色	影响力	具有较强的影响和改变他人心理和行为的能力
	富有激情	有很强的调动下属工作积极性的热情

2. 把握重点，设计结构化面试题目及实施步骤

在确定应聘者的素质任职资格要求和录用标准以后，针对需要测评的维度进行结构化面试题目设计，销售经理结构化面试的题目以及考核内容面试问题评分标准。

（1）基本情况

a. 观察：衣着、精神面貌、个人礼仪、态度。

表 3–6　基本情况标准

好：衣着整洁、正式；求职态度佳，彬彬有礼；精神风貌积极向上；面带微笑
中：着装基本符合要求，态度较好，精神面貌较好
差：着装不符合要求，态度较差，精神面貌不佳

b. 学历、专业、院校、工作经历与岗位契合度。

c. 请描述一下您以往的工作职责，以及在工作中有何收获。

表 3–7　工作职责评定标准

好：完全与岗位要求相吻合
中：基本与岗位要求吻合
差：大部分与岗位要求不吻合

（2）岗位专业知识

a. 能否分析一下这个行业的行业状况（客户、市场容量、竞争对手分析、产品、销售能力）？在这样的市场环境下，您以前的公司选择了怎样的业务组合（要求详细分析，提供分析思路及工具）？您通过什么方式获得市场信息？

表 3–8　岗位专业知识评定标准

好：对行业竞争状况有清晰把握，分析精辟；取得信息渠道畅通、准确性高
中：基本了解行业状况，有一定方式取得市场信息
差：不太了解行业状况，不能获取市场信息

b. 能否介绍一下您现在公司的产品系列，它们每一款如何定位？请举几个例子说明它们针对哪些细分顾客群？满足这些顾客群哪些独特的需求？如何定价？与竞争对手产品相比有哪些优劣势？如果您能到我公司工作，您对产品线有何建议？

表 3-9 产品知识评定标准

好：对产品和市场知识有清晰的认识，介绍有重点，清晰流畅
中：基本了解产品和市场的知识，分析得当
差：不了解产品和市场的知识，分析思路模糊不清

（3）领导能力

a. 作为一个部门领导，您如何让您的下属尊敬并信任您？

表 3-10 领导能力评定标准

好：工作有条理、原则性强，综合素质好，具有高超的指导、激励和授权技巧，领导能力突出
中：能进行一般的指导、激励和授权，领导能力一般
差：凡事大多自己做，缺乏指导、激励和授权，领导能力较差

b. 你在调解员工间矛盾上起到了什么作用？请举例说明，在解决矛盾方面，你什么时候参与有必要，什么时候参与没有必要？

表 3-11 解决矛盾评定标准

好：对自己领导能力有信心，并给每位员工发出稳定和行为一致的信息
中：基本能给每位员工发出一致的信息
差：缺乏对自己领导能力的信心，给每位员工接收的信息不一致

（4）计划执行能力

a. 您是如何准备这次面试的？

b. 您如何计划和安排重要项目？

表 3-12　计划执行能力评定标准

好：准备充分，注重细节，具有可行性并付诸实施
中：有准备，但细节安排不太完美，有部分实施
差：事先明显准备不足，不能实施或实施有较多问题

（5）判断和决策能力

a. 当事情发展的结果与您事先做的计划有很大的偏差时，请问您如何处理？

b. 在以前的工作经历中，对于作出重大决策您是如何实施的？请举个例子加以说明。

表 3-13　判断和决策能力评定标准

好：对事情的变化敏感度较高，能主动发现问题，思考问题，提出解决方法；能及时作出准确判断和决策
中：基本能发现事情变化，一般能作出判断和决策
差：对事情的变化不能及时发现，判断和决策明显滞后

（6）目标管理能力

a. 经理是不是应该让他的下属订立工作目标？为什么？在订立目标方面，经理应该怎样做？

b. 您如何确保企业的目标、任务能反映到各部门甚至员工个人的工作目标中去？

表 3-14　目标管理能力评定标准

好：善于制定明确的目标，并将总目标细分为多个目标，从整体把控、纠正偏差的能力较强
中：基本能根据总体目标分解、制定分目标，把控、纠正目标偏差能力一般
差：不善于从整体把控、纠正目标偏差，不能有效分解目标

（7）开拓能力

a. 请讲讲你遇到的最困难的销售经历，你是怎样劝说客户购买你的产品的？人们购买产品的三个主要原因是什么？

b. 请讲一下你在前任工作中所使用的最典型的销售方法和技巧。

表 3–15 开拓能力评定标准

好：能很好地去推销产品，说服力强，沟通能力强
中：较好地去推销产品，有一定的说服力
差：不能准确推销产品，没有说服力

c. 若你给新员工上一堂销售课程，你在课堂上要讲些什么？为什么？

d. 请举个例子，从和客户接触到最终销售的完成需要多长时间？这个时间周期怎样才能缩短？

表 3–16 销售策略评定标准

好：能熟悉掌握和应用销售策略，并取得良好效果
中：基本能掌握和应用销售策略，有一定的效果
差：不能掌握和应用销售策略，没有效果

（8）客户服务意识

讲一个曾经遇到的这样的一个问题：和你打交道的一位客户要求解决问题的方法和公司利益发生冲突。你是怎样解决这个矛盾的？

（9）人际沟通能力

a. 在长途旅行的火车或飞机上，周围都是陌生的人，您是如何在这种环境中与他们相处的？

表 3–17 人际沟通能力评定标准

好：能主动与他人进行较深入的沟通，并建立联系
中：能主动与他人进行简单沟通
差：相互不理睬，或被动交谈

b. 在和一个令你讨厌的人一起工作时，你是怎样处理和他在工作中的冲突的？

c. 说一个这样的经历：你不得不改变一个公司中比你职位高的人，公司人都知道，这个人思维和工作都很死板。

表 3–18　容忍行为评定标准

好：能容忍他人的一些行为以及建立并维持富有成效的工作关系的能力
中：基本能容忍他人的行为并妥善处理冲突
差：不能容忍他人的行为，不能处理好冲突

（10）职业素养

a. 到目前为止，你认为你哪方面的个人素质是你成功的主要原因？

b. 请讲一个你曾经遇到的不忠于公司和主要客户利益的人，你是怎样对待他的？

表 3–19　职业素养评定标准

好：正直、忠诚、责任、进取、共同发展，主动帮助他人意识明显，具有优秀的职业习惯，与公司价值观一致
中：不损害他人，明哲保身，具有良好的职业习惯，与公司价值观没有冲突
差：正直、忠诚、责任意识较弱，与公司价值观不合

（11）影响力

a. 请你举一例说明你曾经使某人做他并不喜欢做的事情。

b. 当你与领导意见不一致时，你通常是如何来解决的？

表 3–20　影响力评定标准

好：具有较强的影响和改变他人心理和行为的能力
中：基本能影响和改变他人，方法不多
差：不能影响和改变他人心理和行为

（12）工作激情

如果遇见这样的情形：部门的某位员工不愿意干自己的工作，你是采取什么措施来改变这种情况的？

表 3-21 工作激情评定标准

好：能满怀热情想尽多种办法采取措施调动下属工作积极性
中：能采取一些简单措施调动下属工作积极性，热情不是很高，受挫容易放弃
差：很少主动采取措施调动下属工作积极性

设计好结构化面试题目后，面试官再根据应聘者的表现进行评价打分。

第三节 复试

一、复试及类型

一般面试都分初试和复试。初试一般有两种情况：第一种由人力资源部面试，如果他们觉得比较合适再推荐给用人部门的领导面试；第二种直接由用人部门领导和人力资源部人员一起面试，通过后再由老板进行复试以决定是否录用。

所以对于复试来说，第一种情况就是由用人部门的领导面试，所以会问一些专业性的知识以检验应聘者的专业水平，其次是个人学习情况、工作经历等。在第二种情况下，复试人员就是老板，老板一般不会问很具体的东西，基本都是闲聊，从闲聊里面感觉应聘者是不是适合自己公司的文化和性质。

二、复试的内容

复试面试题往往与各公司的企业文化和重点关注的东西有密切的关系，可以作出如下总结。

1. 忠诚度

面临跳槽，企业往往会看重应聘者对忠诚度的看法。尤其是一些国有大型企业，更为重视员工的忠诚度。在康佳集团的招聘中，面试官就曾提出了“请分析职业技能和忠诚度哪个对企业更重要”的问题。

2. 实践能力

在注重学生学习成绩的同时，相当多的企业非常重视应聘者的实践经历。例如，通用电气（中国）有限公司（GE）就表示招聘的绝不是简单的“学习机器”，在校期间实习、兼职、家教的经验都是积累社会经验的好机会，这都应该受到企业的重视。

3. 团队协作精神

经营规模宏大的名企往往非常重视员工的团队协作精神。如联想集团人力资源部的有关负责人就表示，该公司尤其欢迎具有团队协作精神的应聘者。

4. 创新精神

对于大型企业来说，离开了不断的创新，就等于失去了生命力，因此应聘者是否具有创新精神也是重点要考察的。如联想集团在面试中就十分重视应聘者的创新精神和能力。

5. 对企业文化的认可程度

企业在招聘过程中常常会考虑到员工是否能够认可和适应该企业的价值观和企业文化，这将决定员工是否能够很好地为企业服务。例如，索尼公司在招聘过程中把员工能否适应日本文化尤其是索尼的企业文化作为重点考核内容。通用电气有限公司在招聘中也要看应聘者是否喜欢、是否认同 GE 的价值观，即“坚持诚信、注重业绩、渴望变革”。

6. 人际交往能力和良好的沟通能力

如索尼把人际沟通能力作为重点考核内容，而一些管理咨询有限公司人力资源部的经理则透露，在招聘过程中非常重视应聘者的沟通技巧，因为作为未来的咨询师，应聘者一定要具有与客户沟通、协调的能力。

7. 对新知识新能力的求知态度和学习能力

一位企业负责人表示，应届毕业生往往不具备直接进行业务操作的能力，基本上都要经过系统的培训，所以学习能力和求知欲应该是重点考察的内容。很多企业都坚持这一原则。通用电气的公关总监表示，公司不是很在乎应届生与公司要求之间的差距，因为他们对于自己的培训体系非常自信，只要有强烈的求知欲和学习能力一定可以通过系统的培训脱颖而出，因此在面试中这两项考核十分关键。此外，UT 斯达康、欧莱雅、安永……都表示是否具备良好的学习能力和强烈的求知欲是企业十分重视的。随着职场上竞争的日趋激烈，面试已经成为一门学问，而新的面试题目和面试方式也层出不穷。上海通用在面试时，就推出了情景模拟面试的新思路，即根据应聘者可能担任的职务，编制一套与该职务实际情况相仿的测试项目，将被测试者安排在模拟的、逼真的工作环境中，要求被测试者处理可能出现的各种问题，以此测试其心理素质，观察应聘者的领导能力、领导欲望、组织能力、主动性、口头表达能力、自信程度、沟通能力、人际交往能力。上海通用还把情景模拟推广到对技术工人的选拔上，如通过齿轮的装配练习，评估应聘者的动作灵巧性、质量意识、操作的条理性及行为习惯。

另外还包括灵活应变能力（工作态度）；兴趣爱好（知识广博度）；情绪控制力（压力承受力）；上进心与自信心。

第四节　甄选方法

一、甄选及甄选方法

招聘中的人员甄选是指综合利用心理学、管理学等学科的理论、方法和技术，对候选人的任职资格和对工作的胜任程度，即与职务匹配程度进行系统的、客观的测量和评价，从而作出录用决策。人员甄选是指从应聘者的资格审查开始，经过用人部门与人力资源部门共同初选、面试、测试、体检、个人资料核实到人员录用的过程，是整个招聘工作的关键，也是整个招聘工作中技术性最强，因而难度也最大的一个环节。

人员甄选的方法一般有以下几种。

1. 申请表

申请表是最古老的而且运用最广的筛选技术。在申请表中，企业总是希望获得申请者自己提供的过去的许多信息，包括教育背景、就业历史、工作偏好和个人资料。许多时候，哪个人被筛选出来、哪个筛选出去，在对申请表进行了审阅后，也相应就能够作出初步决定。

2. 推荐检测

（1）推荐书信。一般说来，推荐信要求说明被推荐人在该企业或者公司工作的起止年月、职位和所负责任、出勤状况、离开企业或者公司的原因、工作表现、人际关系、态度、知识，等等。（2）访谈推荐人。个人访谈常常是针对需要了解的特殊问题而进行的，如应聘者的技术能力等，当然访谈也可以对其他方面的问题进行探讨。使用个人访谈方式收集应聘者的资料是非常耗费时间和金钱的。因此，通常只有在招聘和筛选高级职位时才使用这种方法，并且，事先需要细致的设计和计划，进行访谈的人应该训练有素。

3. 笔迹学法

笔迹学法是以分析书写字迹为经常预测未来业绩的一种方法。笔迹学家一般需要受测试者提供至少一满页一气呵成的字迹，最好是用钢笔或者圆珠笔写在没有画过线的纸上。书写力度能够反映书写者的精力是否旺盛。目前，在西欧，笔迹学法被运用得最广泛。

4. 笔试法

根据试题的性质，笔试可以分为论文式笔试和直答式笔试。论文式笔试，通常是应试人按照论文题目，写出一定字数的文章，发表自己的观点、看法和主张。论文题目有三种选择方法，即自由选择、区间选择、指定选择。直答式笔试是通过填空、判断、计算和问答等形式来测试应试者的知识水平，它主要考察应试者的学历以及理解能力和记忆能力，这种方法适用于招聘一般人员。根据考试的科目不同，笔试可分为基础文化测试和专业知识测试。基础文化测试主要是针对应聘者应具有的基本文化素质而进行的测试，常考的科目有语文、数学、英语等，适用于各种工种和岗位招聘。专业知识测试主要是针对应聘者应具有的专业知识和对公司了解程度而进行测试。

5. 面试法

从提问和交流方式不同的角度来分，面试主要的有模式化面谈、问题式面谈、非引导性面谈和压力式面谈四种。模式化面谈，由主试者根据预先准备好的询问题目和有关细节，逐一发问；问题式面谈，由主试者对应聘者提出一个问题或一项计划，请他解决和处理，观察他在特殊情况下的表现情况，以判断其解决问题的能力；非引导性面谈，由主试者海阔天空地与应聘者交谈，无固定题目和限定范围，让应聘者自由发表议论，尽量活跃谈话气氛，在闲聊中观察应聘者的知识面、价值观、思维能力、表达能力和组织能力，这是一种高级面谈，适用于招聘企业高中管理人员，要求主试者具有丰富的知识经验和高度的谈话技巧；压力式面谈，由主试者有意识地对应聘者施加压力，针对某一事项作一连串发问，不但详细而且追根问底，直至无法回答，甚至激怒应聘者，看他在突如其来的压力下能否作出恰当的反应，来观察他的机智和应变能力。这种方法一般适用于招聘特殊岗位职工，如销售员、精密作业人员以及职位需要高度警觉性的工作人员。

从面试深入程度和所要达到效果不同的角度来分，面试可以分为初步面试和诊断面试。初步面试，是增进用人单位和应聘者相互了解的过程，在这个过程中对其书面材料进行补充，组织对求职者的动机进行了解，并向求职者介绍组织情况、解释组织招聘的原因及要求；诊断面试，是在初步面试的基础上对应聘者进行实际能力和潜力测试、分析、判断的过程，在单位和应聘者之间补充深层的信息。

从面试参与人员构成情况不同的角度来分，面试可分为个别面试、小组面试和集体面试。个别面试是一个面试人员与一个应聘者面对面地进行交谈；小组面试，就是由面试人员小组分别对各个应聘者进行面试；集体面试就是由面试小组同时对多个应聘者进行面试，在这个过程中，面试主考官提出一个或几个问题，引导应聘者进行讨论，从比较中去考察、分析应聘者的能力。

6. 测验

测验是为了从个人处获得关于特殊兴趣、特征、知识、能力或者行为的信息而设计的一种客观的和标准化的测量方法。测验的目的是寻找最适合从事某职位工作的人员，减少雇用后的流动。

二、甄选策略

招聘中还会使用相应的甄选策略来提高招聘的效果。如补偿模式、多切点模式和跨栏模式。

补偿模式，或补偿筛选策略，是指候选人的某项预测因子，如果在认知能力测试中得到高分，可以弥补其在另一甄选项目如面试中的低分。

多切点模式，或综合筛选策略，要求应聘者在所有选择的层面或各项分数都要超过裁减线，或者说，应至少满足最低要求。

跨栏模式，或多重障碍跨越筛选策略，是指申请者在连续筛选过程的任何一次评价中一旦失败，就要被淘汰的筛选方法。换句话说，候选人必须通过前一次评价，才能进入下一个阶段。这实际上是一种分阶段淘汰的策略。

以上的甄选策略会在录用章节进行具体介绍。

第四章
录用：招聘管理实施

本章要点提示：

录用决策制定

薪酬谈判

录用面谈

确定劳动关系

入职和合同签订

招聘工作的最终目的是录用企业所需人才，因此，使用正确的录用策略至关重要。通过本章，HR 将知晓录用工作不是简单的一项工作，从而了解录用决策的注意项目，以及在录用过程中，薪酬谈判、录用面谈、确定劳动关系、合同签订和劳动纠纷等问题。

第一节　录用决策制定

一、录用

公司通过心理测试、面试及其他多种测评方法对职位候选人进行挑选评价之后，就得到了关于求职者的胜任能力的信息。根据这些信息，可以作出初步的录用决策。参与对职位候选人进行挑选评价的全过程的人包括用人部门的主管、人力资源管理部门的专业人员等，在进行录用决定时就可以由他们通过讨论得出初步结论。

在企业人力资源管理中，员工录用是依据科学的方法得到的选拔结果作出录用决策，并进行合理配置的活动，其中最为重要的内容是做好人员录用决策。人员录用决策是依据人员录用的原则，避免主观臆断的干扰，把选拔阶段多种科学的考核和测验结果组合起来，进行综合分析评价，遵照科学的标准，从中择优确定录用人员。需要说明的是，人员选拔环节中的所有方法都可用来选择潜在的雇员，但是具体使用哪些选拔方法，一般要综合考虑费用成本，信度效度、指标与工作的相关性，以及时间限制等因素，对于要求较低或无须特殊技能的工作，一般采用一种测评方法就可以了。

1. 人员录用策略

一般来说，企业中人员录用可以采取以下策略。

（1）互补式

人员录用决策中，互补式选拔方法中不同测试的成绩可以互为补充，考官可以根据应聘者在所有测试中的总成绩作出录用决策。例如，A 公司在人员录用过程中，采取百分比系数法。以 B 岗位为例，其测试要素（Ei）及其权重（Pi）、测试指标（Eij）及其权重（Pij）、测试指标得分（Xij），可以根据所有应聘人员总得分的高低，决定最终录用人选。

表 4–1 百分比系数法

测试要素 Ei	测试指标 Eij	测试指标评定			测试指标得分（Xij）		
		Xij	Pij	Xij × Pij	Xi	Pi	Xi × Pi
任职资格	专业知识	80	0.4	32	80	0.3	24
	工作经验	80	0.6	48			
能力要求	协调能力	80	0.4	32	76	0.3	22.8
	沟通能力	80	0.4	32			
	创造能力	80	0.2	16			
其他因素	责任意识	80	0.2	16	71	0.4	28.4
	大局观念	80	0.3	24			
	奉献精神	80	0.25	20			
	成功欲望	60	0.25	15			

（2）多重选拔式

人员录用决策中的多重选拔式方法中的每种选拔方法都是淘汰性的，应聘者必须在每种测试中都达到合格以上水平，方能通过选拔。该方法是将多种测验项目和考核方式逐一实施，每次从最低分开始淘汰若干低分应聘者。通过所有考核项目的应聘者，再按最后选拔或面试的实得分数，从高到低，排出名次，择优确定录用人员。

（3）组合式

组合式人员录用方法中，有些测试是多重选拔式，有些是组合式的，应聘者通过多重选拔式测试后，才能参加组合式的测试。如表 4–2 所示，通过学习能力、专业知识、工作经验、创造能力、奉献精神五个测试因素分别对应聘人员进行测试，每个因素满分都是 100 分，要求每项 60 分（含 60 分）以上者才能通过测试，参加终极录用决策。

表 4-2 各项权重及应聘者测试分数

各项权重及应聘者测试分数					
	学习能力	专业知识	工作经验	创造能力	奉献精神
A	90	80	70	90	80
B	50	90	80	80	90
C	100	80	60	90	80
D	90	80	70	80	80
E	70	90	50	80	90
权重 W1	0.3	0.1	0.1	0.4	0.1
权重 W2	0.1	0.1	0.5	0.1	0.2

去除单项成绩不合格的 B 和 E，如果权重按照 W1 统计：

A 得分 =90×0.3+80×0.1+70×0.1+90×0.4+80×0.1=86

C 得分 =100×0.3+80×0.1+60×0.1+90×0.4+80×0.1=88

D 得分 =90×0.3+80×0.1+70×0.1+80×0.4+80×0.1=82

按照高低分排列是 C、A、D，根据总分择优选择是 C。

如果权重按照 W2 统计：

A 得分 =90×0.1+80×0.1+70×0.5+90×0.1+80×0.2=77

C 得分 =100×0.1+80×0.1+60×0.5+90×0.1+80×0.2=73

D 得分 =90×0.1+80×0.1+70×0.5+80×0.1+80×0.2=76

按照高低分排列是 A、D、C，根据总分择优选择是 A。

二、录用决策有效性

科学的录用决策能有效规避用工风险，是建立在整个招聘工作科学、规范的基础上的。科学的录用决策需要做好以下工作。

1. 明确的用人需求

不知道该招聘怎样的人员，这样的招聘无疑不能取得好的效果。要想招到企业需要的人才，首先得做好岗位分析，在此基础上明确岗位需求人员的任职资格和岗位的职责，以及人员的具体需求数量等，对于顺利开展招聘工作有着极大的促进作用。

2. 周全的招聘计划

在明确用人需求的情况下，需要有针对性地选取具体的招聘渠道。是现场招聘还是网络招聘，是校园招聘还是社会招聘，都要根据具体招聘岗位来确定。为了确保招聘效果，还有必要事先制定招聘计划和招聘流程，明确整个招聘工作的细节事项。

3. 规范的招聘启事

招聘工作实际上是企业的第一面镜子，这面镜子最直观的表现就是招聘启事。所以招聘启事对于向应聘人员展示企业规范管理的初步形象十分重要。另外，好的招聘启事能抓住应聘者的关键需求，也能吸引更多的人员前来应聘。

4. 有效的简历筛选

简历的筛选对于招到合适的人员十分重要，一方面，有效的简历筛选节省了整个招聘的时间，提高了招聘的效率；另一方面，有效的简历筛选增加了招聘的准确性。所以，有必要制定合理的简历筛选流程，也有必要就筛选技巧对招聘人员进行培训。

5. 科学的面试流程

面试不能仅仅依靠经验进行判断，必要的时候要根据岗位的实际情况选用合适的面试方法和测评工具，目前比较流行的有结构化面试、无领导小组面试以及一些性格、心理测评工具。通过个人经验和科学方法的结合，将促进面试取得更好效果。

6. 谨慎的背景调查

在面试通过后，为了确保招聘的效果，避免用工风险，还有必要通过背景调查的方式对一些关键岗位应聘人员的实际情况进行核实。实际上，背景调查亦可在面试前进行，但更多情况是在面试通过后。

上述工作，都是为录用决策服务的，在一定程度上会有效规避用工风险，提高招聘的质量。实际上招聘团队的专业化、科学决策模型的建设都会对录用决策产生积极的影响。

三、录用决策作出的注意项

录用决策的作出，需要相关部门注意以下几点。

1. 系统化的评估和比较

在作出应聘者录用决策前，尽量使用全面衡量的方法。企业要录用的人员必须能够满足相关岗位的要求，符合单位综合素质要求。因此，必须根据单位和岗位的实际需要，针对不同能力素质要求给予不同的权重，然后录用那些得分最高的应聘者。例如，对候选人的胜任力特征进行描述性评价或打出分数，列举出主要优点与不足，然后对各候选人进行比较作出挑选决策。在制定员工挑选标准时，对各项胜任力设定权重是十分必要和有效的方法。只有对各项胜任力设定权重，才能保证挑选出来的人才是在最重要的胜任力方面最强的人，而不是能力平平的人。

2. 录用标准不要设得太高

金无足赤，人无完人。在人员录用决策时，不能吹毛求疵，过于关注细节问题，致使不能尽快录用优秀人才，会给公司带来损失。决策中分辨主要问题以及主要方面，分辨哪些能力对于完成工作是不可或缺的，哪些是无关紧要的，这样才能抓住重点，录用到合适的人才。有些招聘者总是希望能够招聘到最好的人，他们会对一群求职者进行比较，选出其中最好的，或者总是不作出决策。其实，这种想法往往是不现实的。事实上，特别优秀的人或许已经远远超出了职位要求，或者在薪酬水平上的要求也比较高，如果公司提供的薪酬水平无法满足其要求，他可能会另谋高就。

3. 尽快作出录用决策

求职者在找工作时往往不是只对一家用人单位感兴趣，也很可能面临很多选择，越是优秀的人才面临的选择机会越多。如果招聘方迟迟不作出录用决策，那么优秀的人才可能会被其他用人单位雇用。当然，尽快作出决策也不意味着草率决策，而是要根据用人标准作出准确的录用决策。

4. 准备备选人名单

对于一个职位空缺，初步录用的人选可能要多于实际录用的人数。这是因为公司还要对初步录用的人选进行背景调查，与这些人选讨论薪酬水平，因此可能会有一些原因导致招聘方无法录用某些人。如果招聘方初步决定录用某个人时他实际遇到的问题是原来的雇主无法让他离职，或者他对招聘方提供的薪酬水平不满意，那么备选人有助于招聘方很快填补职位空缺。

5. 决策人员要少而精

人员录用决策时，尽量减少决策人员数，必须坚持少而精的原则，选择那些直接负责考察应聘者工作表现的人，以及那些会与应聘者共事的人进行决策。参与的人太多，测试的角度过细，会增加录用决策困难，造成时间、精力、人力和物力的浪费。

第二节　薪酬谈判

一、薪酬和谈判

薪酬是企业录用员工和新员工之间发生的最为关键的一项事物了。劳动报酬条款是劳动合同的主要条款之一，是劳动者和用人单位在确定劳动关系，订立劳动合同时最为关心的内容。劳动者期望付出的劳动尽可能有高的回报，以增加收入；用人单位则期望用尽可能低的薪酬水平招用到优秀的员工，以降低企业的人工成本。如何确定一个合理的薪酬标准，实现劳动者和用人单位“双赢”，就需要双方在平等自愿、协商一致的基础上商定，薪酬谈判制度便应运而生了。

薪酬是员工向其所在单位提供劳动或劳务而获得的各种形式的酬劳或答谢。薪酬的实质是一种公平的交易或交换关系，是员工在向单位让渡其劳动或劳务使用权后获得的报偿。一般来说，薪酬包括直接以现金形式支付的工资（如基本工资、绩效工资、激励工资）和间接地通过福利（如养老金、医疗保险）以及服务（带薪休假等）支付的薪酬。谈判是有关方面就共同关心的问题互相磋商，交换意见，寻求解决的途径和达成协议的过程。

二、薪酬谈判的法律背景

在市场经济条件下，企业是独立的经济实体，在遵守国家法律、法规的前提下，享有充分的薪酬分配自主权。但是，企业自主分配不等于由企业单方面决定薪酬分配，而应由企业中劳动关系的双方，即雇主和员工（工会），本着互利的原则通过平等协商来确定。薪酬谈判制的过程实际上是员工（工会）和企业一系列建议和反建议交锋的过程。

典型的谈判过程，最初是由员工（工会）提出高于自身期望值的薪酬方案，而企业经营者在研究了员工（工会）方案之后，提出低于自身期望值的薪酬标准。在以后的谈判中，员工（工会）不断降低要求，而企业方面则会不断提高承诺。实际上，员工（工会）和企业双方在交涉时，都会内定一个薪酬水平变动的上下限。在一对一谈判中，员工的上限是不失去该就业机会，下限是原从事工作岗位所得的薪酬标准；企业的上限是招用同能力人员的薪酬支付标准，下限是不失去该优秀人才。在集体谈判中，工会的上限是不影响会员的就业，下限是薪酬期望值的损失小于罢工损失；企业方面的上限则是薪酬承诺损失小于停产或罢工损失，下限是保持正常生产所必需的人才结构与数量。

可见，在薪酬谈判过程中，劳资双方都希望在不停产或不失去合作机会的条件下实现自己的薪酬目标。一旦谈判破裂，造成停产或罢工，时间拖得越久，双方损失越大。

薪酬谈判制是薪酬分配市场化的一种模式，也是今后分配制度改革的一种行之有效的措施。在西方资本主义国家，薪酬谈判制度已实行了多年，中国部分企业也早已进行过试点。企业招用新员工时，待遇面议就是一对一谈判的具体表现，《集体合同》就是工会和雇主集体协商谈判的结果。薪酬谈判制之所以能够在各国企业薪酬水平的确定方面起到十分重要的作用，主要是因为它适应了市场经济条件下薪酬运行规律的要求，符合国家宏观工资调控和现代企业制度下的微观管理的要求。

三、薪酬谈判策略

在招聘的过程中，一些应聘者提出自己对薪酬的最低要求，因此为了企业需要在招到人才的同时降低企业的招聘成本和总成本，企业招聘部门的相关人员需要了解相关的薪酬谈判策略。

1. 规范不同职位的薪酬职级

企业需针对不同岗位制定统一的《薪酬职级表》，规范企业内部的薪酬管理体系，确保薪酬内部的公平性和外部公平性。另外，企业要通过科学的薪酬调查，根据企业人才战略和薪酬战略及时维护《薪酬职级表》，以确保《薪酬职级表》的科学有效性。

2. 利用面试登记表

求职者在填写《面试登记表》的时候，需要填写以往的工作经历中的薪酬待遇，HR 部门需认真分析以往经历、职位和薪酬的匹配性问题，这些都是薪酬谈判的基础信息。求职者在填写《面试登记表》时需写明“期望薪酬”和“最低可接受薪酬”两栏信息，通过这两条信息的对比可以分析求职者的紧急程度，这是企业开展薪酬谈判的法宝。

3. 把握薪酬谈判时机

企业在初试的时候，要避免一开始就和求职者谈论薪资，只有对求职者有充分的了解，同时让求职者对企业及招聘岗位有一定程度的认知，进入复试环节之后才可以谈薪。当双方的沟通还不够时，招聘方盲目说出薪酬数据会降低谈判成功的可能性。

4. 深入研究不同岗位人才供求关系

市场供求是决定人才市场价格的关键要素，对于人才供不应求的职位，人才薪酬待遇会很高；反之，对于人才供大于求的职位，人才价格会低一些，这是人才价值的最核心的市场规律。企业招聘人员要深入分析人才供求关系，只有掌握不同岗位的市场行情和供求关系，才能为企业薪酬谈判留出更多的谈判空间。如果求职者条件优越，那么企业在给薪酬方面必须大方一些；相反，如果求职者只是条件符合人选之一，企业则可以把薪资压低一些并且延后谈论薪资的时间，以获得薪酬谈判主动权。

5. 活用薪酬待遇范围的概念

企业在招聘中常常直接询问求职者的期望待遇是多少，一般而言，求职者都喜欢多要一些。有些企业喜欢在招聘之初就公布职位的薪资范围，如直接在招聘广告中写明，这种做法有利有弊，对于普通大众化职位的影响可能不大，但对于中高级职位来说，公布薪酬有时会对企业造成不利影响。如果求职者询问企业招聘岗位的待遇情况，招聘人员适合采用的方法是，告诉求职者薪酬的范围下限以及中间值，以获得薪酬谈判的空间。

6. 通过有效沟通方式引导实现薪酬预期

企业招聘员工的过程，本质上是"采购"的过程，即以最合理的价格招聘到最合适的人员。企业在谈薪过程中，更重要的是对求职者清晰描述企业的发展前景，薪酬待遇方面具有竞争力和吸引力的地方（企业薪酬特色福利，特别是企业崇尚"多劳多得"的价值观以及企业代表案例），同时将企业薪酬的亮点告诉对方，尽量避免一开始就将企业的薪酬待遇底牌亮出。一个求职者更加心动的发展情景、更加公平的用人机制以及更加科学的薪酬待遇结构，会让求职者提升对企业的满意度，一旦求职者对企业的满意度提升了，对薪酬的期望自然也会降低。要向求职者清晰阐述企业的薪资结构，同时要了解求职者的期望薪资和曾经的薪资，同时要清楚同类人才的社会薪资水平。企业通过全面、充分的调查可实现"知己知彼"，从而掌握谈薪的主动权，在与求职者谈判时，可以降低求职者的心理预期，使求职者主动降低薪资要求。要和求职者清晰阐述企业的报酬不只体现在薪资上，还涉及若干福利，如可以阐述企业"整体薪酬"体系，虽然职务的基本底薪比应聘者的预期低，但是企业的佣金及年终奖比一般企业高，要让求职者看到努力之后的奋斗价值，以增强薪酬待遇的吸引力。在薪酬谈判时要及早掌握求职者最关心的是什么，要了解他们重视的其他条件是什么。对于某些求职者而言，弹性的上下班时间、企业的良好发展平台、良好的发展前景、良好的培训机会、人性化的管理环境、公司能给解决户口等，虽然不是直接薪资报酬，但对于求职者而言可能是更加在意的方面。

7. 善用心理战术

无论是多么紧缺的人才，在薪资谈判阶段都不能操之过急，要充分利用时间的维度来解决问题。人才的薪资预期要求比企业的薪资水平高出很多时，也不要轻易放弃，必要时也要出点难题考一下。例如，有一位经理看上了一位优秀的人才，非常想录用，但求职者的要价很高，自信心太强。于是，其在谈判过程中出了几道专业领域里的尖锐难题，结果求职者答得不好，于是自信心锐减，这样薪资就很快谈下来了。所以薪资谈判是心理战，更是耐力战和智慧战。

8. 谈薪的态度应该诚恳

薪酬谈判的目标不是把薪资压到最低，而是为企业招到最合适的员工。企业如果在谈薪上耍了太多的花招，如误导求职者将来加薪幅度很大，只求把求职者先说进门，这样即使求职者当时勉强接受过低的薪资，以后也会因为薪资确实不符合他们的需求而伺机离开。企业虽然暂时省了些钱，但是将来会付出更高的代价。如果求职者目前的薪资高于企业预定的最高薪资，招聘负责人应该立刻诚实告知求职者，以避免浪费双方的时间。有时候求职者会因为喜欢工作内容等原因，而降低薪资要求。

9. 故意降低法

对于漫天要价的求职者可采用“故意降低法”，在企业认为可行的薪酬范围内选择最低待遇，通过有效引导把求职者可接受的最低待遇“底价”摸清。事实上，如果招聘负责人的招聘经验足够丰富，对于面试人员值多少钱，他心里都是有数的，当求职者把他的底线亮出来以后，招聘人员再进行薪资谈判就轻松多了，如果他同意这个薪资，企业可以采用“多付一点点”的方式来搞定。

10. 务必谈好薪酬待遇，达成君子协议

招聘负责人务必在求职者入职前谈好试用期考核与薪酬待遇的关系（企业

可制定统一的规则并且明示给求职者）。企业不怕高薪高能者，怕的是高薪低能者或者浑水摸鱼者，将这类人招进来，不仅会影响企业的发展，还会降低低能者加盟企业的门槛。

四、薪酬谈判的作用

薪酬谈判在企业招聘、战略管理和成本管理中都有着重要的作用。

1. 薪酬谈判有利于维护企业和员工的共同利益，实现“双赢”

在市场经济条件下，人才资源的配置取决于价值规律和市场供求关系，通过市场竞争和供求双方自由选择的途径而实现。薪酬作为人才价格，是由市场上人才的供给和需求相互作用决定的。由于薪酬具有双重性，即一方面它是产品中所包含的人工成本，另一方面它又是劳动者收入的主要来源，因此，作为人才供求双方的劳动者和用人单位，必然会对薪酬标准问题作出不同的判断，提出不同的要求。这种利益分割上的矛盾，是在用人单位和劳动者相互依赖的总前提下存在的，完全应该通过双方协商，达成薪酬协议，既满足用人单位和劳动者双方的利益，又促进企业的发展。

2. 薪酬谈判制度是劳动法律制度建设和实施的核心内容

在市场经济条件下，企业的发展必须建立在法定的劳动关系基础之上。在现代企业制度中，企业和劳动者双方的劳动关系是通过签订劳动合同而确立的。劳动合同的履行受劳动法律的保护与调节。只有如此，企业生产才能正常进行，劳动者的收入才有保障。薪酬标准问题，是劳动合同中的一项重要内容。只有经过劳资双方平等协商，达成薪酬协议，劳动合同的签订才有实际的价值。

3. 薪酬谈判制是现代企业制度中完善、和谐劳动关系的有力保证

在薪酬问题上实行平等协商，使最敏感的分配问题公开化，条件摆在明处，要求摆在明处，分配形式和分配数额也放在明处，企业和劳动者能及时互相了解和加强沟通，这就避免了争议发生的可能性。薪酬平等协商，可以集思广益，使分配制度更合理、更完善，这就在源头上避免了矛盾和争议的发生。经过协商后形成的薪酬分配方案具有法律效力，双方应依法履行义务和享有权利，一旦发生争议，也能依法妥善调解。

4. 薪酬谈判制度有利于激励员工

在薪酬问题上采取平等协商，让广大员工参与分配制度的设计和改革，让员工知道自己的收入与个人实际贡献、企业的经济效益是紧密联系在一起的，知道自己为什么得这么多，应该怎样才能使自己的收入进一步增长，有利于调动员工的积极性和创造性，提高劳动生产率。

案例实操：HR 必须解决的几大薪酬谈判问题

几乎 80% 的 HR 都遇到了一个超级艰难的问题：候选人要的薪资公司给不了，公司给得了的候选人不接受。候选人面试过程表现很好，进入薪酬谈判时，掌握主动权，但要价超出公司的薪酬范围。HR 不想错过优秀的候选人，但又不想打破公司的薪酬体系，造成企业内部的失衡。有几个常见的问题，HR 在工作中必须解决。

1. 应聘者期望薪酬过高

薪酬谈判要达到两个目标：一是吸引与激励人才，二是保证内部员工的公平，这两点是薪酬谈判的出发点，必须把握好两者的平衡。坚持以内部的标准去进行薪酬谈判，薪酬水平如远远低于市场平均水平的情况下，薪酬一开出来就把应聘者吓跑了，或者经过一轮“拉锯战”后已经接近市场水平，但是应聘者已经在薪酬谈判的过程中产生很大的挫折感，对企业也丧失了原有的信任与信心，最后导致招聘失败。薪酬要体现应聘者本身的市场价值，包括其素质、能力、经验与过往业绩状况。如果候选人经验丰富、能力很强，薪酬水平应相应提高，反之则适当降低。关键看公司的薪酬标准了，看有无弹性。如果真是公司所需的优秀人才，可考虑绿色通道、特批待遇。

2. 回答应聘者询问薪酬底线

在回答这些问题之前，必须要厘定公司给薪的底线和最高上限，但是只告诉应聘者给薪范围的下限及中间值，这样一方面可以替公司筛选掉对薪资有过高预期的应聘者，一方面又保留了谈判空间，遇到经验丰富或者条件极佳的应聘者时，还可以有往上调整的弹性空间。

3. 确定公司薪酬设置的段数分配比率

要根据市场薪酬调研结果，结合公司的薪酬政策确定每个职级对应的薪资区间及基本工资和绩效工资标准。公司可以将每个职级对应的薪资区间划分为员工级、主管级、经理级、总监级、高管级，同一职级的员工根据其不同的能力水平和业绩表现，其基本薪资标准处于薪资区间中的不同位置。

4. 在初试中解开应聘者的薪酬疑惑

整个面试的过程中，是开始谈还是结束谈会比较好一些？对于基础岗位建议可以直接在初试中谈及会提高招聘效率。管理或技术类的则根据面试节奏来安排，您可以在面试过程中了解应聘者的薪资需求，告知大致的薪资区间，从而避免因薪资问题而导致的优秀的人才流失。

5. 高级管理岗位人才薪资范围

管理类岗位的招聘，建议还是应与公司负责人沟通，给出大致的薪资区间，但在很多民营企业里也会存在由老总或领导直接决定薪资水平的情况，针对此类情况先了解应聘者的薪资要求及原薪资情况并将意见反馈给相关人员。

6. 面试过程中薪酬谈判技巧

第一，要注意的是尽量避免摊出所有底牌，这样对公司很不利；第二，可以询问他们目前或上一份工作的薪资，而不要直接问应聘者想要的薪资，这样当对方说出理想待遇而公司又达不到时，容易让对方产生负面影响；第三，不要一开始就直奔薪资的话题，应先对应聘者有足够的了解，如果盲目说出数字会破坏谈判的可能性。

7. 薪酬制度不完善，又需要大规模招人的谈薪技巧

由市场调查和领导敲定一个大概区间，拟定一个试用期工资或者与领导沟通后保证一个大概水平告诉新人不会比同行业低。展现“全面薪酬”，人才职业转换的影响因素是多方面的，包括公司品牌、工作平台、薪酬福利、工作环境等，要提炼出企业尽量多的卖点，逐步展现给应聘者，增强其对企业的信心，提升公司整体的吸引力。

8. 谈薪恰当的时间点

一般薪酬谈判都要经过2–3次以上，而非一蹴而就。在每一次薪酬沟通之后，如果应聘者有异议并要求提升薪酬，不应立即回复，最好有1–2天的时间作为缓冲。让对方知道企业的薪酬调整是需要内部审批的，制造一种“艰辛得来”之感，让对方自动降低期望。当薪酬明显超出公司薪酬标准时，可要求对方提供其原单位薪酬记录，或坚持薪酬底线，中止薪酬谈判，给对方一定的考虑时间，隔一段时间再询问其意向，同时继续物色其他候选人。

第三节 录用面谈

一、录用面谈的内容与存在误区

企业新录用的员工包括两部分，一部分是通过外部招聘获得的新员工，另一部分是经过内部竞聘录用到新工作岗位的老员工，为方便论述，新录用的员工统称为新员工。录用面谈是应聘者已经通过了一系列的面试和笔试，准备加入企业之后而进行的面谈。录用面谈的氛围一般是温馨的，给予新员工家的感觉。

1. 录用面谈的内容

录用面谈主要包括以下几点内容：首先应友善地欢迎，同时介绍同事及环境，并与新进人员做朋友；录用面谈应让新员工多问、多谈，使新员工有主人翁的感觉。录用面谈应让新员工对新岗位有切实的了解，使新进人员有宾至如归的感受；应说明新进人员将面临的问题；最重要的一点要详细说明公司规章制度。对新进人员解释有关公司政策及规章时，必须使他认为对他们是公平的一种态度。假如领导人员对新进人员解释规章，使他们认为规章的存在处处在威胁他们时，那他们对新工作必不会有好的印象。所有公司的政策及规章都有其制定的理由，主管人员应将这些理由清楚地告诉他们。假如把公司的政策及规章制定的理由一开始就详细地告诉了新进人员，他将非常高兴而且承认公司的公正和其重要性。新进人员有权利知道公司的每一项政策及规章制定的理由，因为当一个新进人员在参加一项新工作时，他是着手与公司建立合作的关系，因此越是明白那些理由，则彼此间的合作越密切。去向新进人员坦诚及周到地说明公司政策及其制定的理由，是主管人员的责任，这是建立劳资双方彼此谅解的第一个步骤。

以下几点规章制度和政策需仔细说明，如给薪方法、升迁政策、安全法规、员工福利、人事制度、员工的行为准则。上述政策务必于开始时即利用机会向新员工加以解释。

2. 录用面谈中可能存在的问题

录用面谈一直是新员工首次真实了解企业、认识工作的过程，它的成功与否对后续新员工和组织的其他工作有着重要的影响。由谁来执行录用面谈取决于录用岗位权级的高低。通常录用的是经营管理层的高级人员，由董事长、总经理或人力资源专家顾问来执行；如果是中层管理人员，由分管的公司领导来执行；如果是基层管理人员，由部门主管来执行；如果是普通员工，由人力资源主管执行。以上执行人员应避免在面谈中出现以下误区：

（1）执行者高人一等的心理。主管在与新任职者面谈时若有高人一等的心理，会让新员工感到没有归属感，不愿表达出自己的真实想法，以后的沟通也会受到影响。

（2）滔滔不绝地演说。保证面谈成功的一个关键因素就是倾听。如果主管一直滔滔不绝地演说，而不是倾听、再倾听，新员工会产生陌生感、距离感，无法将自己与组织紧密地联系在一起。

（3）角色定位不正确。若主管角色不明确，把面谈作为自夸的讲台和警示新员工的机会，容易使新员工紧张，产生畏惧情绪，影响工作中才华的发挥。

二、录用面谈的重要性

录用面谈的重要性主要体现在以下几个方面。

1. 促进企业对新员工更深入地了解

企业经过多个流程的选拔才确定了目前的新录用者，但是由于筛选流程中候选者数量多，考察项目也较多，对员工更深层次的信息获取较少，通过谈话可以了解新员工的爱好、兴趣、家庭、婚姻以及思想上有无负担、生活上有无困难等更多在招聘过程中无法了解到的信息。除上述原因外，招聘面试还必须规避一些涉及隐私的内容，所以一部分能在面试交流过程中更深入交流的话题便被省去。录用面谈由于通常在两个人之间进行，话题可以较深入，某些即使涉及隐私的问题，只要对方没有意见也可以进行探讨，如对父母和子女的看法、对代沟的看法、对爱情和婚姻的看法、对纪律和自由的看法、对领导与下属相处艺术的看法等。

2. 促进新员工对企业的了解

新录用的员工虽然在应聘时已经对企业有所了解，但这些了解仍然是十分有限的。录用面谈时，通常气氛比较融洽，新员工可以问一些自己关心的问题，如薪酬、福利、发薪日或者各级领导的姓名、性格、为人以及自己所在部门的概况等。在一些与自身利益密切相关的问题方面，由于应聘时心情紧张，并且当时以能被录用为主要目的，不便直接询问。通过录用面谈，新员工将对自己即将工作的硬环境和软环境有更深入地了解，有利于形成更清晰的认识。

3. 录用面谈能使新员工轻松地上岗、快速地入岗和适岗

无论是新员工，还是中层管理者，被自己应聘的单位录用后，均对新单位有双重的感觉，一是感到快乐，二是感到不安。一方面因为自己竞聘上职位而快乐，另一方面因为对新环境的陌生而不安。录用面谈促进员工快速入岗体现在：首先，企业主管和新员工进行一对一面谈，面谈可以消除彼此之间的隔阂，消除员工不安，愉快地上岗；其次，新员工通过面谈首次真实地了解企业，得到更多关于岗位的信息，包括工作流程、工作设备、周边的工作关系、工作职责、工作中的注意事项、工作中的难点和工作重点等，并自觉地做好主观与客观地调整。适岗使员工感到胜任职位的快乐，能给企业带来效益提高，快速适岗是企业和新员工的共同要求。

4. 为升迁的老员工排除由于岗位变动带来的新矛盾

通过竞聘获取升迁机会的老员工，虽然自己的才华和智慧得到了认可，但工作变迁依然会带来一系列思想问题，如担心老板对自己不够信任、担心新同事不够配合、担心落选的竞争对手对自己有敌意等。这些思想问题如得不到及时的梳理，会增加新员工的紧张感和压力，无法全身心地投入工作，影响工作效率和组织目标的实现。通过录用面谈，面谈主管引导新员工打开心扉畅谈自己的疑问，主管根据实际情况为新员工提供更多的信息和应对问题的合理对策，使员工对自己目前的状况有更加全面、客观的认识，从而帮助员工排解心中的忧虑，解决思想负担。

案例实操：职能面谈品评表及录用单

职能面谈品评表

应征者姓名：　　　　　　应征者职务：　　　　　　部门：

面谈人员签名：　　　　　面谈日期：

※ 请依据面谈中所搜集到的资讯来判断应征者是否具有该行为标准，若符合请于评核项目中标示“○”；反之则标示为“×”。若无法用具体实例来判定其是否具有该职能者则标示为“N”。

表 4–3　职能面谈品评表

评核项目	面谈记录
■ 客户至上 乐于倾听并了解客户的需要 及时提供客户满意的产品和服务 与客户建立良好的关系	

续表

评核项目	面谈记录
■ 团队合作 以诚恳、开放、直接及迫切的态度，沟通及处理问题 发挥团队精神，协助、尊重及信任同事 服从团队决策，全力支持并贯彻到底	
■ 责任感 愿意承担风险，排除万难，达成目标 不推卸责任，不找借口 愿意主动承担本职工作以外的责任 确保整体任务完成	
■ 成本意识 第一次就把品质做好 持续不断降低成本 有效使用各种资源，绝不浪费	
■ 纪律 切实遵守公司作业流程与规定 说到做到 守时守分	
■ 快速学习能力 接受新的工作挑战 不断学习、改进与成长 与时进取，勇于尝试与创新	
※ 职能面谈评等标准说明： A：在所有被衡量职能项目，应征者具有 80% 以上行为指标所定义的正面行为 B：在所有被衡量职能项目，应征者具有 60%~79% 行为指标所定义的正面行为 C：在所有被衡量职能项目，应征者具有 20%~59% 行为指标所定义的正面行为 D：应征者在主要的职能项目中（客户至上、团队合作、责任感）均未能发现任何具体实例来佐证	综合评述： □录取 □建议其他合适职务： □不录取

※ 说明：提报录用时所需文件【职能面谈品评表】+【录用单】+【个人资料表】+【履历资料】

表 4–4 新进人员录用单

<table>
<tr><td rowspan="6">新进人员录用资料</td><td rowspan="2">姓名</td><td rowspan="2"></td><td>员工编号</td><td>（RMD 填写）</td><td rowspan="2">应征职能</td><td rowspan="2"></td><td rowspan="2">人员拨补序号</td><td rowspan="2">（RDM 填写）</td></tr>
<tr><td>到职日期</td><td>年 月 日</td></tr>
<tr><td>最高学历</td><td colspan="3">□博士 □硕士 □大学 □专科
□高中 □中专 □初中 □其他</td><td colspan="2">承认外部工作年资</td><td colspan="2">共 年 月</td></tr>
<tr><td colspan="4">直属主管：
预计报到日期： 年 月 日</td><td colspan="4">单位： 处 / 室 / 中心
部 课</td></tr>
<tr><td colspan="8">工作地点：□ 吴江 □ 上海 □ 东莞 □ 成都 □ 北京 □ 其他
工作时间：□ 8:00–17:20 □其他</td></tr>
<tr><td colspan="8">职务种类：□研发类 □工程技术类 □营运管理 / 行政管理类 □行销业务类
□生产技术类（直接） □其他：
核叙职称 / 职等：</td></tr>
<tr><td rowspan="2">核报薪资</td><td>用人单位建议</td><td colspan="3"></td><td>人力资源部建议</td><td colspan="3"></td></tr>
<tr><td colspan="4">总月薪资（a+b）：RMB
a. 底薪：RMB
b. 职务津贴：RMB
c. 伙食津贴：RMB
d. 经验与技术津贴：RMB
e. 夜班津贴（非固定）：RMB
f. 绩效奖金（非固定）：RMB
g. 全勤奖金：RMB
h. 其他：RMB
※ 核报人签名：</td><td colspan="4">□同意用人单位建议
□建议调整为：
a. 底薪：RMB
b. 职务津贴：RMB
c. 伙食津贴：RMB
d. 经验与技术津贴：RMB
e. 夜班津贴（非固定）：RMB
f. 绩效奖金（非固定）：RMB
g. 全勤奖金：RMB
h. 其他：RMB
※ 核报人签名：</td></tr>
</table>

续表

<table>
<tr><td>签核意见栏</td><td colspan="4">【若核报薪资与起薪标准不符，请说明原因】</td><td colspan="3"></td></tr>
<tr><td rowspan="3">核准栏</td><td>总经理</td><td colspan="2">人力资源部门</td><td colspan="4">用人单位</td></tr>
<tr><td rowspan="2"></td><td>主管</td><td>课长</td><td>督导单位执行/副总</td><td>处级主管</td><td>部级主管</td><td>课级主管</td></tr>
<tr><td></td><td></td><td></td><td></td><td></td><td></td></tr>
</table>

说明：

1. 提报录用时所需文件【职能面谈品评表】+【录用单】+【个人资料表】+【履历资料】

2. 录用权责主管：生产技术员，由部级主管核决；管理师/工程师（含）以下，由处级主管核决；资深管理师/工程师（含）以上，由副总级主管核决；部级主管（含）以上，由总经理核决。

第四节　确定劳动关系

一、劳动关系

劳动关系是存在于社会组织和广大劳动者之间的一种社会经济关系。劳动关系是指人才的所有者与人才的使用者之间在实现劳动过程中发生的关系。劳动关系一般通过签订劳动合同确定。劳动关系的确定对劳动者而言有极为重要的意义，这意味着劳动者可以因此享受到《劳动法》的保护。与一般的法律保护不同，《劳动法》实行的是倾斜保护，简单来说，就是给劳动者更多权利和要求雇主承担更多的义务。国家在劳动法中直接对劳动条件、劳动报酬、劳动时间等劳动标准作了明确的规定。这样的规定，为劳动者的保护划定了底线，雇主只能支付高于最低工资的报酬，而不能低于它，否则，国家将予以制裁。

而如果劳动者不被认定为劳动关系中的劳动者，将得不到《劳动法》的保护。现实中存在大量劳动者本身实际上属于《劳动法》中定义的“劳动者”的范畴，但由于没有签订劳动合同，而难以证明自己的身份和主张自己的权利，因此得不到《劳动法》的保护。签订劳动合同是劳动者的权利也是劳动者的义务，我国《劳动法》特别强调了劳动合同的签订。《劳动法》第十六条规定：“劳动合同是劳动者与用人单位确立劳动关系、明确双方权利和义务的协议。建立劳动关系应当订立劳动合同。”用一句简单的话说就是“有劳动关系就应当有劳动合同”。

正是为了解决这一社会现状，规范用人单位的用工行为，保护劳动者合法权益，促进社会稳定，劳动和社会保障部出台了《关于确立劳动关系有关事项的通知》(以下简称《通知》)。《通知》不仅对劳动关系的认定作了明确的规定，还对事实劳动关系中的无固定期限问题、经济补偿金问题、建筑行业雇工保护及对劳动关系确认的争议处理等九大方面作了充分的规定，应当引起广大劳动者的重视，也应当引起广大用人单位的足够重视。

二、劳动关系的认定原则

从《劳动法》和《劳动合同法》的规定可以看出，劳动关系的认定原则，可以从以下几个方面进行讨论。

1. 劳动关系的主体

《劳动法》和《劳动合同法》规定劳动关系的用工主体主要包括企业、个体经济组织和国家机关、事业单位、社会团体，以及民办非企业单位等组织。认定用人单位的重要依据是其工商登记和行政主体资格。并且基于保护劳动者利益的考虑，现实实务中，某些用人单位不具有合法的经营资格并不影响劳动关系的有效性。用人单位不能以本身不具有有效的经济组织资格而逃避对劳动者承担责任。而劳动者应该是符合国家法律规定的有劳动能力的务工者，只要是符合国家法律关于劳动者年龄的规定，一般情况下是年满十六周岁，以及一些特殊工作法律规定条件，任何自然人都可以成为劳动者，以自己的才能获得劳动报酬。

2. 劳资双方关系

劳动法律关系中，劳动者出卖劳动力从用人单位处换取报酬，并且在劳动关系存续期间，劳动者听从用人单位支配，其人身对用人单位有一定的附属性，遵守用人单位内部的一些规定，服从用人单位的管理。

3. 劳动者在用人单位的组织下劳动

用人单位为劳动者提供劳动条件、劳动工具，用人单位对劳动者统一管理调配，由用人单位承担责任，劳动者只付出劳动，并不享受成果，劳动者的劳动成果由用人单位享受，劳动者从用人单位处获得报酬。

一般情况下，只要符合以上几点规定，就可以认定用人单位与劳动者之间存在劳动关系。但是经济社会生活中，多种多样的劳动关系现实存在，劳动者取证也存在较大困难，给劳动关系的认定带来困局。事实劳动关系并不是一个规范的法律概念，它的出现只能说是一种法律对现实的无奈妥协，这是一种现实存在而法律并没有规定而不得不规范的现象。

三、劳动关系双方主体的认定标准

既然是劳动关系，就会有认定标准。

1. 劳动关系主体的认定标准

想要对劳动关系进行认定，就要对劳动关系的主体进行认定。主体作为一个法律概念，指的是被某一个部门法律所调整的能够享受权利承担义务的参与者。劳动关系的主体是指依照劳动法律的规范要件，参与到劳动关系中享有权利和承担义务的当事人。当然，并不是所有的参与者都能参与到劳动关系中来。劳动关系主体享受权利和履行义务的基础和前提是要具备完全的劳动行为能力和劳动权利能力。

劳动关系主体构成有狭义和广义之说。广义的劳动关系主体包括劳动者、用人单位以及国家机关和工会组织。狭义的劳动关系主体仅仅包括劳动者和用人单位。持劳动关系主体广义之说的学者，受国外劳动关系理论的影响较大，因为在国外工会和雇主协会发挥的作用非常大，政府也被纳入劳动关系的主体。从立法的角度来看，我国的劳动法律法规规定了劳动关系的主体是劳动者和用人单位。

（1）劳动者

《宪法》第四十二条规定“中华人民共和国公民有劳动的权利和义务”，宪法赋予公民劳动是一项义务的同时也是一项权利。在劳动法理论中，就有专家学者认为劳动是一项权利，被称为劳动权。要被认定为劳动关系中的劳动者，此人还应具备劳动行为能力。具备相应的行为能力是能够享受权利和履行义务的基础，具备相应的劳动行为能力是能够进入用工市场的前提。劳动行为能力往往与年龄、智力、健康、行动自由等因素相联系。劳动关系中的劳动者的智力、健康、行动自由应与其从事的劳动相适应，能够适应其完成劳动的需要。那么立法急需完善的就是年龄了。在《民法总则》中，具备完全民事行为能力的公民是十八周岁以上的自然人或者是“十六周岁以上的未成年人，以自己的劳动收入为主要生活来源的”，可见，我国法律是允许十六周岁的人进入人才市场的。在劳动年龄的问题上，下限是比较好确定的，但是劳动年龄的上限确定却是个问题。我国劳动法律法规规定了劳动者的用工年龄和退休年龄，这也成为否认退休人员成为劳动关系主体资格的重要原因。然而随着我国的人口结构发生重大变化，我国正在加速进入老龄化社会，人的健康水平不断提高，越来越多的人在退休后会被原单位返聘或者是自己再从事别的劳动，尽管《最高人民法院关于审理劳动争议案件适用法律若干问题的解释（三）》第七条规定“用人单位与其招用的已经依法享受养老保险待遇或领取退休金的人员发生用工争议，向人民法院提起诉讼的，人民法院应当按劳务关系处理”，但是并没有明确将其纳入劳动关系适格主体的范围。所以在立法中需明确劳动者的劳动行为能力，特别是对劳动者的年龄的完善，只有这样才能适应当前不断出现的新型劳动者的情况。

劳动关系中，劳动者的依附性应该体现在对用人单位在经济上的依附性和人格上的依附性。在进入完全开放的用工市场前，人是完全自由的，进入用工市场的劳动者和用人单位根据自己的意愿选择适合自己的用人单位和劳动者，双方通过平等的协议达成合意，一方用自己的劳动换取报酬，一方通过给付对方报酬实现经济价值。在表面上看，双方是平等的，但是实质上暗含着不平等。这种不平等的突出表现形式就是依附性即从属性，具体表现为：一是用工单位可以单方面地决定工作时间、工作地点、工作任务、劳动条件等；二是用工单位对报酬的数量、支付方式具有一定的自主决定权，但是劳动者获得的报酬与付出是“对价”的；三是用工单位对劳动者在一定条件下具有惩戒权，即劳动者接受用工方的规章制度和管理制度的约束，当劳动者违反用人单位的这些制度，或者给用人单位利益造成重大损失时，用人单位有权对其作出如扣工资、扣奖金、调离工作岗位或者开除等处分；四是劳动者提供的劳动具有专属性，即劳动者是根据用人单位的要求提供劳动的，即这种劳动是“定制”的，一旦脱离用人单位即没有价值。综上所述，在完善劳动关系的立法中，要特别强调劳动者对用工单位的依附性。

（2）用人单位

应从组织性的角度来认定“用人单位”。劳动关系中的另一方当事人在我国立法中称为用人单位。“用人单位”的提法是历史的产物，是为适应我国的计划经济体制而创设的，“单位”一词反映出我国目前的经济还处于转型时期，即国有企业的“单位化”还明显存在，市场经济下劳动关系的雇用与被雇用的特质还未被立法者及人民群众普遍接受。

我国立法是通过列举的方式来界定“用人单位”的。按照法律的规定，我国只有六种形式的“用人单位”，然而社会经济迅猛发展，灵活就业形式多种多样。在今天，人才的使用者不仅有“单位”还有“老板”，如果因为劳动者在用工过程中其合法权益受到侵害，仅仅因为人才的使用者是个人而非“用人单位”，从而使得纠纷的解决不能纳入劳动法的范围来实现，这对于劳动者是不公平的，这也实现不了立法目的。所以对“用人单位”的概念应在立法上予以界定，并重点突出“用人单位”的组织性，而不是直接将“用人单位”认定为组织而非个人，即自然人不具备用人单位这个意义上的人才使用者的资格。

虽然劳动关系是双方基于自愿而形成的一种关系，但是在建立劳动关系后，双方形成了一种依赖与被依赖、控制与被控制、管理与被管理的关系，在符合劳动法律法规的范围内，用人单位有权力对劳动者做工作上的安排并对劳动状况和劳动效果进行监督和控制。如果用人单位不管理劳动者，那么双方之间也就无所谓劳动关系了。

2. 劳动关系的认定标准

劳动关系可分为标准的劳动关系和非标准的劳动关系。标准劳动关系以用人单位和劳动者之间的一种劳动关系、八小时全日制劳动、遵守一个雇主的指挥为特征，法律在调整时也建立了相应的最低工资和最低的社会保险等一系列制度。非标准劳动关系，又被称为非典型劳动关系。非标准劳动关系是与标准劳动关系相区别存在的，是在我国灵活就业与经济体制转轨下产生的一种劳动关系，呈现出诸如非全日制劳动、一个劳动者受多个雇主指挥、劳动报酬领取不固定等特点。非标准劳动关系受雇主的指挥更少，较少依赖雇主，较少利用雇主的资源。事实劳动关系，是指用人单位和劳动者双方对劳动权利和义务达成口头上协议，形成劳动者提供劳动给用人单位，用人单位向劳动者支付劳动报酬的事实上的一种劳动用工关系。

从劳资双方的互动模式及关系来看，从属性或控制性是认定劳动关系的重要标准。从属性即劳资一方对另一方具有从属性，控制性即另一方对一方具有控制性，从属与控制是相对应的。从属是一个涵盖人格从属、组织从属、经济从属、管理从属的系统。人格从属性是指劳动者听令于用人单位，通过对自己人身自由的一定让渡来获取经济收益；组织从属性是指用人单位将劳动者纳入用人单位的组织体系之中，劳动者是用人单位实施组织控制的一部分；经济从属性是指劳动者为用人单位工作，劳动成果归于用人单位；管理从属性是指劳动者接受用人单位的管理和指挥。因当前灵活的用工已经无法找到具备所有从属性的用工了，所以认定劳动关系在于把握好从属性的度，这个“度”应逐步放宽，即劳资双方只需具备了某种从属性就是劳动关系成立的条件之一，而不需要同时具备四种从属性。

劳动关系既是平等的，又是不平等的。在签订劳动合同前，劳动者自由地进入用工市场，自主选择用人单位，然后劳动者与用人单位通过协商达成一致意见，劳动者自愿为用人单位付出劳动，用人单位自愿给付劳动者报酬，这是劳动关系平等的属性，任何通过欺诈、胁迫的方式建立的劳动关系都是非法的劳动关系，不能受到《劳动法》的保护。劳动合同作为合同的一种，应当具备与民事上的合同相同的意思表示，如果仅仅从从属性的角度来认定劳动关系，则会偏离合同的基本性质。虽然我国劳动立法对事实劳动关系给予认定保护，但是这并不是对劳资双方合意的否定，书面劳动合同仅仅是劳资双方合意的一种载体。

3. 合理配置权利义务

权利义务的配置是劳动关系确认的最终落脚点，劳动关系的认定只是解决了劳动权保护问题的第一步，权利义务的配置才是核心。基于对劳动者的倾斜保护，劳动关系认定标准适用当前灵活用工的环境，就需要弹性配置劳资双方的权利义务，因此在立法上，要根据不同的用工形式，配置不同的权利义务，解决立法“一刀切”的问题，向合理区别的方向发展。

第五节　入职和合同签订

一、员工入职及劳动合同签订流程

新员工入职流程主要分为六大步骤：一是入职准备；二是入职报到；三是入职手续；四是入职培训；五是转正评估；六是入职结束。

1. 入职准备

入职准备包括：

（1）人力中心向合格者发送《录用通知书》；

（2）确认新员工报到日期，通知新员工在报到之前来公司，明确报到需注意的事项：所需资料、体检以及其他须知；

（3）通知人事助理新员工报到日期，人事助理准备好新员工入职手续办理所需表单并负责依据《新员工入职通知单》内容落实各项工作；

（4）人力资源部负责安排办公位，申领电脑、电话；

（5）行政部负责发放办公用品；

（6）信息部负责开通邮箱、账号、调试电脑设备等；

（7）办理员工工号及出入登记打卡。

2. 入职报到

（1）人力中心向新员工发放《新员工报到工作单》，并按要求办理入职手续：员工填写《应聘登记表》，并交验各种证件，如一寸免冠照片 3 张，身份证原件或户口复印件，学历、学位证书原件（学生提供学生证原件），资历或资格证件原件，与原单位解除或终止劳动合同的证明，体检合格证明；与员工签订劳动合同、保密协议、职位说明书；建立员工档案、考勤卡；介绍公司情况，引领新员工参观公司、介绍同事；将新员工移交给用人部门；网上发布加盟信息，更新员工通信录。

（2）用人部门负责的工作：负责安置座位，介绍并帮助熟悉工作环境；指定专人作为新员工辅导员，介绍岗位职责和工作流程。

3. 入职手续

填写《员工履历表》；向新员工发放介绍公司情况及管理制度的《制度汇编》，使其具备公司基本工作知识，要求其通过公司内部网络了解进一步情况；按照《新员工入职手续清单》逐项办理入职手续；确认该员工调入人事档案的时间；向新员工介绍管理层；带新员工到部门，介绍给部门总经理；将新员工的情况通过 E-mail 和公司内部刊物向全公司公告；更新员工通信录；签订《劳动合同》。

4. 入职培训

组织新员工培训：相应职能专业技术培训；不定期举行由公司管理层进行的企业发展历程、企业文化、各部门职能与关系等方面的培训。

5. 转正评估

（1）转正是对员工的一次工作评估的机会，也是公司优化人员的一个重要组成部分。

（2）转正对员工来说是一种肯定与认可，转正考核流程的良好实施，可以为员工提供一次重新认识自己及工作的机会，帮助员工自我提高。

（3）一般员工的转正由用人部门和人力资源部进行审批并办理有关手续。

（4）新员工工作实习期满时，由人力资源部安排进行转正评估。员工对自己在试用期内的工作进行自评，由部门经理对其进行评估。部门经理的评估结果将对该员工的转正起到决定性的作用。

6. 入职结束

新员工根据《新员工报到工作单》要求，待各项工作落实后，于试用期结束时，将此表签字后，归档人力中心。《劳动合同法》第八条规定："用人单位招用劳动者时，应当如实告知劳动者工作内容、工作条件、工作地点、职业危害、安全生产状况、劳动报酬，以及劳动者要求了解的其他情况；用人单位有权了解劳动者与劳动合同直接相关的基本情况，劳动者应当如实说明。"

二、入职审查的法律风险和应对

用人单位未履行入职告知义务和不注重入职审查都将给企业自身带来很大的风险。

1. 用人单位未履行告知义务的法律风险

用人单位对应聘人员主动告知是法定的义务。不履行这一法定义务，将影响到劳动合同的效力。根据《劳动合同法》第二十六条的规定，隐瞒真实情况，诱使对方作出错误的判断而签订劳动合同，可以认定为欺诈，因欺诈手段使对方在违背真实意思的情况下而订立的劳动合同可认定为无效劳动合同。对劳动者知情权的轻视，还可能给用人单位带来很大的法律风险，甚至需要承担严重的法律责任。例如，不向劳动者告知职业危害，《职业病防治法》规定要对用人单位处以一定的罚款。

2. 用人单位未严格进行入职审查的法律风险

用人单位招聘过程的简单化、形式化，不注重入职审查，轻视入职审查，将对用人单位用工带来很大风险。用人单位如果在招聘时，对应聘人员的身份、学历、职业资格、工作经历等核查不严格，而应聘人员有弄虚作假的情形的，会导致其无法胜任工作、耗费工资福利待遇、浪费招聘工作管理成本、劳动合同无效等严重后果。最直接的法律风险有以下两个方面：一是不进行入职审查，劳动者以欺诈手段入职的，可导致劳动合同无效。《劳动合同法》第二十六条规定，以欺诈手段使对方在违背真实意思的情况下订立的劳动合同无效或者部分无效。二是招用与其他用人单位尚未解除或者终止劳动合同的劳动者，给其他用人单位造成损失的，应当承担连带赔偿责任。《劳动合同法》第九十一条规定，用人单位招用与其他用人单位尚未解除或者终止劳动合同的劳动者，给其他用人单位造成损失的，应当承担连带赔偿责任。

从以上阐述可以看出，劳动者如果投诉用人单位未履行入职告知义务，或者由于用人单位入职审查不严以欺诈为由解除劳动者的劳动合同，都负有举证的责任。

用人单位告知义务和入职审查的举证技巧和方法有以下几种。

1. 用人单位履行告知义务举证的技巧和方法

操作实务中，从举证角度考虑，用人单位应当以书面形式告知劳动者，并保留相关证据，可以从以下三方面采取告知措施。

（1）在员工入职登记表中声明。在员工入职登记表中设计有关栏目，要求劳动者在单位告知情况后声明：单位已经告知本人工作内容、工作条件、工作地点、职业危害、安全生产状况、劳动报酬，其他情况，签名确认。

（2）在劳动合同中设计告知条款。这是比较省事的办法，如在劳动合同关于甲乙双方基本情况中，可以写明一条："甲方应将有关乙方工作内容、工作条件、工作地点、职业危害、安全生产状况、劳动报酬，以及乙方要求了解的其他情况，向乙方提供招聘简章或向乙方口头告知。乙方在本合同书上签字或盖章，视同已接受甲方告知的上述情况。"合同条款写明用人单位已告知，可以防止因知情权而带来的法律风险。

（3）要求劳动者提供书面声明。即在书面告知或口头告知后，请劳动者签字认可，并保留作为证据。

2. 用人单位入职审查举证的技巧和方法

劳动者的欺诈手段，基本上是提供虚假资料，如假文凭、假证件、假经历等，因此，用人单位应当建立行之有效的入职审查制度，并且适当运用知情权的法律规定。

（1）设置《员工入职登记表》作为证据。表格中列明劳动者与签订劳动合同有关的各个项目，要求应聘人员如实填写，不得欺骗。用人单位应将《员工入职登记表》作为劳动合同的附件，妥善管理和保存，一旦发现员工方面有欺诈行为，就以此作为证据作出处理，该员工不服时，就是最直接有效的证据。

（2）要求劳动者提供相关个人资料留作证据。例如，身份、学历、资格、工作经历等信息是否真实；是否存在疾病、残疾、职业病等；应聘人员是否年满十六周岁或是否退休享受养老保险待遇的人员；是否与其他单位签订有未到期的劳动合同；是否与其他单位存在竞业限制协议；如果招用外国人，是否办理外国人就业手续。特别在招用有从业经历的劳动者时，应该要求其提供与前单位的解除或终止劳动合同证明，并保留原件。如尚未解除劳动合同的，要求其原单位出具同意该员工入职的书面证明。同时，还应该要求有从业经历的劳动者承诺未承担竞业限制义务，并向原单位进行核实，以免发生不可预测的诉讼风险。

（3）在劳动合同中设计条款以备作为证据。为了规避出现入职审查不严带来的法律风险，可以在劳动合同中约定："乙方应当按照甲方要求提供可验证的居民身份证或其他有效身份证、学历证书、职业资格证书的复印件，以及最后服务单位的离职证明、婚姻生育证明、甲方指定医院的体检证明等相关资料，并将有关与本劳动合同直接相关的基本情况，按甲方提供的《员工招收登记表》，由本人如实填明并作为劳动合同的附件。”这就将提供合法身份证件和其他证件的责任，加在应聘人员身上，一旦事后出现问题，还可以采取措施进行补救，不但可以减少损失，还可以动用法律武器制裁欺诈者。

（4）建立职工名册并保留作为证据。《劳动合同法》第七条规定：“用人单位自用工之日起即与劳动者建立劳动关系。用人单位应当建立职工名册备查。”由此可见，建立职工名册是用人单位的法定义务。要求用人单位建立职工名册备查的目的在于解决劳动者在发生劳动纠纷时举证困难，难以证明双方劳动关系的存续情况，有这个规定，由于职工名册是由用人单位掌握和管理的，用人单位就负有举证义务了。

《劳动合同法实施条例》第八条对“职工名册”应当包括的内容做了具体规定：“劳动合同法第七条规定的职工名册，应当包括劳动者姓名、性别、公民身份号码、户籍地址及现住址、联系方式、用工形式、用工起始时间、劳动合同期限等内容。”看来，按照《劳动合同法实施条例》第八条规定建立职工名册绝不是一件小事，没有职工名册的，有职工名册却没有规定项目和内容的，是要承担不利法律后果的，甚至要受到行政处罚。《劳动合同法实施条例》第三十三条规定：“用人单位违反劳动合同法有关建立职工名册规定的，由劳动行政部门责令限期改正；逾期不改正的，由劳动行政部门处2000元以上2万元以下的罚款。”

职工名册的证据力实际上对用人单位和劳动者双方都具有重要作用。对那些不辞而别的职工，职工名册就是用人单位向他追索赔偿的重要证据；而从职工方面来说，职工名册是用人单位和他存在劳动关系的最好证明。当然，对劳动行政部门执法检查者来说，职工名册是首先必须检查的资料。

三、合同签订

新入职员工必须要与用人单位签订书面的劳动合同。《劳动合同法》第七条规定用人单位自用工之日起即与劳动者建立劳动关系。第十条规定建立劳动关系，应当订立书面劳动合同。已建立劳动关系，未同时订立书面劳动合同的，应当自用工之日起一个月内订立书面劳动合同。用人单位与劳动者在用工前订立劳动合同的，劳动关系自用工之日起建立。第八十二条规定用人单位自用工之日起超过一个月不满一年未与劳动者订立书面劳动合同的，应当向劳动者每月支付二倍的工资。《劳动合同法》同样也规定：

第十九条　劳动合同期限三个月以上不满一年的，试用期不得超过一个月；劳动合同期限一年以上不满三年的，试用期不得超过二个月；三年以上固定期限和无固定期限的劳动合同，试用期不得超过六个月。

同一用人单位与同一劳动者只能约定一次试用期。

以完成一定工作任务为期限的劳动合同或者劳动合同期限不满三个月的，不得约定试用期。

试用期包含在劳动合同期限内。劳动合同仅约定试用期的，试用期不成立，该期限为劳动合同期限。

第二十条　劳动者在试用期的工资不得低于本单位相同岗位最低档工资或者劳动合同约定工资的百分之八十，并不得低于用人单位所在地的最低工资标准。

第二十一条　在试用期中，除劳动者有本法第三十九条和第四十条第一项、第二项规定的情形外，用人单位不得解除劳动合同。用人单位在试用期解除劳动合同的，应当向劳动者说明理由。

以上是新员工入职时应了解的与合同劳动相关的法律知识。

常见的试用期的三大法律问题如下。

1. 用人单位与劳动者直接签订试用期合同的做法是否合法

根据《劳动合同法》的相关规定，试用期包含在劳动合同期限内。劳动合同仅约定试用期的，试用期不成立，该期限为劳动合同期限。据此规定，用人单位与劳动者约定试用期条款的前提首先是同时约定了长于试用期期限的劳动合同期限，如没有此前提，则双方就试用期的约定即使有协商的合意存在，也无法生效，反而会产生试用期期限“被视为劳动合同期限”的效果。

2. 试用期工资与"转正"后工资的法律关系

根据《劳动合同法》的相关规定，劳动者在试用期的工资不得低于本单位相同岗位最低档工资或者劳动合同约定工资的百分之八十，并不得低于用人单位所在地的最低工资标准。据此规定，且抛开"本单位相同岗位最低档工资"与"用人单位所在地最低工资标准"不谈，仅讨论劳动合同约定工资与试用期工资之间的关系，发现两者之间存在必须满足的法律要件，即"劳动者在试用期的工资不得低于劳动合同约定工资的百分之八十"，而非可以由用人单位和劳动者随意就两个数额进行自主约定。换句话说，如果双方就试用期工资的约定数额未达到劳动合同约定工资的百分之八十，用人单位即可能面临被员工要求承担"未足额发放劳动者劳动报酬"的法律责任。

3. 以"不符合录用条件"为由解除劳动合同是否需要时间前提

《劳动合同法》第三十九条规定，在试用期间被证明不符合录用条件的，用人单位可以解除劳动合同。根据此条规定，用人单位以劳动者试用期不符合录用条件为由解除劳动合同的时间前提有两项：一是用人单位与劳动者约定了合法有效的试用期；二是劳动者正处于试用期。两者缺一不可。

除以上探讨的法律问题外，劳动者在签订劳动合同时还需注意以下两个方面的问题：

一是查明必备条款。如了解用人单位的名称、住所和法定代表人或者主要负责人；了解工作内容和工作地点，以防止日后用人单位不合理地调岗和变更工作地点；了解工作时间和休息休假，确保自己定额内及定额外的劳动均可获得法定对价；了解劳动报酬及社会保险，防止日后在劳动报酬、休假工资、经济补偿金基数计算等方面，陷入举证不利；了解劳动保护、劳动条件和职业危害防护，对已有或潜在人身危险及风险有足够把握；了解法律、法规规定应当纳入劳动合同的其他事项。

二是看清劳动纪律。根据相关法律规定，劳动者严重违反用人单位的规章制度的，用人单位可以解除劳动合同。但何谓"严重违反用人单位的规章制度"，法律法规均未作出具体规定和细化，而是要求用人单位在企业规章制度中加以明确和界定。因此，不同的用人单位对“严重违纪”的界定多多少少会存在不同，尤其是一些特殊行业或企业，往往对内部员工存在一些特殊的行业或企业要求。

第五章
转正：招聘结果跟进

本章要点提示：

新员工试用期评价

试用期转正流程

提升试用期员工留存率

转正作为招聘的重要结果，是对招聘的效果肯定。本章将阐述转正的具体方法和流程。转正更重要的意义在于评估，是对企业用人的权利义务的界定。本章同时也介绍提高留存率的方法。

第一节　新员工试用期评价

一、试用期评价和考核策略

试用期是招聘录用的延续，对试用期的评价仍然是招聘过程中重要的一环。

1. 试用期评价内容

根据招聘结果，新员工进入企业将会开始一段试用期，试用期结束之后相关部门负责人会根据新员工在试用期的表现对其进行评价，对新员工试用期的评价一般都会用到试用期考核与评价表。试用期作为对新员工入职后的考察培养期，是企业向新员工介绍企业概况、工作流程、根据企业要求塑造新员工行为方式的过程，同时也是新员工熟悉、适应、接受企业环境和文化，了解自身工作职责，掌握有关知识与技能，尽快适应岗位工作需要，发挥自己才能的过程，对员工个人和企业发展都起着十分重要的作用。

新员工试用期评价一般包括以下几点内容：工作绩效、工作态度和工作能力，具体包括知识技能、团队建设、自我认知、人格特质、个人动机；专业知识的掌握、资讯收集能力、熟练使用计算机和网络、持续学习的能力；表达能力、沟通能力、团队合作能力、管理和领导能力、独立性、执行力、应变能力、逻辑思维能力；谨慎性、自控力、自我反省、工作态度、情绪管理能力、进取心、对自己的职业生涯有明确规划；积极乐观、抗压性、诚实守信、责任心；企业忠诚度、团队使命感、对获得成就的渴望程度。通过试用期考核的新员工才会成为企业的正式员工。

2. 试用期考核原则和策略

新员工试用考核期应坚持必要的原则和基本理念：要加强新员工考核重要性的认识；整个试用期要先建立健全考核的流程、方式方法和考核标准，再严格按照具体要求落实执行；明确新员工试用期间用人部门与人力资源部门之间的责任协调配合；重视整理归纳新员工试用期的考核结果，并作为员工岗位配置的重要依据。

具体的试用期考核策略应有以下内容：

（1）需要明确各业务部门在新员工试用期考核中的职责。对人力资源管理部门来说，需要建立新员工试用期管理考核制度，为新员工办理入职、转正等相关手续，协助研发部门制定新员工试用期考核标准并组织实施考核工作；各部门的职责是制定明确、可量化的新员工试用期考核标准，为新员工配置指导上级，按期检查和督促指导上级完成新员工的试用期培养计划，配合人力资源管理部门提供考核相关资料。通过明确职责，确保整个试用期考核工作责任明确，避免在发生问题时各部门和人力资源管理部门出现职责不清、界限不明和推诿扯皮的现象。

（2）为新员工在试用期按“一对一”的方式配置指导上级。通常由人力资源部门组织各部门具有优秀经历、丰富工作经验的老员工一对一担任新员工的职业指导上级。指导上级应全面负责对试用期的员工进行帮扶、指导，制订周期性的指导计划，迅速帮助新员工熟悉企业环境、规章制度；帮助新员工强化在入职培训阶段学到的岗前知识技能；要结合具体的工作岗位指导新员工快速熟悉岗位要求、工作流程、技术标准等内容；参与到新员工试用期间的工作能力、态度、个人业绩等方面的考核。指导上级的工作风格、生活习惯、思想态度将在一定程度上影响到新员工的表现与发展。

（3）明确试用期考核的管理标准和相关责任人。企业在试用期考核过程中，需要引导新员工快速融入企业、胜任岗位、创造价值。对于如何在试用期开展考核管理，首先应组织制定严谨的管理标准，结合岗位设置不同比例的权重。考核内容主要针对以下三个方面展开。

一是工作态度。态度代表的是新员工面对工作环境与工作任务所表现的价值观与成就动机。态度指标涉及事业责任心、行动积极性、组织纪律性三个方面。责任心主要考察新员工是否能认真负责地完成职责内工作；积极性主要考察其能否积极主动完成工作任务并承担上级交办的临时性工作；纪律性主要考核其遵守规章制度的情况。

二是工作能力。工作能力就是希望新员工完成工作业绩所体现的能力。各部门应针对岗位至少设置四个维度的考核指标：第一是学习理解能力，考察新员工是否具有较强的学习理解能力并能结合工作实践；第二是团队协作，重点考察其与团队成员的协作配合程度；第三是工作质量，通过交办工作任务的差错度体现；第四是工作效率，考察其是否能按节点完成相应工作。同时，需要明确考核管理的相关责任人，积极引导新员工尽快融入工作环境。人力资源部作为考核行为的执行部门，需要对各部门就新员工的培养和管理工作进行监督和协调，各部门负责人则需要对指导上级的指导内容和指导效果开展评价。

三是落实考核机制，加大考核力度，让奖励和处罚并轨运行。新员工的试用期应注重体现人性化奖惩激励政策。可在试用期结束后结合具体的考核评分结果，组织开展“优秀新员工”等活动表彰，让表现突出的新员工能第一时间感受到组织的重视，在精神和物质的双重奖励中信心倍增；同时对于表现出色的优秀新员工指导上级也要进行科学合理的考核和奖励，与绩效工资挂钩，或成为年终考核的加分选项，指导上级可享受更加丰厚的物质奖励，也可作为提拔、晋升、竞聘等不同活动的重要考核依据。只有规范考核，才能合理选用人才，为企业赢得更大的人力资源发展空间。同时，试用期考核应注意防范法律风险，避免因考核工作开展不当产生不必要的劳动争议。

3. 新员工的试用期绩效考核方法

绩效管理是综合管理组织绩效和员工绩效的系统。这种观点指出，应当把深度发掘员工潜力，提升绩效作为绩效管理的重点目的，从而提升企业的整体效益。绩效管理模型注重目标设置过程和具体行动合理利用时间。绩效评价是绩效管理中不可或缺的重要组成部分。绩效评价被称为结果导向的评估，不仅要对公司整体的战略目标进行评估，还要对目标的结果进行评估。对新员工的绩效考核主要可用以下两种方法。

（1）关键业绩指标法

KPI 是指在制定员工的考核项目时，选取员工工作内容中的一些关键的、紧密结合组织目标的事件来考察员工的绩效，而不是将员工所有工作内容全部罗列出来，这样可使员工工作时更有方向和重点，并且能够实现绩效考核对实现组织目标的促进作用。

（2）360 度反馈考核法

360 度反馈考核法又称“全方位评估”或者“360 度评估考核法”。最初是由美国的著名企业英特尔公司提出来并率先实施的。这种方法是在传统的上级考核下级的基础上，从与被考核者有直接工作关系者那里获得被考核者的信息，并由此对被考核者进行全方位多维度的绩效评估的过程。这些与被考核者有直接工作关系者包括直接上级、直接下属、平级同事、相关客户、被考核者本人。不同的评估主体参与评估的优缺点如表 5-1 所示。

表 5-1　不同的评估主体参与评估的优缺点

评估主体	优　点	缺　点
上级	对评估内容比较熟悉；容易获得评估客体的工作业绩；利于发现员工的优缺点，使员工培训、能力开发、职业生涯设计更加切合实际	无法了解自身监控外的员工的表现，易造成以偏概全；受个人偏好与心理影响，易产生偏松偏紧倾向或定式思维
同事	接触频繁，评估更加客观全面；利于提高工作热情和协作精神；易发现深层次问题，提出改进方向	工作量大，耗时多；易受私心、倾向、感情因素、人际关系等的影响
自我	对自身有更清楚的认识，评估更为客观；利于增强参与意识，提高工作热情；利于对问题等达成共识，降低抵触情绪	易于高估自己；易夸大成绩，隐瞒失误；善于为自己寻找借口开脱

续表

评估主体	优 点	缺 点
下级	利于管理的民主化；使员工有认同感，从而调动工作积极性；利于发现上级工作的不足，使其改进工作方式；形成对上级工作的有效监督，使其在用权时有可能有所制衡	自身素质的限制，易拘泥于细节；担心上级的打击报复或为取悦上级只说巧话不讲缺点；导致上级为取得下级的好评而放松对其的管理
相关客户	所受干扰少，评估更真实客观；利于强化服务意识、提高服务能力；利于发现自身优劣势与潜在需求	操作难度大；耗时久，成本高；评估资料不易取得

这种考核方式打破了传统的自上而下的考核方式，可反映出不同相关人员对同一员工的看法，使管理层获取到更加准确的信息，也有利于提升被考核员工多方面的能力。

二、试用期存在的问题

目前，大多企业对新员工均实行一定期限的试用期或见习期，也形成了一定的管理方法和模式，如对新入职大学生进行短期的入职培训，入职后先分配到各部门试岗，等等。但总体来说还不够科学、系统和规范，还没有完全达到帮助新员工用最短的时间度过适应期，快速、顺利地融入工作的预期效果。因此，还需要认真研究和分析当前新员工试用期管理工作中存在的问题和不足，加以改进和完善。

1. 没有形成系统规范的管理办法

由于对新员工试用期间的管理没有成型的制度办法，往往造成对新员工的培养和管理工作流于形式，没有一个系统规范的培养目标和流程规划。新员工入职后，通常经过短期的入职培训后就直接安排到基层一线工作了，因为“试用”或多或少地存在临时观念，对试用期间的岗位分配和培养比较简单、随意，对其成长和培养关注较少，只是简单地安排跟岗学习或者做一些日常性、临时性的工作，对员工整个试用期间该培训学习哪些方面的内容，掌握什么样的业务技能没有具体的目标和标准。这样一方面不能使新员工发挥主观能动性，尽快地学习和掌握相关业务知识技能，更好地胜任岗位，融入工作中；另一方面也会使新员工感觉得不到足够的关怀和重视，容易产生心理落差，造成人才流失的后果。

2. 没有科学的考核评价体系和淘汰机制

由于缺少科学化、制度化的考核评价措施，很多情况下，试用期成为新员工正式入职前的一个走过场的程序步骤，仅仅由所在单位出具简单的综合鉴定、逐级审批，就顺利通过转正了，而对新员工是否真正学习到足够的业务知识技能，是否真正达到上岗条件、很好地适应工作需要，没有一个具体的评判标准，造成“试用”之后不一定“适用”，没有真正建立优胜劣汰的机制。另外，由于缺少统一标准和量化的考核，也使人力资源管理部门不能真正了解新员工的现实表现和能力素质，科学合理地评定新员工的试用期考核等次，为领导决策新员工的正式分配和使用提供可靠的依据。

3. 基层重视不够，老员工传、帮、带的作用发挥得不明显

由于没有系统规范的管理制度和明确的培训目标要求，造成基层单位部分领导对新员工试用期培训工作重视不够，认为新员工熟悉环境、投入工作需要的只是时间，以为实践出真知。不能确定每次培训费用投入后的产出情况，并提出下一次的培训计划。

三、提高试用期管理能力

现代人力资源管理理论已逐渐成熟，人力资源管理的重要性也越来越明显。对试用期的管理更是人力资源管理较为重要的一环，重视挖掘试用期管理数据，分析试用期人员规律，有效利用人力资源管理数据作为企业制定试用期策略的数据支撑。

1. 增加培训经费投入

企业培训经费不足的问题会影响企业的长期发展，成为制约企业进步和人力资源开发的主要因素。在今后的发展进程中，必须解决企业培训经费不足的问题，在确保按规定提足用好培训经费的同时，筹集更多的资金用于员工培训，把培训费的投入当作一种重要的投资来认识。

2. 规避培训风险

提高员工素质是培训工作的目的所在，但员工技能的提高又为其“跳槽”提供了条件，这一“投资”风险应该引起注意。为了规避风险，应该采取以下措施：一是把制度改革与培训紧密结合起来，变“要我学”为“我要学”，使各方面的人才工作“有干头”，事业“有奔头”；二是要树立新型的人才观，各类人才对自己的劳动应该有待价而沽的权利，在条件成熟的时候，可以用谈判的形式确定重要岗位人员的工资；三是要真正形成尊重知识、尊重人才的良好氛围，以感情、事业、适当的待遇留人。

3. 建立促进培训发展的配套措施

首先，要加强对培训的综合管理工作，包括对培训经费的管理、培训建设的管理、培训设施的配备等；其次，要建立培训管理的激励机制，将培训、考核与岗位工资结合起来，以此作为确定工资及职务升迁的依据之一，激励员工积极参加各种学习培训，提高职业技能，充分挖掘发挥其潜能，企业员工共促发展、实现双赢。

试用期考核评价通过会使用一定规格的试用期考核与评价表。下表就是常用的试用期考核与评价表的例子。

表 5–2　试用期考核与评价表

<table>
<tr><td>姓名</td><td></td><td>单 位</td><td></td><td>部 门</td><td></td><td>岗 位</td><td></td></tr>
<tr><td>入职时间</td><td colspan="2">______年______月______日</td><td>试用期限</td><td colspan="4">______年______月______日至______年______月______日</td></tr>
<tr><td colspan="8">（1）招聘录用条件考核</td></tr>
<tr><td colspan="4">是否具有虚假信息，欺骗、隐瞒行为，体检不合格等</td><td colspan="4"></td></tr>
</table>

续表

（2）综合能力考核			
考核项目	考核内容	说　明	评价结果
工作业绩	工作目标完工程度	是否出色完成每日的工作，达到目标	
	工作效率	是否能及时按计划完成各项作业任务，时效性高	
	工作质量	是否能确保工作质量	
工作态度	积极性	是否热爱公司给予安排的工作岗位，用高标准做好职务范围内的工作	
	纪律性	是否遵守公司各项规章制度及上级指示，忠于自己的岗位，表里一致地进行作业	
	团队意识	团队内部沟通的能力及意识	
	责任感	自觉把握在工作中的角色，遇到困难不屈不挠完成工作的意志，对自己的工作行为表示负责的态度	
	出勤率	试用期间能否按时在公司规定时间上班，并保持较高的出勤率	

续表

工作能力	基本知识、技能	掌握试用期内所在岗位应具备的知识、技能	
	执行能力	能否理解工作要求，动手、实操力强，处理灵活，独立承担本职工作范围内的工作任务	
	学习能力	勤奋好学，努力学习各项与工作相关的工作技能，更好地完成工作任务	
	表达沟通	能否根据对方的心理，抓住重点，巧妙地使人接受意见	
综合评价及建议			
知悉并同意以上试用考核 被考核人签字：			
试用期转正评价及审批			
员工自评	员工对自己试用期的表现、公司的建议及意见： 员工签名：		

续表

<table>
<tr><td colspan="3">领导审批意见</td></tr>
<tr><td rowspan="5">试用期
转正情况</td><td>□ 试用期不合格</td><td>注：试用期不合格者，辞退并结清全部工资（工资结算方式，按公司规定）</td></tr>
<tr><td>□ 延期转正</td><td>延迟至____年____月____日转正，若在此期间依然不合格，给予辞退处理</td></tr>
<tr><td>□ 按期转正</td><td>从：____年____月____日转正，转正薪酬：□按合同约定 □另行约定__________</td></tr>
<tr><td>□ 提前转正</td><td>从：____年____月____日转正，转正薪酬：□按合同约定 □另行约定__________</td></tr>
<tr><td>□ 建议转岗</td><td>____________单位________部门________岗位</td></tr>
<tr><td>部门负责人意见</td><td colspan="2">签名：</td></tr>
<tr><td>部门分管领导意见</td><td colspan="2">签名：</td></tr>
<tr><td>公司总经理/总监意见</td><td colspan="2">签名：</td></tr>
<tr><td>人力资源部意见</td><td colspan="2">签名：</td></tr>
</table>

续表

集团分管领导意见	签名：
集团总经理意见	签名：
董事长意见	签名：
注：1. 此表为试用考核和转正评价及审批表，在入职时需告知录用人员并签字确认后进入员工档案； 2. 办理转正时人力资源部、办公室取出该表，按该表说明进行评价和审批； 3. 员工转正时须另递交书面工作总结，并在该表自评后，由相关领导进行评价。	

第二节 试用期转正流程

一、试用期转正流程

新员工通过了试用期的考核之后，将会进入试用期转正的流程。转正是对员工的一次工作评估的机会，也是公司优化人员的一个重要组成部分。转正对员工来说是一种肯定，转正考核流程的良好实施，可以为员工提供一次重新认识自己及工作的机会，帮助员工自我提高。下面将具体介绍一般公司的转正的全部流程。

首先，人力相关部门需要在试用期满前5天（不同企业有几天的延迟或提前），通知员工办理转正审批手续，发放《试用期员工转正申请表》；其次，员工填写《转正申请表》，并进行工作小结和个人自评。部门经理进行试用期员工的考核评估；人力资源部对转正评估人员填写《员工转正审核表》；人力资源部负责核算转正人员成绩，确定员工是否转正；人力资源部门签字，总经理审批；总经理同意转正，按期成为公司正式员工，若总经理不同意延长试用期则直接辞退。

一般还有特殊情况的规定和处理。第一是提前转正，新员工试用期为两个月，其表现突出或者优秀可由部门主管提出提前转正的申请，审批流程同正常转正流程；第二是试用期满，未按规定办理转正审批手续的，试用期自动延长至审批手续办理结束之日。

流程名称	转正流程	编码		受控状态	
		执行核心部门	用人部门	控制部门	管理部部长
实施环节	用人部门	试用期满新员工	管理部	总经理	
管理行为					

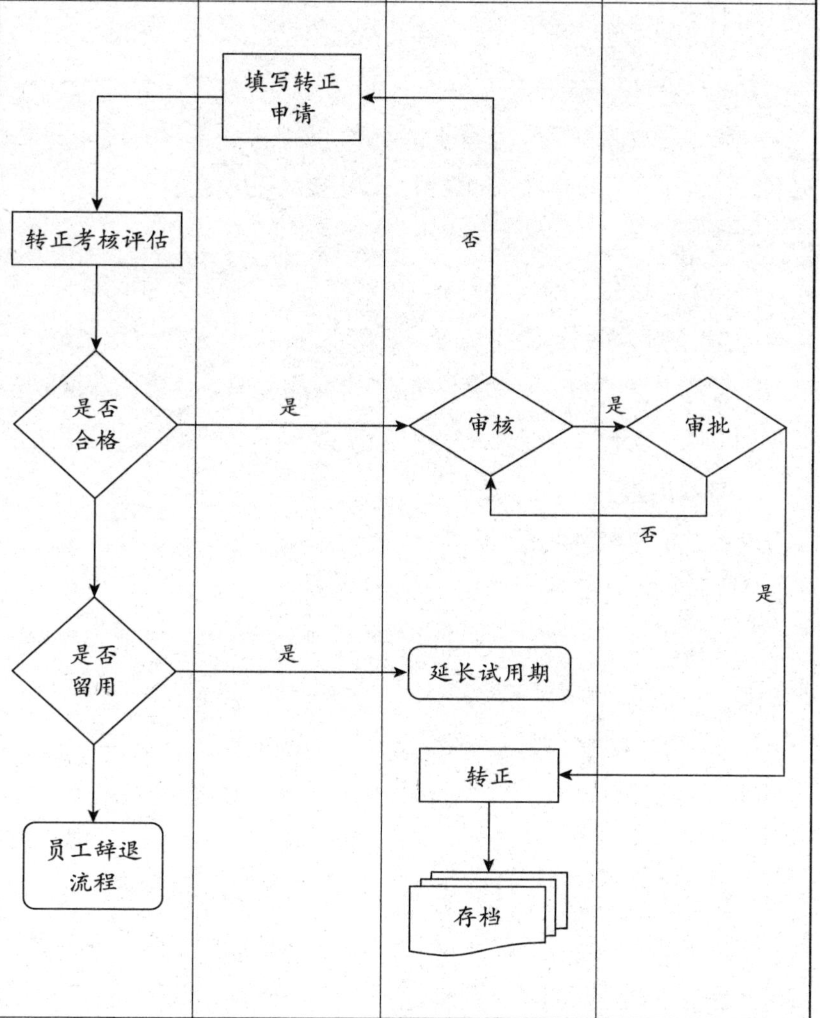

编制/日期	审核/日期	批准/日期

图 5-1　转正流程图事例

二、新员工试用期考核的程序实例

新员工试用期考核程序包括以下几点。

1. 目的

（1）完善现有考评体系，明确公司价值导向，不断增强公司的整体核心竞争力；

（2）通过对试用期员工的考核沟通，使其尽快了解公司，明确岗位职责，融入公司文化，并为新员工的去留及转正定级提供依据。

2. 定义

试用期是指在劳动合同期限内所规定的一个阶段试用时间段，在此阶段，用人部门可全面考察被录用员工是否真正符合聘用条件，满足公司岗位需求。同时被录用者也可进一步了解公司的工作条件及环境，自己能否适合或胜任所承担的工作，从而决定是否继续保持劳动关系。

3. 基本原则

考核要坚持实事求是、客观公正、德才兼备的原则，注重工作实绩和拟任岗位相关的实践经验。

（1）实事求是原则：考核要以日常管理中的观察、记录为基础、定量与定性相结合，强调以数据和事实说话。

（2）区别对待原则：相对于正式员工的绩效考核而言，对于试用期员工的考评是综合考评，需要对其任职状况、工作态度和工作绩效做全面的评价。

（3）效率优先原则：对于考核结果、证明不符合录用条件或能力明显不适应工作需求、工作缺乏责任心和主动性的员工要及时按规定中止试用期。用人部门未按公司规定而随意辞退员工或符合公司辞退条件而未及时提出辞退建议，致使造成不良后果或不良影响的，相关人员必须承担管理责任。

4. 考核责任

本部门及相关部门同事、直接上级、人力资源部共同承担考核责任。原则上，直接上级为一级考核者，对考核的公正、合理执行负责；本部门及相关部门同事为二级考核者，主要负责反馈；人力资源部为三级考核者，对考核进行监督、指导。

5. 考核内容及办法

（1）考核主要由思想态度、道德品质、组织纪律、专业技能、文字综合能力、组织管理能力、工作态度、工作效率、工作业绩以及用人部门确定的考核内容等方面的要素组成。在考核中，被考核人员在试用期间，有下列情形之一者，即解除劳动合同。

a. 发现与招聘职位任职资格条件不符、有弄虚作假行为者；

b. 违反国家法律、法规，并受到处罚者；

c. 工作不负责任，推诿扯皮，消极被动，贻误工作，造成一定损失及后果者；

d. 业务素质差、工作能力弱、不胜任本职工作，经常完不成工作任务者；

e. 工作态度不端正，玩忽职守，有失职、渎职、营私舞弊、弄虚作假、骗取荣誉等行为者；

f. 违反职业纪律、违背职业道德，以职务之便谋取私利，造成一定影响者；

g. 纪律涣散，经常无故迟到、早退，工作时间擅离职守者；

h. 不服从工作安排，影响正常工作秩序者；

i. 思想作风不正，造成不良影响者；

j. 因病长期不能坚持正常工作者；

k. 本人自愿放弃录用资格者；

l. 因其他问题不适合录用者。

（2）考核内容

a. 日常工作表现

考核时间：新员工每日下班前半小时进行考核、新员工试用期的每月25 日。

考核形式：理论考核、岗位技能考核、现场实操及提交《月度工作总结》。

考核办法：入职前 10 天完成岗位试题笔试部分，领班进行批阅并打分，每日领班自主出题进行考核并打分记录。入职满20天新员工进行闭卷考试，考试合格新员工进行下阶段培训学习。另外，新员工试用期每个月必须按时提交《月度工作总结》，真实反映月度工作情况，由新员工直接上级对新员工月度表现出具评价意见（优秀、良好、合格、不合格）。第六个月提交《转正工作总结》，综合反映试用期工作内容及成绩。

b. 转正综合评估

6. 转正审批

（1）试用期新员工须在试用期满一个月前（第五个月）提出转正申请。一线员工可以申请提前转正。

（2）作为审批参考的材料有：岗位试题、每日考核成绩、《月度工作总结》、培训考勤、《试用期综合考评表》。

（3）具体审批新员工转正时，应注意以下几点：

试用期员工转正审批结果应为：提前转正、按期转正、有条件转正（降低薪酬级别、调岗等）、延期转正、试用不合格五种。

日常工作表现考核结果体现为：优秀——相对于试用期而言各方面都表现突出，尤其是工作绩效方面已经远超出了试用期员工的要求；良好——各方面基本满足对试用期员工的目标要求；合格——对试用期来说，还存在较大完善空间；不合格——达不到对试用期员工的基本要求。

第一、第二月度的笔试、现场操作连续为“不合格”，视为试用期不合格，不再聘用；所有《月度工作总结》中若累计出现三次“注意”或“不合格”，视为试用期不合格，不再聘用。

新员工当月《月度工作总结》为“合格”或“不合格”的，不能参加公司当月任何评优活动。“转正综合评估”考核结果体现为百分制，80分以下视为试用期不合格，80（含）~90分（不含），应考虑以调岗、加强培训等形式有条件转正，90分以上按期转正。

7. 反馈责任

考核责任人必须就考核结果向被考核者进行正式面对面的反馈沟通，内容包括肯定成绩，指出不足，改进措施，共同制定下一步学习工作目标或改进计划。反馈是双向的，考核者应注意留出充足的时间让被考核者发表意见。考核者和被考核者双方都对考核结果负有反馈、沟通的责任。

8. 投诉责任

反馈时，被考核者如果不认可考核结果。在与考核者进行沟通后不能达成共识，可向人力资源部投诉。投诉的受理者须在一周内作出处理，并将处理意见反馈给投诉人。

9. 薪酬

试用期员工的职位及薪酬级别的主要决定依据为对其试用期的综合评定结果，参照公司岗位描述，薪酬方案执行。

10. 相关表格

包括员工述职报告，对绩效计划 / 评估结果的意见，员工技能考核结果量化表。

案例实操：新员工试用期管理办法

1. 目的

为规范新员工在试用期的行为，让新员工尽快熟悉工作环境，了解公司的企业文化，明确岗位要求，为公司筛选出符合岗位要求的员工，特制定新员工试用期管理办法，并为试用期结束的员工的去留及转正定级提供依据。

2. 定义

试用期是指在劳动合同期限内所规定的一个阶段试用时间段，在此阶段，用人部门可全面考察被录用员工是否真正符合聘用条件，满足公司岗位需求。同时被录用者也可进一步了解公司的工作条件及环境，自己是否适合或胜任所承担的工作，从而决定是否继续保持劳动关系。

公司所有编制内新员工试用期为 1~3 个月。

3. 范围

本制度规定了新员工试用期的管理职责、试用期考核和转正等方面要求。

4. 职责

（1）办公室负责新进员工试用期管理的有效监控；负责新员工转正手续的办理及审批、试用期离职等各项手续的办理及审批。

（2）组长负责新员工上岗试用阶段的工作安排、岗位技能培训及入职引导工作，负责新员工上岗试用阶段的工作考评。

5. 新员工试用期管理

（1）试用期期限及薪酬待遇

a. 新员工试用期期限根据公司需要、岗位需要、员工本人情况，根据双方协商，在不违反相关法律法规的前提下约定。

b. 新员工试用期薪酬原则上按试用期基本工资发放。

c. 新员工试用期不享受操作提成。

（2）试用期管理

a. 员工在试用期期间应严格遵守公司相关规章制度，对试用期员工的日常管理依据公司的相关管理规定执行。

b. 在试用期迟到不得超过 3 次，事假累计不得超过 5 天，不得出现违规、违纪处分。

c. 在试用期内有严重违反公司相关管理者，直接终止试用。

（3）考核办法

新员工的试用期为 1–3 个月，试用期内员工填写工作总结，每月考核一次。签订《师徒合同书》（见附件），设定技能考核；考核由两部分组成，一是员工根据月度总结表的内容作自我总结，二是员工月度考核表（考核表看附件），由新员工填好前半部分交由试用期指导人，试用期指导人根据考核内容结合新员工在工作中的实际情况认真评分和评语；坚持公正、公平、公开的原则。月底之前由指导人将试用期的自我总结表和考核表传至车间办公室，车间办公室根据考核情况，每月评出优、良、中、差四个等级，以此作为员工试用期满后是否录用转正的依据。

（4）考核内容

考核内容包括以下八个方面，由指导人根据新员工在试用岗位上的工作情况评定。

a. 工作主动性，试用期员工对待工作是否主动、积极，是否提出合理化、创新性的建议。

b. 工作质量，工作中是否保质保量完成领导交付的任务。

c. 工作效率，工作效率可有提高，是否按时完成。

d. 遵守公司规章制度，工作中是否遵守公司各项规章制度，是否遵守项目上各项工作流程。

e. 员工对待工作的责任感，员工对待工作是否认真仔细，是否具备强烈的责任感。

f. 团队合作精神，工作中员工是否我行我素，脱离整个团队，不服从领导安排。

g. 专业知识和技术，在工作中员工是否潜心学习专业知识和熟练掌握操作技术。

h. 学习能力，工作中员工是否具备自我学习的能力和永不知足的学习态度。

6. 试用期转正

（1）自然转正：新员工在公司规定试用期满后，经考核合格，应结束试用期予以转正。

（2）提前转正：新员工在试用期内，因业绩出色，表现优秀者可以申请提前转正，填写转正申请，经车间主任签字认可后可成为正式员工。其试用期不得少于 1 个月。

（3）延期转正：新员工试用期满后，因岗位技能、工作态度等暂达不到所在的岗位要求，无法完全胜任现有工作，需延长试用期，延迟转正。新员工延期转正的，经延长后的试用期总计不得超过 4 个月，4 个月仍无达到转正考核要求的，终止试用。

7. 转正考核规定

（1）提前转正：员工试用期月度考核成绩在90分（含）以上的，并且综合评估优秀者，原则上可以提前转正。

（2）自然转正：员工试用期月度考核成绩在80（含）–89分的，原则上可以自然转正。

（3）延期转正：员工试用期月度考核成绩在60（含）–79分的，应延期转正。

（4）不予转正：员工试用期月度考核成绩在60分以下的，应予以淘汰，不予转正。

（5）员工试用期内，每人基底分数为20分，其余按其中8项综合评分得出。认为不符合转正录用条件的，可随时提交《试用期考核表》，经办公室审核，车间主任审批后，由办公室通知员工办理离职手续。

附件一：《师徒合同书》

根据公司培训文件要求，新招工人必须履行师徒合同（为期4个月），明确师徒职责，为此，特制定师徒合同如下：

1. 职责

甲方：（师傅）

（1）精心传授专业技术，认真指导新工人操作，使新工人实际操作能力达到初级工水平。

（2）负责新工人工作期间人身及生产安全。

（3）经常了解新工人思想动态，发现问题及时帮助。传授工人优秀品质，使新工人政治思想觉悟不断提高。

乙方：（学徒）

（1）积极参加政治学习，服从领导，听从指挥，遵守各项规章制度。

（2）努力学习专业技术，虚心向师傅请教，合同期满后，要达到本工种的初级工应知、应会标准，方可独立作业。

（3）严格执行安全生产方针，不违章作业。

（4）尊敬师傅，团结同志，服从分配，按标准严格要求自己。

备注：

（1）每个月徒弟需向师傅缴纳 50 元学习费用。

（2）明确组长职责，组长每月需向车间领导汇报徒弟具体学习内容。

（3）上级领导有监督和考核新员工的权利。

2. 合同时间

（1）合同时间：自　　年　　月　　日至　　年　　月　　日。

（2）本合同从签订之日起生效。

甲方签字：　　　乙方签字：

公司（盖章）　　　人力资源部（盖章）

年　　月　　日　　　　年　　月　　日

附件二：《新员工月度自我总结表》

表 5-3　新员工月度自我总结表

姓名		实习职务	
总结时间		实习指导人	
员工自评：（根据自身的工作情况制定出自己的工作目标，在公司一个月的体会，应该遵守的规章制度，工作态度等方面作出来的总结，接下来的两个月中将怎样开展工作，能力方面将从哪方面来提升）			

附件三:《新员工试用期月度考核表》

表 5-4　新员工试用期月度考核表

考核日期：　　年　　月　　日

<table>
<tr><td>姓名</td><td></td><td>学历</td><td></td><td>实习职务</td><td></td><td>指导人</td><td></td></tr>
<tr><td rowspan="13">试用期
指导人
填写</td><td colspan="2">本月出勤情况</td><td colspan="5">迟到　次，早退　次，事假　次，病假　次</td></tr>
<tr><td colspan="2" rowspan="2">评价项目</td><td colspan="5">评价栏</td></tr>
<tr><td>优秀
（10 分）</td><td>良好
（8 分）</td><td>合格
（7 分）</td><td>基本合格
（5 分）</td><td>不合格
（3 分）</td></tr>
<tr><td colspan="2">工作主动性</td><td></td><td></td><td></td><td></td><td></td></tr>
<tr><td colspan="2">工作质量</td><td></td><td></td><td></td><td></td><td></td></tr>
<tr><td colspan="2">工作效率</td><td></td><td></td><td></td><td></td><td></td></tr>
<tr><td colspan="2">遵守公司规章制度</td><td></td><td></td><td></td><td></td><td></td></tr>
<tr><td colspan="2">对待工作的责任感</td><td></td><td></td><td></td><td></td><td></td></tr>
<tr><td colspan="2">是否具有团队合作精神</td><td></td><td></td><td></td><td></td><td></td></tr>
<tr><td colspan="2">专业知识和技能如何</td><td></td><td></td><td></td><td></td><td></td></tr>
<tr><td colspan="2">实习期间的学习能力</td><td></td><td></td><td></td><td></td><td></td></tr>
<tr><td colspan="2">本月综合评定等级</td><td colspan="5">优□　良□　中□　差□</td></tr>
<tr><td colspan="7">请实习指导人对该员工试用期的表现、优势、潜力和有待提高的方面作出评语：

签字：
年　月　日</td></tr>
</table>

案例实操：员工转正管理制度

为规范试用期员工转正管理与转正评估事项，优化人员，使新员工转正标准化、制度化，结合各部门意见，特制定本制度，具体内容如下：

1. 适用范围

本制度适用于公司所有处于试用期的员工和相关责任人。

2. 试用期考核管理

（1）试用期员工薪资

内部试用期员工 X 元（含餐补）

外部试用期员工 Y 元 + 餐补

（2）试用期费用管理

试用期期间无出差补助。出差差旅费实报实销。

（3）试用期业绩提成

试用期员工业绩提成同正式员工一致。

3. 转正程序

（1）提出转正申请

a. 员工应在试用期结束前 7 个工作日内提出转正申请，并填写《员工转正申请表》。

b. 提交书面转正申请报告。书面申请报告应详细写明申请理由、试用期间的工作业绩、未来工作规划、自我评价等内容，书面转正申请报告不少于 1000 字。

c. 申请人将以上转正材料一并提交直接上级审核通过后交予综合管理部审核。

（2）员工转正考核内容

表 5-5　员工转正考核内容

考核内容	组织部门	评分方式
企业文化及员工手册	综合管理部	笔试（满分 100 分）
专业知识	用人部门	笔试（满分 100 分）

续表

考核内容	组织部门	评分方式
试用期员工评估	用人部门	试用期员工评估报告（满分100分）
关联单位评估	综合管理部	问卷调查（加权平均分）

（3）员工转正考核细则

表5–6　员工转正考核细则

人员类别	二级分类	考核维度及权重			
		企业文化	专业知识	试用期员工评估	关联单位评估
营销服务类	各分公司技服、各中心销售人员、远程服务人员	20%	30%	40%	10%
专业技术类	研发中心、代账会计	20%	40%	40%	
后勤支持类	运营支持人员	30%		40%	30%
	各中心／分公司内勤	20%	20%	40%	20%

（4）转正成绩

员工根据转正内容进行考评后，根据各项得分累计得出总成绩，其中：

a.75分（含）以上，转正，报公司领导审批

b.60（含）–74分，延期转正

c.59分（含）以下，终止试用

4. 员工试用期期限

按照公司规定，试用期一般不少于3个月，不多于6个月。对试用期间工作表现特别优秀的，用人部门可申请提前转正，提出提前转正试用期限最短不得少于1个月。

5. 其他有关事项

（1）综合管理部在办理员工转正考核过程中，发现不符合转正要求的申请

人，将不予办理转正，并有权要求试用员工重新整理、修改，对于因此造成的转正延期的情况，责任由本人承担。

（2）用人部门经理应根据实际情况积极了解新员工试用期工作情况及思想动态，并按期检查、督促实施指导工作。因用人部门原因造成试用人员不能按时转正的，责任由用人部门承担。

（3）因试用期员工未完成月度任务而延长试用的，薪酬标准按照原试用期间薪酬进行发放。

（4）各级考核人员应严格把关，对申请人试用期间的表现进行客观评价，如有弄虚作假行为，一经查出，将追究相关负责人责任。

第三节　提升试用期员工留存率

一、员工留存率

员工留存率是企业人力资源管理的一个重要指标，其也间接反映企业招聘的效果。员工留存率包括招聘人员试用期留存率、本年招聘人员流失率、全年员工流失率、应聘率、录用成功率。以下是不同员工留存率的计算公式。

招聘人员试用期留存率＝招聘人员通过期人数/招聘总人数 ×100%。招聘人员试用期留存率衡量了企业的试用期员工留存率，一方面反映了企业招聘的新员工的水平，另一方面也反映了用人单位对员工的素质要求。该比例越大，说明企业试用期通过的人数越多。

本年招聘人员流失率＝本年招聘人员离职人数/本年招聘总人数 ×100%。本年招聘人员流失率反映了企业用人单位全年招聘人员的流失率，反映了企业的新员工的年流动情况。该比例越大，说明企业当年招聘的新人员流失越多。

全年员工流失率＝本年离职总人数 /(本年末总人数 + 本年离职总人数) ×100%。全年员工流失率衡量了企业总体员工的流动率。比较综合地考量了企业总体的人力流动情况。该比例越大，反映了企业当年总共流失的人数越多。

应聘率 = 应聘人数 / 计划招聘人数 ×100%。应聘率反映了企业知名程度和其岗位的竞争程度，该比例越大，该企业岗位的竞争程度越大。

录用成功率 = 录用人员胜任工作人数 / 入职人数 ×100%；录用人员胜任工作人数是指成功入职并工作满 3 个月，经考核转正的人数；录用成功率反映了当前招聘有效性的绝对指标，其大小反映出了成功录用的程度。

以上是常用的衡量企业的人员留存率的比例。对企业员工留存率的高低好坏没有绝对的标准，一般情况下，企业的员工留存率较低，反映了该企业留住人才的能力较弱。但是另一方面，有些企业却希望其公司的人员流动率较大，不断引进新型的不同的人才，促进企业创新和发展。

二、新员工留存率低的原因

不同的员工留存率有不同的原因，而新人留存是企业较为关注的一点，因为企业在新员工身上投入了大量的培训。总体上，有以下几点原因导致了企业的新员工留存率较低。

1. 疏于甄选

大多数企业都认识到，增加人力往往会有效拉动业务的增长，因而大多数公司、团队管理者都会有针对性地组织增员激励活动，设置增员奖励。一部分招聘主管在考核指标压力和奖励诱惑下，往往不惜一切地拉进一大堆人来。如此突击增员，疏于甄选，鱼龙混杂的新人团队必然军心涣散，战斗力不强。

2. 仓促上岗

由于新进人员数量大，业绩压力重，不少主管在新人培训上都有意无意地放松了力气。新人培训时间短，仓促上岗；有的根本没培训，就由培训讲师签个“培训合格”，即刻上岗；有的新人连上级主管和公司人事都未曾见过面。

尤其在销售岗位上，大量的新人把销售只定位在卖产品上，认为不择手段完成 KPI 任务。更有甚者，整个团队年资不足 1 年的新人，都只会电话邀约客户参加说明会，根本没有任何独立营销能力和实践经验。没有销售技能，就谈不上销售业绩。

3. 直属上级领导职责缺失

新人进入公司后，由于技能培训不到位，加之增员主管个人能力不到位和精力不够的问题，无暇顾及对新人的逐个陪访、辅导。新人感受不到关怀与帮助，遇到问题求助无门，对团队、公司没有归属感，自然容易产生放弃的情绪。

4. 缺乏工作激情和正确的习惯

新人由于工作技能不熟练，对工作必然会害怕为难，时间一长就变成疲劳症，怎么也找不到培训时的那种激情。许多新人对从事工作信心不足，没有制定自己的职业生涯规划和工作目标，心中充满犹豫和彷徨。

三、如何提高员工留存率

针对新人留存率较低的情况，企业用人部门可以采用以下几点措施来提高其新人的留存率。

1. 坚持有效增员、培训执行体系

要转变理念，要使增员工作经常化、常态化，固定频次举办新人培训班，形成规律。杜绝情绪化的突击增员和“暴风骤雨式”的增员。要建立以人为本的公司文化，同时要在福利待遇上让业务人员有归属感。不断完善业务团队培训体系，建立专职讲师、兼职讲师、主管培训师队伍，持续开发完善培训课程体系，建立将讲师待遇与合格率、留存率、脱落率、有效增员率等挂钩的考核制度。

2. 严格甄选

根据不同的市场、不同的区域，应确定不同的用人标准。无论什么样的市场，什么样的区域，除行业规定的标准外，还有一些软性考察，热爱本行、文化诚信和敬业实干等都是一些遴选的标准。选有成功经历的人是一条捷径。选才不是年纪越小越好，文凭越高越好，也不是来者不拒，而是要选在那个市场、那个区域中最适合、最适应的人才，才算是最好的，也才能有效地提升经营绩效，降低经营成本。

3. 严格培训质量

新人主要应具备六种能力，即自我行动力、自我管理能力、心理承受能力、沟通表达能力、市场开拓能力和抗干扰能力。这六个能力是最基础、最起码的能力。这六个能力在前三个月解决不好，新人就必然流失。新人的岗前培训、衔接教育的课程设置要科学，理论与实战演练充分结合。坚持“理论——实务——演练——实践——问题——解决问题——再实践——再问题——再解决——再实践”的循环。直到新人能熟练地掌握开展业务的技能和技巧。

4. 培养工作习惯

要指导新人制定个人职业生涯规划和工作目标，使新人有明确的奋斗方向；建立每天的工作、学习、拜访、联络客户的行事日历，并付诸走出去，说出来的行动；养成转介绍的习惯、养成关怀客户的习惯，通过“问候——了解——浸润——服务——感动——信任”增强客户黏性和融洽关系。

5. 提高直接领导者的管理能力

新人经过岗前培训后，直接领导应该主动关心他们的成长，用跟踪服务代替管理工作。一个称职的主管，要在引导、开导、指导、训练、辅导上下功夫，新人只有技高，才能大胆地走向市场。要像关怀客户那样关怀新人，主动问候、了解实情、解决难题。要帮助新人细分市场并定位客户群，以便快速找到切入点。要做好激励工作，主动给新人疗伤，有困难及时帮助，有成绩及时给予表扬。要主动帮助新人沟通上下左右的关系，甚至门卫岗，第一次接触，直接领导者最好是亲自带他们去一一介绍，让新人感觉处处都是绿色通道，增强其从业的信心和决心。

6. 增强企业核心文化建设

企业文化可以使员工体会到公司所有者和决策者的公司理念、经营战略等，是维系员工对公司感情的纽带。不管是大企业还是小公司，都有着自己的发展理念和价值取向。公司内，员工若是没有归属感，对公司的文化不认同，那离心力的产生自然就是很正常的。对企业文化的不理解和不认同，也是员工提出“分手”的主要原因之一。增强核心文化建设，公司首先要有一个值得员工向往和信赖的“灵魂人物”，即成功的领导或是处事具有魅力的领军者。一个优秀的公司，一支优秀的团队，离不开领导魅力，这也正是能吸引员工的归属感所在，是心灵的标杆，激励的符号。其次是要制定完善的规章制度，根据自身所处的行业特点、自身发展阶段、员工素质结构、外部环境等因素来选择适合自己的管理方式。企业文化不是摆设，它需要“真情流露”，在价值诉求上要与时俱进，思想有多远，行动也要走多远。

7. 把握员工留失关键节点

对于员工的留存和离去，企业既是主动的，也是被动的。经济利益在一定程度上能够提高员工的工作积极性和热情，也是员工选择跳槽或被挖走的因素。当企业发展处于下滑状态或各种因素使得员工收入降低或一成不变时，员工便会更多地想要追求外界的经济利益。通常来说，员工流动具有时效性，多发生在年初，领完年终奖金后再走人，是大多数人的选择。这时就需要企业发挥内部能力，更加注重员工的物质奖励和思想开导。给予员工适当调薪的机会，即使目前做不到调薪，也要适当地调整好员工工时，公司同时也要思考如何在有效时间内加强员工的工作效率。

8. 提升公司人文关怀环境

以人为本，可以说是企业提高员工留存率的中心点。公司应该建立公正、公平、公开的员工福利制度，为员工提供良好的工作环境，耐心听取员工的意见，及时肯定员工的成绩。领导者的关怀可以成为吸引优秀人才的强大磁石，也能让多数员工抵挡外界诱人的高薪和环境。企业要做到合理用人、科学用人，让员工各司其职又能尽善尽美。总的来说，要把员工放在与企业平等的位置上，公平合理地与员工分享利益和成果，做到员工与企业共同成长。公司只有具备深切的人文关怀，才能让凝聚力更加强大，才能让一大批有才能、志同道合的员工在公司的平台上，真正地实现自我价值，共同为实现公司的使命而努力。

9. 员工职业规划

员工个人因素，主要是员工对企业的总体心理感知，包括期望度、公平性、压力等。在竞争日益激烈的环境下，这种不稳定因素不断增加，且这种不稳定因素多具有年龄性。20 世纪六七十年代与八九十年代的员工，由于他们在生长环境、价值观等方面多有不同，留存率也会有比较大的差异。这就需要企业要根据员工的未来期许，给予员工贴切的远景规划，对员工的个人职业成长负责，为员工的未来真诚负责。员工从入职到工作，都存在这样的疑问：我在公司里能获得怎样的发展？这个时候需要公司一对一地对每一个员工进行谈话，尤其是站在他们的角度来考虑他们的职业发展问题，明确地告诉他们，能够在公司内获得怎样的成长空间和发展机会，让团队内部尽可能少地出现猜忌，让员工对企业充满“安全感”。

第六章
评估：过程评估与效果反馈

本章要点提示：

评估招聘效果

基于招聘过程的 KPI 设计

评价招聘工作

通过本章将了解到如何判定一个好的招聘工作。还可以了解招聘过程与效果评估的方式方法，如何生成评估报告，较全面较清晰地科学展示招聘效果以及招聘过程中的 **KPI** 设计，还有招聘渠道、第三方合作的评估理念和评估表单。

第一节　评估招聘效果

一、招聘效果及内容

在经历了招聘的前期工作，并且企业也顺利地开展新员工的试用期考核之后，企业相关部门需要进行招聘效果的评估。员工招聘是企业人力资源部的一项重要工作，不仅直接关系到新进员工的质量，而且影响企业经营的效率和效果，可以说，员工招聘的效果直接决定了员工和企业的绩效。因此，招聘效果评估是招聘过程中必不可少的一环，其不仅有助于检验招聘工作的有效性，提高招聘质量，降低招聘费用，改进今后的招聘工作，而且可以提高企业整体的经营绩效。招聘效果可以从招聘周期、用人部门满意度、招聘成功率、招聘达成率、招聘成本五个方面来进行评估。

1. 招聘周期

招聘周期是指完成一个职位所需要的招聘时间。对于企业来说，职位一旦发布，说明这个岗位是企业所需要的，如果长时间招不到合适的人才，对企业的运营会带来直接的影响。即使这个岗位不是急缺的，招聘周期越长，企业花费在上面的人力、物力、财力也越多。

2. 用人部门满意度

用人部门满意度是指用人部门领导对所招员工的满意程度。招聘到的员工是直接听从用人部门的安排，由用人部门使用的，如果用人部门严重不满意，该职位招聘很可能重新启动。

3. 招聘成功率

招聘成功率是指实际上岗人数和面试人数的比例。很多企业发布职位后收到很多投递简历，与此同时，企业也会根据需要自主下载一些求职简历，然后企业经过筛选，对其中一部分求职者发出面试邀请。招聘成功率与用人单位的知名度有直接的联系。一些网站的职位定向邀请和快速意向确认因为完全尊重招聘双方的意向，已实现较高的招聘成功率。

4. 招聘达成率

招聘达成率是指实际上岗人数与计划招聘人数的比例。特别是基层岗位，需要的员工人数较多，招聘量大，但往往因为各种因素的干扰，实际能上岗的人数不能达到计划人数，这一比例与公司岗位设置有必然关系。

5. 招聘成本

招聘成本是指一个职位招聘需要花费的总费用，包括显性成本和隐性成本。企业对招聘显性成本比较敏感，对隐性成本则认识不足。招聘成本的核算取决于多个因素，除了招聘广告费用、招聘员工成本、内部推荐奖励资金，不可忽视的还有内部沟通、内部协商等隐性成本。

招聘效果评估在企业的人力资源管理和招聘管理上具有重要的作用，同时招聘效果评估的结果还将作为重要数据成为企业人力战略决策的重要依据。总体上，招聘效果评估有以下几点作用。一是通过效果评估来检验招聘标准定得是否合理；二是检验招聘质量；三是检验招聘计划、渠道、策略是否有问题；四是通过评估控制招聘成本，减少不必要的开支。

二、招聘评估的相关指标

招聘评估需要将定性和定量的方法相结合。下面主要从定量和定性的角度来看如何实施企业的招聘评估。具体从数量、质量以及时间等方面对以上涉及的指标进行具体的评估。

1. 数量评估

对录用员工数量的评估是检验招聘工作有效性的一个重要方面。可通过分析在数量上满足或不满足需求的原因，找到各招聘环节上的薄弱之处，改进招聘工作；同时，通过人员录用数量与计划招聘数量的比较，为企业人力资源规划的修订提供依据。此项评估主要可从应聘比、录用比和招聘完成比三方面进行。其计算公式为：

应聘比 = 应聘人数 ÷ 计划招聘人数 ×100%

录用比 = 录用人数 ÷ 应聘人数 ×100%

招聘完成比 = 录用人数 ÷ 计划招聘人数 ×100%

应聘比在某种意义上可以说明员工招聘信息发布的效果，通常来说，该比例越大，则招聘信息发布的效果越好。录用比越低，通常表明企业可以进行人才选择的余地较大，人才招募的效果往往会相对好一些。当招聘完成比等于或大于 100%时，则说明在数量上全面完成或超额完成了招聘任务，但在实际工作中，超额完成的情况很少发生，因为一般都会根据招聘计划中确定的人员需求数量招人，除非遇到了很优秀的候选人而临时决定增加招聘指标，将其作为人才储备，或者用于替换一些业绩相对较差的员工。

2. 质量评估

招聘质量评估是对所录用的员工入职后的工作绩效行为、实际能力、工作潜力的评估，它既有利于改进招聘方法，又为员工培训、绩效评估提供了必要的信息，实际上是人员选拔过程中进行的能力、潜力、素质等各种测试与考核的延续，也可根据招聘要求或从工作分析中得出的结论，对录用人员进行等级排列来确定招聘质量，其方法与绩效考核方法相似。常用的指标有以下两个：

录用合格比 = 录用人员胜任工作人数 ÷ 实际录用人数 ×100%

基础合格比 = 原有人员胜任工作人数 ÷ 原有总人数 ×100%

其中，录用合格比一般用试用期考核合格转正的人数与同批次总的员工录用人数之比来表示。基础合格比是反映以往招聘有效性的绝对指标，用以往平均录用合格比来表示。录用合格比与基础合格比之差反映当前招聘的有效性是否高于以往招聘有效性的平均水平，可以考察招聘有效性是否在不断提高。

考察新员工是否胜任工作的期限长短与岗位性质和员工个性特点有关。一些生产操作性和事务性岗位，完成一项工作的周期很短，绩效在短时间内就可以衡量，从而短期内就能判断出新聘员工是否胜任工作，但对一些管理类和技术研发类等工作周期较长的岗位，所需时间宜相应延长。从个性来看，部分新员工可能个性谨慎，只有在对新岗位的工作性质和环境等因素充分把握后才会充分表现自己的才能，岗位适应时间比较长，而有的新员工适应岗位的时间则相对较短。从国外的经验看，一般来说，这个时间最短需要 6 个月，一年时间比较适合。但考虑到《劳动合同法》将试用期最长规定为 6 个月，因此，可以统一采用入职后 6 个月的绩效评估结果作为考察新员工是否合格的标准，并将在这 6 个月里离职以及绩效低于合格水平的员工都判断为招聘质量不合格。

3. 招聘周期评估

招聘周期是指从提出招聘需求到新聘员工实际到岗之间的时间，也就是岗位空缺时间。一般来说，岗位空缺时间越短，招聘效果越好。但不同类型和层次的岗位，由于劳动力市场上的供求情况不同，其招聘的难易程度和招聘周期也往往有很大差别，需要结合实际情况进行分析。

有的企业将评估周期统一规定为 3 个月，每个季度初提出招聘需求（其他时间不开放招聘需求窗口），只要 3 个月内到岗，即视为满足了招聘的及时性要求。这种方法操作简单，但显然不甚合理，某些市场稀缺的关键人力资源可能不是 3 个月就能招聘到岗的，而一些初级岗位可能相对很容易招聘到岗，根本不需要 3 个月。还有，如果在每个季度的其他时间，如季度中期，某关键岗位员工跳槽，而此时用人部门又不能提出招聘需求的话，必然导致岗位空缺期延长，企业损失增加。

还有的企业使用平均职位空缺时间 [（职位空缺总时间 – 补充职位数）× 100%] 作为考察招聘及时性的标准，反映平均每个职位空缺多长时间后新员工才能补缺到位。例如，一个企业招聘 10 个初级职位和 1 个高级职位，前者 20 天招聘到岗，后者耗时 6 个月，那么总的平均职位空缺时间是 34.5 天，但这个时间其实对今后的招聘没多大参考价值，无法为缩短高级职位的招聘周期提供明确可行的建议；而且每次招聘的具体职位都可能不同，其平均职位空缺时间自然也不一样，相互没有可比性，不能作为衡量招聘时间效率的标准。

一个比较好的做法是以岗位的分类分层为基础，参考当地同行标准，结合本企业实际情况和过去不同职位的实际招聘时间为每个类别每一层级的职位确定一个合适的职位平均空缺时间，并将其作为考察招聘及时性的标准，以反映各职位平均空缺时间多长才能补缺到位。显然，该指标越小，说明招聘效率越高。

4. 成本效益评估

招聘成本效益评估是指对招聘中的费用进行调查、核实，并对照预算进行评价的过程。通过成本与效益核算能够使招聘人员清楚地知道费用的支出情况，区分出哪些是应支出项目，哪些是不应支出项目，以便降低今后的招聘费用。事实上，早在 1997 年，美国人力资源管理协会就提出“标准驱动招聘模式”的构想，认为招聘流程应该由一套标准所驱动，而不该是随意的、不计代价的，任何职位的人力资源招聘成本都应该由这套标准来控制。但从实践操作看，招聘的数量、质量和职位填补的及时性是当前我国企业人力资源招聘工作绩效评估的主要指标，招聘成本尚未得到足够重视。实际调查显示，很少有企业精确核算招聘成本，即使核算，方法也过于简单，其结果很难说明问题。

招聘成本分为招聘总成本与招聘单位成本。招聘总成本即人力资源的获取成本，包括两个部分：

一是直接成本，即可以直接计算和记账的、以金钱的形式花费的成本，包括招募费用、选拔费用、录用员工的家庭安置费用和工作安置费用、其他费用（如招聘人员差旅费、应聘人员招待费等）。

二是间接成本，指不能直接计入财务账目的，通常以时间等形式表现的成本，包括企业内部招聘专员工资、福利、其他参与招聘工作的有关人员的时间花费和其他管理费用。直接成本核算相对简单，间接成本则相对复杂，主要需通过招聘工作参与者所花费的时间成本来反映。

在实际工作中有时一次招聘流程并不能招到合格人选，需要重复两三次，此时间接成本的消耗更加不容忽视，但多数企业实际操作中往往没有对招聘的间接成本进行核算。招聘单位成本是招聘总成本与实际录用人数之比。如果招聘实际费用少，录用人数多，表明单位招聘成本低；反之则高。值得注意的是，不同的招聘渠道，其招聘成本构成不同，会导致不同的单位招聘成本。因此，单位招聘成本必须在选择合适的招聘渠道的情况下才具有可比性，这一点正好为招聘渠道的合理选择提供了依据。另外，不同类别和层次的岗位空缺，招聘单位成本也不相同。即使职位类别和层次一样，因招聘的地理位置不同，人力资源供求状况不同，其成本自然也不相等。因此，单位招聘成本不能在不同层次或不同类别间比较，而应综合考虑多种因素。可见，由于招聘对象和招聘工具的多样性，单位招聘成本也呈现出多元化特征，很难归纳出一个统一的单位招聘成本计算公式。只能根据历史数据对每个职位的单位招聘成本进行统计，并将各职位的平均单位招聘成本作为核算标准。

成本效用评估是对招聘成本所产生的效果进行分析，主要包括：招聘总成本效用分析、招募成本效用分析、人员选拔成本效用分析和人员录用成本效用分析等。计算方法如下：

招聘总成本效用＝录用人数 ÷ 招聘总成本 ×100%

招募成本效用＝应聘人数 ÷ 招募期间的费用（招募成本）×100%

人员选拔成本效用＝被选中人数 ÷ 选拔期间的费用（选拔成本）×100%

人员录用成本效用＝正式录用的人数 ÷ 录用期间的费用（录用成本）×100%

这里，招募成本是为吸引和确定企业所需要的人力资源而发生的费用，主要包括招聘人员的直接劳务费用、直接业务费用、其他相关费用等。人员选拔成本是指对应聘人员进行鉴别选择，以便作出录用决策所支付的费用构成。人员录用成本是指经过招聘选拔后，把合适的人员录用到企业所发生的费用，包括录取手续费、调动补偿费、搬迁费和旅途补助费等由录用而引发的有关费用。显然，成本效用越大，表示招聘的效果越好，而最能体现招聘效果的就是总成本效用。招聘收益成本比既是一项经济评价指标，也是考察招聘工作有效性的一项指标。招聘收益成本比越高，说明招聘工作越有效。

招聘收益成本比＝所有新员工为组织创造的总价值 ÷ 招聘总成本 ×100%

值得注意的是，这里的总价值在实际操作时很难确定，因此，该指标到目前为止很少真正在实践中使用，但确实值得去关注和思考。

一般来说，企业应该根据自身实际情况和历年招聘成本的实际数据，在参考当地同行相关数据的基础上制定招聘的标准成本制度，并依据该制度在每次开始招聘前，制定相应的招聘预算，作为招聘成本控制的依据。而且，每年的招聘预算应该纳入全年人工成本总预算。招聘预算主要包括：招聘广告预算、招聘测试预算、体检预算、其他预算，一般来说按 4∶3∶2∶1 的比例分配预算较为合理，还可以按职位类别和层次进行细目分类。当然，这个标准成本也应该根据时间的变化和实际招聘成本的变化不断调整，以保持充分的动态性和适应性。

5. 信度与效度评估

招聘方法的信度与效度评估指检验招聘过程中所使用的各种测评方法的正确性与有效性，有利于提高招聘工作质量。信度主要是指测试结果的可靠性或一致性，即反复测试总是能得出同样的结论。如果基本一致，测试方法的信度就高，反之则信度低。信度通常可分为：稳定系数、等值系数、内在一致性系数。

稳定系数是指用同一种方法对同一类应聘者在两个不同时间进行测试的结果的一致性。一致性大小可用两次结果之间的相关系数来测定。相关系数高低既与测试方法本身有关，也与测试因素有关。此法不适用于受熟练程度影响较大的测试，因为应聘者在第一次测试中可能会记住某些测试题目的答案从而提高第二次测试的成绩。等值系数是指对同一应聘者使用两种对等的、内容相当的测试的结果之间的一致性。例如，如果对同一应聘者使用两张内容相当的个性测试量表进行测试，结果应当大致相同。内在一致性系数是指将对同一类应聘者进行的同一测试分为若干部分加以考察，各部分所得结果之间的一致性可用各部分结果之间的相关系数来判断。此外，还有评分者信度，即不同评分者对同一对象进行评定时所给分数的一致性。例如，多个考官在同一次面试中使用同一种工具给同一个被测试者打分，如果所给的分数相同或相近，则这种工具就具有较高的评分者信度。

效度，即有效性或准确性，是指实际测试到应聘者的有关特征与想要测的特征的符合程度。一个测试必须能测出它想要测出的性能才算有效。效度主要有三种：预测效度、内容效度和同侧效度。预测效度用来预测将来行为的有效性。可以将应聘者在选拔中得到的分数与他们入职后的绩效分数相比较，两者的相关性越大，则说明所用的方法越有效，以后可根据此法来评估和预测应聘者的潜力。反之，说明此法在预测人员潜力上效果不大。内容效度，即测试方法能真正测出想测的内容的程度。内容效度主要考察所用的方法是否与想测试的特性有关，如招聘打字员，测试其打字速度和准确性、手眼协调性和手指灵活度的操作测试的内容效度较高。内容效度多应用于知识测试与实际操作测试，而不适用于测试能力和潜力。同侧效度是指对现有员工实施某种测试，然后将测试结果与员工的实际工作绩效考核得分进行比较，若两者的相关系数很大，则说明此测试效度很高。这种效度测试方法的特点是省时，可以尽快检验某种测试方法的效度，但若将其应用到人员选拔测试时，难免因为受到其他因素的干扰而无法准确预测应聘者的工作潜力。

信度和效度评估对数据收集和积累的要求比较高，但实际工作中这一点往往被忽略了，导致评估无法进行。

6. 其他定性评估指标

除以上内容外，招聘评估还需关注以下会影响到招聘质量的方面。

（1）招聘规划是否科学、合理和全面

一方面，考察现阶段是否有人才浪费和人才不足的现象；另一方面，要考察所制定的招聘规划是否考虑到了组织的战略目标和未来发展。

（2）招聘人员招聘期间的言行表现

招聘人员的专业素养既影响招聘质量，也影响求职者的求职意愿和公司形象，因此必须予以考察，包括是否愿意和用人部门一起探讨并明确招聘需求。

（3）招聘渠道选择的有效性

很多企业一开始就没有具体分析各招聘渠道之间的差别，盲目投放招聘信息，产生大量不合格的应聘者，影响整个招聘进程。因此，应考察不同招聘渠道的效果，根据所招聘职位的性质和企业自身的发展状况找出最有效的招聘渠道。

（4）招聘程序是否严格按照招聘规程和规范执行

（5）招聘策略的选择、招聘方案的制订以及招聘程序的执行等方面是否与组织的使命、经营目标和价值观相匹配

（6）录用决策速度和拒绝候选人的态度和方式

（7）新员工的满意度

包括对招聘人员的工作表现、所任职位和企业的满意度。对招聘人员招聘工作的满意度体现了对招聘人员招聘工作的感性认识，对所任职位的满意度能反映人岗匹配度的高低，对企业的总体满意度则反映了员工对企业的认同度。

以上就是招聘效果评估的主要内容。值得注意的是，实践中有许多企业用员工流失率来检验招聘工作的有效性，这种做法非常牵强。因为员工流失率受到众多因素的影响，包括企业整体薪酬水平的高低、员工和直接上司关系的质量、企业发展前景和行业景气指数，等等。所有这些都不是人力资源部能控制的，更不是招聘工作能够控制的，但用试用期内新员工流失率指标进行评估则相对合适。另外，招聘评估应该由人力资源部经理、招聘工作人员及用人部门的负责人组成的评估小组负责进行。尤其要重视用人部门的意见，因为从营销角度看，招聘工作是为用人部门服务的，用人部门对招聘工作的满意度应该是衡量招聘工作有效性的重要指标。

三、如何提高招聘效果

提高招聘效果是每一个人力资源工作者所追求的工作目标，但是又不好实现，以下介绍几点。

1. 建立人力资源管理信息化系统

建立信息化系统首先应做的是设立人力资源管理部门。人力资源管理部门通过对员工的管理，可以为企业创造巨大的价值。对于招聘来说，一次成功的招聘，就可以为企业创造巨大的有形和无形的价值，而招聘中的成本可以忽略不计。人力资源部门通过合理设置部门结构和人员配备，可以有效地达到员工

的人均劳效最大化，也相对为企业创造了价值。企业合理的考核系统，可以激励员工的积极性，也能够为企业创造价值。员工作为企业的资本组成部分，人力资源部门的培训，可以使员工提高素质和技能，相应的是企业资本有效增值。人力资源部门通过各种渠道，了解同行业之间的薪酬水平，根据企业情况合理定位，建立合乎本公司的薪酬体系，也是成本管理的一个方面。

公司为了长远的发展，应该开始着手建立企业信息化管理系统，其中就包括人力资源管理系统。可以根据公司的具体情况，请一家软件公司进行实施，软件公司必须进驻公司，了解他们的一切工作流程和办事方法。通过分析公司的具体情况，先作出套方案提供给公司，让其选择适合他们的软件。如果在短期内无法实施的话，也可以尝试先建立起一个文件，把应聘者的信息进行筛选后记录下来。公司当下的做法是在网上发布信息，每天投递简历的人少则几十条多则几百条，这些简历不能得到及时的回复和查看，这样就可能导致错失适合公司的人才，公司应该把这些简历都作为数据建立一个数据库。当企业有空缺岗位时，先从这个数据库中找合适的人选，这样可以大大节省招聘成本和时间，提高招聘工作的效率。这个做法越早实施，招聘工作将越早有实质性的改善，最终受益的将会是企业，更有利于企业长期的发展。

2. 招聘前的准备工作

工作分析是对某项工作进行完整的描述或说明。工作分析可以从以下八个方面入手：谁从事此项工作；明确要做什么；为谁做；为什么做；什么时间完成；工作地点和环境；从事此项工作应具备的资质；如何从事此项工作。工作分析是人力资源管理中的基础。它的流程是这样的：工作分析——工作说明书——工作评价——制定薪酬策略和政策。为了正确地测量一个工作，首先要从岗位分析开始，要分析岗位的性质、责任、任务、相互关系以及任职人员的特定技能、工作知识、能力和工作环境，也就是从岗位要求和岗位描述两方面进行。公司在做岗位的工作分析时，应首先得到公司领导的批准和支持，取得员工的认同，建立分析小组（包括：各部门经理、人力资源主管、外聘人员等）。接下来要挑选具有代表性的岗位，如光热技术人员岗位、销售人员岗位、中层的管理岗位等。确定分析方法（问卷调查法、访谈法、观察法、参与法、工作日志法等），编制工作分析问卷。在工作调查和收集信息时，要准备好工作分析前所需的文件，准备好调查问卷。再下来就是编写工作说明书。

岗位的工作分析涉及公司内部每一位员工的切身利益，直接关系着员工的绩效工资，必须要认真抓好。工作分析为公司招聘、选拔、任用合格员工奠定了基础；为员工的提拔晋升提供了依据；是完善公司薪酬体系的重要环节；制定有效的人力资源规划，节约成本，为公司招聘员工的供给、调剂、配置、储备提供预案。

对从事招聘的人员进行专业培训，其中包括：专业技能、面试技巧、面试方法等内容的培训课程。可以找一家培训公司，让他们提供一套合理的培训课程，主要用于提高面试官的技巧和方法。成为一名称职的面试官，首先要从用人部门的需求出发，了解岗位的要求和岗位说明书，面对不同的岗位就应有相应的考察内容。如何开场，如何缓解面试现场气氛，如何识别应聘者的谎话等，这些问题通过培训都可以解决。比方说，在介绍本公司的时候，必须要实事求是，问一些无关面试的话来缓解面试者的紧张情绪；接下来如何对面试者的回答作出准确的判断，不能进入面试误区，如光环效应、近因效应、偏听偏信等。对于招聘经理来说，容易忽视的一个方面就是考察应聘者是否与本公司的企业文化相一致。招聘工作除了是人力资源部的工作，和用人部门也有着很大的联系，他们的加入能直接影响到以后的工作。用人部门经理心里应该更清楚，他们需要什么样的人才，什么样的人才能很快融入他们的团队当中。所以用人部门经理更应该学习一些常用的招聘知识和技巧，避免以后的麻烦。在培训中，公司可以模拟一次现场招聘，和平时的招聘一样，提出招聘需求，发布招聘广告，进行初步筛选，然后面试，最后录用。这样走一下流程，让培训老师在旁边观察，这样生动形象的方式，可以发现其中的问题，以便解决现有的问题，增强培训的效果。

3. 加强人力资源部门与用人部门配合

推动人力资源部门与用人部门的相互配合，解决招聘中体制上存在的问题。许多公司存在这么一个理念，就是招聘员工就是人力资源管理部门的事情，和其他部门关系不大，他们只负责提出需求，剩下的事情就交给人力资源部。从实际情况可以看到，需要什么样的人才用人部门是最清楚不过的，招进来的人员的技能、知识等直接影响了这个部门的工作效率。所以，应该转变观念让用人部门主动参与招聘工作。其实从很多案例中可以发现，用人部门参与招聘的程度越高，其招聘效果就越好。这样既可以节约招聘成本，也可以提高招聘效率，是一举两得的事情。因此，在招聘工作中，用人部门必须参与进来，与人力资源部通力合作，最终实现人才的最佳配置。

提高用人部门配合程度的措施包含对用人部门的经理进行培训，由人力资源部门组织培训，提高用人部门主管的用人意识、人才意识以及招聘中应该担负的责任，可以让其带动整个部门配合招聘的顺利进行。还可以应用榜样示范法，人力资源部门可以搜集用人部门配合招聘的突出部门，从而成功招聘到合适人才的例子，然后通过板报或发文等方式让其他用人部门认识到招聘的重要性。

4. 针对不同的岗位，创建相应的招聘渠道

公司岗位按性质的不同可以分为三类：一般岗位、技术岗位和管理岗位。根据不同招聘渠道的特点，对应不同的招聘岗位。一般岗位在企业中属于基础性的岗位，劳动力呈现出供大于求，很容易招到需要的人员。根据企业的具体情况，其中一般销售人员、后勤人员、前台人员、司机等都是一般岗位。这些岗位通过网络招聘和劳务市场就可以满足招聘需求。如果企业属于高新技术行业，则对于技术岗位的需求很大，技术岗位一般可以分为一般性技术岗位和专家型技术岗位。一般性技术岗位要求有工作经验和初级技能，而专家型技术岗位则需要的是在行业内的领头人才，他们往往属于核心岗位，对他们招聘的难度是比较高的。对于企业来说，一般性技术岗位主要包括电气工程师和土木工程师。对于这种岗位一般采用专

业招聘会。也可以和高校联盟，和工科类学院保持联络，从学校中发现和发掘具有巨大潜力的技术人才。立足于企业长远发展来看，高校毕业生更具有发展和提升的潜力，能给企业带来新的观念和新鲜血液。对于专家型人才的招聘，不能采用招聘会招聘和网络招聘，最高效、直接的方法莫过于请猎头公司。因为猎头公司掌握着你所需要的人才资源，他们比你更专业，资源多，你只需提供给他们你所需要人才的要求，他们根据你提供的要求就能招到合适的人才。招聘不同类型的技术人员，就要采取不同的招聘方法，哪个更有效、更快捷，就采用哪种招聘渠道。

企业的管理岗位相对于前两种数量较少，中层和高层管理人员都是企业的核心骨干，离职率低，比较稳定。对于这类岗位的招聘可以采用内部选拔的方式，通过内部人员竞聘来解决岗位空缺，这样做可以大大地激励公司员工的工作积极性，提高企业的凝聚力，给员工提供公平、平等的机会。如果内部选拔不能满足岗位的要求那就采用外部招聘的方法。内部招聘主要包括：提拔晋升优秀员工、工作调换、工作轮换、员工重聘。在内部招聘中应该避免主观印象、求全责备、人才固定化、不公平和不平等现象。外部招聘主要包括：网络招聘、招聘会、广告报纸杂志招聘、熟人推荐、校园招聘和猎头公司等。要对不同岗位的员工谨慎选择适合的渠道，不同的渠道适合不同岗位的招聘，只有找对正确的招聘渠道，才能节约招聘成本，增强招聘效果。

5. 增加对应聘人员多方面的测试

根据职位的要求不同，对应聘者的测试方法也是不一样的。比如，属于高新技术行业的企业，对员工的素质要求较高，人力资源管理部和用人部门之间根据自己部门的要求，出一套符合自己部门招聘要求的笔试题来考察应聘者的专业技术水平，成绩优异者进入面试阶段。这样就大大节约了招聘成本，同时提高了招聘效率。笔试和面试只适用于一般员工的招聘，通过笔试和面试两项测试可以提高招聘的有效性。但对于高层管理人员和专业技术人才就不能只是依靠笔试和面试了，可以邀请外部管理咨询公司进行面试，这样就提高了招聘的有效性。通过不同的测试方法，可以全方位地了解应聘者，一般认为测试越多，真实性就越高。但是还要考虑到成本问题，一般只是对应聘者采用简单的测试。要想全面地了解应聘者，有很多的渠道。一般采用面试法、素质测试、心理测试、从上家单位了解情况等。可以通过面试法了解应聘者的内在素质和潜在能力，了解应聘者的语言表达能力、举止仪表、专业知识和专业技能、求职动机、信仰、价值观、世界观、工作态度、继续学习意愿、专长和喜好等内容。面试的形式是通过面对面的沟通，可以设计一些问题，设计问题的原则是先易后难，也可以突然提出一个刁钻的问题，看应聘者的应变能力，心理承受能力和解决突发事件的能力。

6. 优化员工招聘体系

每当一次招聘工作完成以后，要对招聘工作进行考核，其中主要包括：招聘计划是否完成，是否按原计划进行；招聘渠道和面试方式是否有效；招聘中产生的费用是否超出原预算；应聘人数是否和登记人数相等；应聘者的素质是否满足招聘岗位的要求；是否有效地宣传了本公司，等等。通过招聘后的反思和归纳，能让企业在以后的招聘工作中提高效率，降低成本，从而制定出符合本企业招聘特点的方法，更加有效率地招聘到合适的员工。在招聘过程中，公司经常会遇到很多突发事件，如沟通信息不畅导致应聘者未能理解应聘的要求，导致时间和资本的浪费；应聘人数未能达到预期目标，导致招聘成本的浪费；应聘人数超出预期目标，导致不能给每位应聘者机会，从而可能错失优秀人才等。这些事件都可以进行分析和探讨，发现表象背后深层次的原因。这样可以避免上述情况再次出现，既提高了招聘效率，同时也降低了招聘成本，从而优化企业员工招聘体系。

案例实操：校园招聘评估报告

以下是一个典型的校园招聘的招聘评估报告。

1. 招聘活动概述

自 2018 年 4 月 2 日起，人力资源部开展了一系列校园招聘活动，现就此期招聘活动作一汇总评估。

此次招聘活动计划招聘5岗13人，主要招聘对象为总工程师、总经理助理、系统集成项目经理、行政前台、软件技术开发员。公司人力资源部在杭州各大高校进行三次招聘活动，总计应聘人数约为 × 人，其中通过网络应聘人员 × 人，通过校园宣传提交简历人员 × 人。经各部门招聘负责人甄选后初试 × 人。经复试、笔试甄选最终录用 × 人。

此期招聘活动所产生费用（直接费用）共计 × 元人民币。

2. 数据统计

（1）招聘成本评估

总费用（直接费用）× 元人民币，总录用人员 × 人，录用人员平均费用：

平均费用比 = 总费用 / 实际录用人员数 ×100%

招聘完成比率 = 录用人数 / 计划招聘人数 ×100%

录用比＝录用人数 / 应聘人数 ×100%，该指标越小，说明录用者素质可能越高

应聘比＝应聘人数 / 计划招聘人数 ×100%，该指标反映招聘信息的发布效果

（2）数据分析

成本分析：此次招聘活动共花费人民币 × 元，实录用人员 × 人，平均每人花费 × 元人民币。

录用人员分析：通过以上录用人员评估中的三组数据可以分析出如下三点：

此期招聘活动基本满足各部门的人员需求。在数量上达到计划招聘数量的一定比例，各部门急需人员基本到岗，部分非紧急岗位尚未甄选到合适人选，在今后的招聘活动中将就这些岗位的轻重缓急程度陆续招聘到岗。

此期招聘活动公司筛选余地较大。此期招聘工作中共计 × 人应聘，为各部门的筛选工作提供了很大的空间，从而保证了此批录用人员的质量。

此期招聘活动信息发布面较广。通过应聘者比率除可以看出此次员工招聘

的挑选余地很大外，还可以看出此期招聘信息发布渠道很广、很有效，应聘者数量较多。

3. 总结、改进意见

此期招聘活动自 × 月 × 日始至 × 月 × 日终，历时 × 天，进行了三次大型面试活动，通过现场招聘会应聘人数与每天通过网络应聘人员数量比较可以看出，本次校园招聘会得到了各大高校的大力支持，由于投入的宣传力度大，在各大高校中引起良好的反响，宣讲会现场气氛热烈，应聘人数多，人员素质高。

本期招聘活动也存在着不足之处，以下为几点改进意见。

加强各部门拟聘岗位紧急程度的核查工作。各部门所提交的招聘计划未能按月度、季度提出，导致招聘岗位过多。且应聘人员面试结束后，由于本岗位不是很急需，而迟迟得不到录用通知，从而大大降低了公司的信誉度，也给公司招聘工作带来很大的不便。故人力资源部自6月起要求各部门按月提交计划，并核对各部门所提交岗位需求紧急程度后开展招聘工作。

加快招聘—面试—录用工作进度。此次招聘活动中个别部门面试与录用通知之间的时间间隔过久，导致人员流失。在今后的招聘活动中人力资源部将加大此方面的监督工作。

加强招聘工作的规范化。在《招聘甄选制度》下发后大部分部门都能够完全按着公司的制度进行招聘工作，但仍有个别部门出现自行招聘的行为，不仅打乱了公司的整体招聘计划，并且在薪资、试用期等方面破坏了公司的体系。故人力资源部将加强公司招聘工作的规范化。

加宽招聘渠道、做好长期招聘的工作准备。通过此期招聘工作可以看出 5 月已进入招聘低峰期，各类人才基本上已在 3 月、4 月找到工作，此时期的应聘者多为自过年后一直没找到工作的中等人才或在其他单位做了几个月便跳槽的人员。故在此阶段要招聘到合适的人才，就必须加宽招聘渠道，并做好长期招聘的准备。

表 6-1 是招聘过程中估计的费用使用情况。

表 6-1　招聘过程中估计的费用使用情况

招聘费用估计						
项　目		单价（元）	数量	金额小计（元）	用　途	备注
场地租用				1800	招聘场地的租用	
宣讲会横幅及海报		100	3	300	室内宣传	
网上信息管理		100	2	200	各大高校就业网与 BBS 信息更新	
宣传展架		50	4	200	展架信息为公司简介及招聘信息	
宣传海报		50	4	200	含公司简介及招聘信息，户外宣传用	
宣传单（双面彩印）		0.3	1000	300	公司简介及招聘信息，公司文化等	
现场工作人员费用		40	15	600	现场秩序、传单发送、引导工作等	
交通费		450	6	2700	往返火车费用 400/ 人，汽车费用 50/ 人	
招聘试用物品及资料	笔记本	5	6	30	招聘小组做记录用	
	笔	2	6	12	招聘小组做记录用	
	打印复印	0.1	100	10	各类表格	
会场饮品		3	10	30	用于招聘现场用	
总计金额 6382 元		人力资源部意见			总经理核准	

招聘时间安排

1. 2018 年 4 月 2 日—4 月 3 日，北京大学宣传（校园宣传，BBS，就业网），4 月 3 日召开宣讲会，收取简历。

2. 2018 年 4 月 4 日—4 月 6 日，北京电子科技学院宣传（校园宣传，BBS，就业网），4 月 6 日召开宣讲会，收取简历。

3. 2018 年 4 月 7 日—4 月 9 日，浙江工商大学宣传（校园宣传，BBS，就业网），4 月 9 日召开宣讲会，收取简历。

4. 2018 年 4 月 10 日—4 月 12 日，招聘人员查看所收简历，筛选并通知学生准备参加笔试。

5. 2018 年 4 月 14 日下午 14：00—16：00 进行笔试。

6. 2018 年 4 月 15 日—4 月 16 日，招聘人员批阅试卷，甄选第一轮面试学生并进行通知。

7. 2018 年 4 月 17 日，进行第一轮面试。

8. 2018 年 4 月 19 日，进行第二轮面试，并确定最终面试名单。

9. 2018 年 4 月 21 日，进行最终面试，并确定所聘人员名单。

10. 2018 年 4 月 22 日，正式向所聘人员下达聘书。

第二节 基于招聘过程的 KPI 设计

一、招聘 KPI 结构

KPI 是绩效评估中常见的评估方法，在企业的招聘过程中也要用 KPI 的设计方法来进行招聘过程的评估。

对招聘过程的 KPI 指标较多。主要可分为两大类，一个是招聘管理指标，另一个是招聘效果指标。两大类指标有重叠的部分，但是招聘管理指标主要是针对招聘过程的管理，而招聘效果指标主要是针对招聘结果的衡量。

1. 招聘管理指标

主要可分为关键绩效指标、过程管理指标、分类统计指标、入职异动指标以及团队管理指标。对以上五类指标的有效衡量能准确测定企业招聘的整体效率和流程有效性。

招聘管理指标如下表 6-2 所示。

表 6-2 招聘管理指标

指标类型	指标	计算方法
关键绩效指标	招聘计划完成率	实际报到人数 / 计划招聘人数
	人均招聘成本	总招聘成本 / 实际报到人数
	评价招聘周期	总招聘时间 / 总招聘人数
过程管理指标	简历初选通过率	初选合格简历数 / 收到的简历总数
	有效简历数	部门通知面试的人数 / 初选简历数
	初试通过率	初试通过人数 / 面试总人数
	复试通过率	复试通过人数 / 初试通过人数
	报到率	实际报到人数 / 发出录用通知人数
分类统计指标	招聘渠道分布	不同招聘渠道录用的人数占录用总人数的比例
	录用人员分布	不同性别、学历、层级、职类、区域的录用人数占录用总人数的比例
入职异动指标	招聘转正率	转正人数 / 录用人数
	招聘离职率	离职人数 / 入职人数
团队管理指标	招聘人员胜任率	胜任的招聘人员数 / 招聘团队总人数
	招聘服务优良率	服务好招聘人员数 / 招聘团队总人数
	内部满意度	招聘工作满意部门数 / 内部总部门数

2. 招聘效果指标

招募效果评估指标合计 17 个指标，含一般评价指标、基于招聘者的评价标准和基于招聘方法的评价指标三方面的评估。

表 6–3　招募效果评估

一般评价指标	补充空缺的数量或百分比
	及时的补充空缺的数量和百分比
	平均每位新员工的招聘成本
	业绩优良的新员工的数量或百分比
	留职至少一年以上的新员工数量或百分比
	对新工作满意的新员工的数量或百分比
基于招聘者的评价标准	从事面试的数量
	被面试者对面试质量的评价
	职业前景介绍的数量和质量等级
	推荐的候选人中被录用的比例
	推荐的候选人中被录用，而且业绩突出的员工的比例
基于招聘方法的评价指标	引发的申请的数量
	引发的合作申请的数量
	平均每个申请的成本
	从方法实施到接到申请的时间
	平均每个被录用的员工的招聘成本
	招聘的员工的质量（业绩、考勤等）

二、三大 KPI 指标

除了以上较为标准的招聘管理指标结果和招聘效果指标，以下的三个指标在招聘管理的过程中也十分重要，分别是用人部门负责人满意度、补位速度和 HR 的人脉清单数。

1. 用人部门负责人满意度

用人部门负责人满意度是指某个职位招聘完成之后，用人部门负责人对整个招聘过程的满意度。老板和用人部门负责人是招聘的第一负责人，因为用人部门永远比人力资源部门更清楚部门的某个职位上需要怎样的人。当用人部门里产生了职位空缺后，该职位的上级毫无疑问会对候选人提出技能、经验及价值观的明确要求，而人力资源部门只是在招聘过程中传播企业文化和按照企业价值观来选择人才，负责招聘的 HR 在整个招聘流程中只是起到协助作用，用人部门负责人才是主导者。所以，用人部门负责人应该为招聘的最终结果负责。

在招聘流程中，用人部门负责人和负责招聘的 HR 的职责也不一样：发生招聘需求时，用人部门负责人要对所招聘的岗位提出具体的技能、经验、知识等要求，而负责招聘的 HR 只是协助撰写和发布广告，搜索简历；到了筛选时，用人部门负责人要去面试候选人，而负责招聘的 HR 只是筛选简历和安排面试时间、地点；面试之后，用人部门负责人与拟录用者确定职责，而负责招聘的 HR 只是负责工资福利的敲定；最后入职时，用人部门负责人要为录用者提供部门内的岗位培训，而负责招聘的 HR 只是做好入职手续和入职培训。从这个流程中就可以看出来，负责招聘的 HR 在招聘流程中不是主导者，而是一个助理，起到真正作用的，是用人部门负责人。

因此，招到合适的人才才是提高用人部门满意度的唯一方法。一般情况下，每一个部门的招聘工作完成后，HR 就可以设计一份“调查问卷表”，把整个招聘过程体验和招聘结果这两个方面设计成不同的选项，然后让用人部门负责人打分，得到评价分数后，加权求出最后的得分结果。如果招聘的部门较多，就把所有用人部门负责人的评价结果进行加权处理。人力资源部门就会根据用人部门满意度来调整下次的招聘优化和招聘策略，从而提高人力资源部门和用人部门的协调，有利于企业的发展。

2. 补位速度

即从用人部门提出招聘需求到新人入职这一个过程有多快。应当把这项指标当作招聘工作的首要衡量标准。

从企业发展和财务角度而言，有两个部门的补位速度决定了公司能否在市场中取胜：一个是销售部门，另一个是产品研发部门。在很多公司里面，销售部门人数关系到销售收入或客户拓展速度，那么，只要销售部门的职位产生空缺后，人员的补位速度直接影响到公司的销售额。一旦销售岗位有空缺，每空缺一个月就给公司当年销售额造成定量损失。所以，很多公司都有一个要求：销售岗位出现空缺后，必须在多少天内把人员补上去，否则将得到怎样的惩罚。而研发产品部，只要产品架构基本明确，那么研发部大多数的一般性工程师如初级工程师、中级工程师的业务能力对整个产品的市场效应不起决定性作用，可是一旦这些职位长期出现空缺，就会影响产品迭代速度。产品升级换代慢了，市场机会就会丢失。而且，产品研发本身是在干中学的，一般来说，只要候选人自身有基本素质和基本胜任力，符合公司的基本价值观，那么在试用期内基本上可以掌握职位要求，这样一来，除了研发部关系到产品架构的一两个核心职位之外，其他职位的补位速度远比补位质量更重要。

很多公司对这两个部门的所有岗位会采取“提前招聘”和“源招聘”。对公司里面的离职规律进行分析，找到了销售岗位和研发岗位的平均离职时间，预测出每月会有多少人离职，或者根据公司目标计划，提前想到公司发展的下一步工作目标，而进行提前准备，这就是想把“补位速度”提升得更快一点更有效率一些：只要岗位有需要，人员就能刚好到岗。从负责招聘的 HR 自身业绩出发来看，补位速度直接决定了招聘的投入产出比。如果招聘补位速度够快，那么，人力资源部里负责招聘人员的数量就可以减少，那么成本也就降低了；如果招聘补位速度够快，公司的招聘渠道建设费也会降低。

3.HR 的人脉清单数

即最终录用的员工的简历来源构成和每种招聘渠道来源所占的百分比，在国内指的是招聘渠道的有效性有多高。一般猎头良莠不齐，收费高。同时，那些招聘网站的效果并不好，收费贵。HR 可以把本行业内的人才、行业上下游的人才都聚集在 IT 系统表格里，根据公司的战略目标和行动计划，定期维护，就不需要再去花钱买猎头推荐、买简历数了。当内部职位一旦出现空缺之后，就能打个电话人到岗。而对于其他公司 HR 来讲，在没有人脉清单的情况下，要竭尽所能地利用免费方便、影响力大且便于传播的社交媒体，使用IT系统将社交媒体和官网自动化，就会全天候免费为公司产生价值；同时，大力构建内部员工和离职员工及身边熟人的推荐体系，使得他们成为人脉清单里的源泉。

三、其他指标

除了以上三个常见的指标，还有一些其他相关的KPI指标。在企业的HR工作中，招聘是比较容易量化的，一般公司都会根据自身的实际情况，设计出招聘岗位的KPI。很多公司设计的招聘岗位的KPI往往指标数量繁多，考核方法复杂，实操起来非常不容易。这往往是对KPI和招聘工作本身理解得不够深刻导致的。KPI是公司、部门或者岗位关键业务领域范围内与创造绩效直接相关的关键指标，而招聘岗位负责这个标准的考核指标，有以下四个：

1. 招聘及时率

即在规定的到岗时间内，将相关人员招聘到位，突出及时性。使用这个指标，一是便于量化，每一个公司的招聘计划中都会有这个指标相关的详细的数据介绍和统计，二是方便考核，不用去考虑过多别的因素的影响。

2. 入职转正率

即招聘到岗的员工，试用期转正的情况，突出合格性。使用这个指标，有利于招聘人员和面试官加强面试考核的准确度。这个指标不仅需要招聘岗位的人员承担，更需要直线经理共同承担。

3. 招聘成本控制

招聘是会带来很多成本的，如招聘渠道的维护费用，宣传费用，人员费用等。有些公司会更进一步去测算ROI，但是在收益这一块，很难做到准确。

4. 招聘记录合规

招聘对一家公司来说，是经常发生的事情，为避免重复招聘，提高招聘工作的规范性，一份完整的招聘面试记录是十分有必要的，它不仅可以作为招聘考核的数据来源，而且往往在招聘记录中会加入面试录用或者淘汰的原因等选项，有利于招聘人员做好分析，提高技能。

以上四个指标是招聘管理中较为常见的 KPI 指标。

第三节　评价招聘工作

一、对招聘工作进行现场调研评估

招聘的现场环节能够反映招聘工作的综合管理能力，因此，在招聘工作的现场评估能更直接地评估招聘工作。

1. 对招聘部门和人员的公关意识及素养进行评价

招聘过程，不单单是一个应聘人员的筛选过程，它也是公司与外界交往的一个重要窗口，应注意在招聘活动中公司的形象宣传。招聘人员在招聘工作中树立公关理念，强化公关意识，既有利于塑造企业人力资源管理品牌，为企业的人才招聘和人才竞争给予品牌力量，同时也有利于向社会公众树立企业的优良形象，提高企业产品或服务的竞争力度。对工作人员公关意识的评价体现在人力资源工作者的仪表是否整洁大方、体现公司文化；态度是否平易近人、不卑不亢；举止是否得体、注重细节。尤其是面试过程中，面试官的素养更需要关注，倾听与观察的能力，提问与评价的能力，或者是其他面试技巧的运用，是否科学合理，是一项重要的评估内容。

2. 对面试记录评估

在国内普遍存在的问题是面试记录质量差，甚至不做记录。许多面试过程中，面试官只在应聘者面试考核表上做一个很概括的综述总评性质的记录，通常还只是寥寥数笔，甚至干脆事先什么也不写，在脑子里记着，等全部面试完后“一气呵成”。这在应聘者人数不多时问题还不是很大，但同时对几个同一岗位应聘者面试时，面试官往往只能对第一个人和最后一个人印象比较深刻，而对其他应聘者印象就很模糊。在面试结束后，仅凭面试官头脑中的模糊印象和几句简单的总评，对应聘者进行分类，决定取舍，显然有失公平且准确性差。同时，也不利于进行事后监督和总结面试结果。面试记录应尽量详细，除应聘者的回答内容外，还要注意在一些重要环节上应聘者的反应速度、附带的动作及表情等。越是对高层管理工作人员的应聘，记录应该越为详尽。

3. 对应聘者进行调查

向应聘的人员了解其对企业招聘的感受、态度。从某种意义上说，应试者对面试实施程序规范与否、整个面试公平与否、面试考官素质水平高低等会有一个相对比较客观的评价。再者，目前招聘渠道甚多，有些渠道“雷声大，雨点小”，成本很高，可“砸中”的概率很小。对应聘者进行调研，从而来评价哪种渠道更适合于企业，也为以后渠道的选择提供了依据。为了尽量得到客观的评价，应向应聘者说明调查目的，免除应聘者的后顾之忧，尽量获得真实可靠的数据；如有需要，这部分工作也可以进行外包。

二、对招聘渠道的评估

招聘渠道的大致分类有四种：公司内部晋升、公司内部同事进行推荐、合作机构推荐（网站、校园、猎头等）和招聘广告（人才市场、各种社交工具等）。任何一次招聘都需要根据所需求的岗位情况，分析这次招聘的目的性，根据不同渠道的经济性、可行性来选择适合的渠道实施招聘。

数量和速度不是检验渠道的唯一标准——简历质量、匹配度，人招来之后的稳定性等都是评价渠道好坏的重要指标。任何渠道都需要维护和不断优化，对于招聘来说几乎没有拿来就能用的最好渠道。

同时 HR 需要留意精心构建公司内部的人才库及梯队的建设与培养，最好是有岗位需求时马上就能从自己的人才储备库中选出最适合的人选。其他外部渠道需要看招什么类型的岗位，不同的渠道组合才能招到想要的人才。还要对招聘渠道进行分析，了解需要的人才主要分布在哪些渠道。一般有如下规律：

（1）如果招工人、电话客服之类的员工，最好不要用网络渠道。线下中介，或者务工的人力资源公司，因为数量比较大，资源比较丰富，可以集中面试。当然，如果通过线上去招聘，赶集网和 58 同城之类的网站也会有一些候选人。

（2）如果招通用性强的一般办公室员工，如行政、出纳等，或者招针对性不强的销售，如房产中介，金融产品销售之类的，51job 之类的网站还是会多一些。

（3）如果招应届生、实习生，不要求专业技能的，应届生网和中华英才网相对适合，还可以去豆瓣发帖。

（4）如果招需要一定专业基础的，年资中等及以上、对外语要求不高，建议结合智联招聘、猎聘网和部分行业垂直招聘网站，几个渠道结合起来效果较为明显。比如，20k 以下的程序员，智联招聘和猎聘上还是有不少的，还有些互联网行业的垂直招聘网站如拉钩等，也有不少。如果招聘电子行业的工程师，可以使用摩尔精英，还有些 EE 论坛，各技术 BBS，都可以成为招聘的主阵地。

（5）如果招要求英语好的、有一定职级的，需要用 Linkedin 英文版，有预算的话需要注册一个招聘账号，搜寻之后发 E-mail。如果只是用普通账号也需要多积累人脉。

以下是各招聘渠道的分析表，效果评分仅供参考。

表 6-4　招聘渠道分析表

<table>
<tr><th>渠道名称</th><th>点　评</th><th>效果评分（满分 10 分）</th></tr>
<tr><td>智联招聘</td><td rowspan="3">不断搜索，变换关键词，尽可能大范围，有的也需要中文改成英文。有时一个岗位搜索出来千份简历很正常。另外可以不断积累关键词，除了岗位名称、技能，还有目标企业或者品牌名，进行精准搜索。三大招聘网站也出现了沟通功能</td><td>8</td></tr>
<tr><td>51job</td><td>7</td></tr>
<tr><td>猎聘网</td><td>8</td></tr>
<tr><td>拉勾网</td><td>行业性较强，免费用 Plus+ 功能，搜索沟通</td><td>5</td></tr>
<tr><td>内推网</td><td>没有猎头在，HR 和候选人直接沟通，提供平台省去中间环节。作为求职者，体验更好</td><td>4</td></tr>
</table>

续表

渠道名称	点　评	效果评分（满分10分）
微招聘	通过微博进行招聘，图文信息较美观，能够展现雇主品牌，但是推广较为广泛，效果不佳	2
脉脉	根据六度人脉设计的交友平台，还有匿名吐槽。作为招聘渠道来说，搜索功能不够完善，信息下沉太快，细分也需要完善	5
豆瓣	作为招聘渠道功能有限	3
知乎	作为招聘渠道功能有限	3
领英	数据库较大，高级人才较多	5
Boss 直聘	沟通类招聘软件，需要花费一定的时间	6
朋友熟人	高度透明，沟通坦诚	7

案例实操：2018 年上半年招聘渠道效果分析

招聘是公司人力资源流入的主要途径，招聘效果的好坏直接影响到公司下一步发展战略能否顺利实现。下面针对 2018 年上半年的招聘情况，对公司采用的招聘渠道做简单的分析和比较。

1. 北京地区招聘渠道现状数据分析

（1）简历数量分析

表 6–5　简历数量分析

简历数量分析	简历数量（份）	初试人数（人）	初试率	复试人数（人）	复试率	录用人数（人）
51job						
智联招聘						
中华英才网						
公司网站						

续表

简历数量分析	简历数量（份）	初试人数（人）	初试率	复试人数（人）	复试率	录用人数（人）
内部推荐						
现场招聘会						

（2）直接成本分析

表 6–6　直接成本分析表

直接成本分析	招聘总费用	平均每月费用	简历数量（份）	简历成本	录用人数（人）	录用成本
51job	元 / 年			元 / 份		
智联招聘	元 / 年			元 / 份		元 / 人
中华英才网	元 / 半年			元 / 份		元 / 人
猎头公司	/ 次			元 / 份		

2. 北京地区优劣势分析

表 6–7　区域优劣势分析

渠　道	优　势	劣　势	合作意向
51job	51job 简历数量多，费用较低	51job 初试、复试人员数量较少，人员素质不高，至今无录用情况	已停止合作
智联招聘	简历的质量高、数量较多，是招聘中层管理人员的重要渠道	收费越来越贵	本网站应该投入更多的时间和精力。保持继续合作
中华英才网	简历数量较多，比较符合公司需要的人员层次	简历质量一般，初试率较低	在筛选合适简历上还需花费更多的精力。保持继续合作

续表

渠道	优势	劣势	合作意向
公司网站	公司网站在宣传公司的同时给招聘也起到了很大的推动作用，应在宣传公司的基础上充分利用此渠道	人员层次参差不齐，无人员录用情况	后期应根据公司情况和具体需求做到招聘信息及时更新
内部推荐	内部推荐是我公司招聘的另一有效的渠道，其优点是招聘成本小，应聘人员与现有员工之间存在一定的关联相似性，基本素质较为可靠，可以快速招到与现有人员素质技能相近的员工	内部推荐给招聘人员提出了更高的要求，在人员的甄选和岗位匹配度上要花费更多的精力，严格把关，以招到该岗位最合适的人才，同时严格控制人工成本	公司内部的推荐奖励机制的建立，调动全员的积极性
猎头公司	猎头是一种由专业咨询公司利用其储备人才库、关系网络，在短期内快速、主动、定向寻找企业所需要的人才的招聘方式。此次与猎头公司的合作也让公司了解了人力市场上特殊人才的现状，对以后招聘特殊人才有了一定的指导和帮助	费用较高，单位成本较高，效果的不确定性很高	在控制费用的前提下，如没有特殊需求，依公司战略和需要而酌情考虑使用
现场招聘会	费用适中、比较直观	局限性在于往往受到展会主办方宣传推广力度的影响，求职者的数量和质量难以有效保证，效果不理想	除非有特殊需求，否则不提倡采用此形式

风险分析：在了解除了三大招聘网站以外，同时了解其他比较新但口碑还可以的网站。对于专业性比较强的公司，还可以在做好市场调查的情况下考虑一下专业的金融人才类的网站。提高如公司规模快速扩张对专业人员需求的预防能力。

其他渠道共筛选到简历 × 份，初试 × 人，复试 × 人，录用 × 人。此“其他渠道”包括各种网络渠道包括微信群、QQ 群，在今后的工作中对这些网络渠道加以注意，以便对下半年的招聘效果分析提供更全面和准确的依据。

3. 各分公司招聘情况

表 6-8　各分公司招聘情况

上　海	本地招聘网	招聘会	总部提供简历	特点分析
费用	元 / 年	共　次	份	前期一直对分公司的招聘效果没有统一管理，导致现在数据不是很清晰，也由于各地域的人力现状以及人员的层次不同，所以招聘的效果也不是很好
效果	份 / 周			
录用				
江　苏	**本地人才网**	**招聘会**	**总部提供简历**	**特点分析**
费用	元 / 年	（场）	份	由于各分公司的招聘绝大多数都是针对外勤人员，所以这两种招聘的方式目前为止还是很难招到合适的人才。原因有很多，公司的规模、在当地的知名度美誉度都是影响因素，这些数字不能简单地说明问题
效果	/ 月			

续表

西安	本地人才网	招聘会	媒体招聘	特点分析
费用			元	西安的招聘渠道选择了很多，在宣传上面起到了积极的作用。同时费用的花销也是值得关注的。下半年应控制一下费用的进度。但还是有一定的效果，给外勤团队增加了生力军
时间		次	次	
初试	人		人	
复试	人		人	
加入新人班	人		人	

4. 分公司招聘费用进度和效果分析

上海分公司和江苏分公司费用控制较好，本地招聘网站也起到了引进人才的作用，但对于外勤团队的组建，网络招聘仍有其局限性。陌生地域市场的进入，公司在当地没有很高的知名度等都限制着外勤人员的引进，这就需要充分利用内部推荐的渠道来吸纳人才，要在做网络宣传的同时开发其他的形式来达到人力目标。另外这两个分公司还采用了招聘会的形式，但收效甚微，没有吸纳到外勤人员的加入。这种渠道应慎重采用。目前，上海分公司外勤人员共 × 人，江苏分公司外勤团队共 × 人，主要的人员引进来源还是以内部推荐为主。

西安分公司招聘渠道选择比其他分公司要多，成本投入很大，总费用达到 × 万多元，采用了网络招聘、现场招聘会和媒体招聘的形式。目前外勤团队 × 人，比其他分公司外勤团队要壮大，这也是高成本的高回报。但还需考虑高成本招聘的后续人员留存情况，怎样才能在吸引人才的同时留住人才，这是对工作的又一挑战，也是衡量招聘效果的一部分，希望分公司的同事和领导能引起高度的重视，及时关注人员成长和思想动向。同时还应严格控制费用进度。媒体招聘的方式成本过高，效果一般，各分公司应避免使用。以上数据显示本地人才网的新人班招聘效果较好，可在做好当地市场调查的基础上长期合作，从而节约招聘成本。

5. 关于招聘工作过程中改进建议

（1）上海和江苏分公司的网络招聘效果一般，收到的简历以求职内勤和应届大学生居多，建议对当地招聘渠道做进一步详细的市场调查和比较，在招聘网络合同到期时续期要慎重考虑，要保证选择效果较好的网络招聘渠道。同时要注意的是分公司在做好前期的市场调查的基础上，为防止各网络招聘公司差异化等战略调整，建议合作期限控制在半年以内。西安分公司的本地人才网招聘在外勤的增员上效果很好，并明智地选择以月度为单位结算费用，建议西安分公司在西安人才网上继续采用月度结算的方式招聘外勤人员。

（2）加强费用的控制和审核，对于分公司的招聘活动应制定详细的季度、半年度和全年预算，超预算部分应单独提交申请报总部人力资源和总裁批复，得到批复才能提取费用。如临时安排招聘活动，需控制费用额度，单次活动费用超过 × 元需报总部审批。

（3）加强沟通和汇报，为了清晰地了解分公司的招聘情况和效果，分公司人力资源岗应定期书面汇报招聘工作费用进度和效果，定期进行招聘费用进度和效果的总结和计划并上报总部人力资源部，人力资源部给予相关的指导和跟进，以方便总公司随时了解各分公司的招聘费用支出情况和效果。对于各分公司内外勤人员的稳定性也应参与到负责人的考核当中，以保证招聘效果的持续性。

三、对招聘外包方评估

越来越多的企业选择了与猎头公司合作，一起做招聘，HR 的新命题就是如何管控猎头。

1. 猎头公司的评估

猎头的选择就如同婚姻的选择，如果一开始就选择不对，那么在以后的相处中不仅一定会出问题，而且更谈不上融洽。猎头服务的前期定金、服务费比率、服务保证期和付款方式等往往是企业在选择猎头时最为关注的因素，但实际上这些都不应该成为首要考察指标，企业业务和猎头公司的人才库或者所擅长的方向相匹配和适用就是最好的指标。对于猎头公司经常提到的人才库与兼职顾问数量等指标，也无须过多关注，因为这些都是很难考察的因素。企业在选择猎头时要更多地关注本质层面的东西，如需要知道什么是猎头公司的核心优势，要注意让该优势与企业内部的资源形成互补。如何评估猎头公司，选择最适合自己企业的合作伙伴，选择猎头公司主要有七大关键指标。

（1）行业品牌与规模

了解猎头公司在 HR 行业以及业务同行企业内的口碑与品牌，可以让其他企业 HR 推荐较好的猎头公司，或者通过网络搜索猎头公司排名。一般情况下，在全国有分公司 5 家以上，总人数在 100 人以上的猎头公司就属于规模较大的公司了。

（2）公司的业务优势与成功案例

猎头公司的业务优势是在哪些方面，如要了解该公司擅长寻猎什么地域、什么行业、什么职位、什么类型的人才，看这些优势与企业的实际需求是否吻合。如果哪家猎头公司告诉您他们做所有行业，也许意味着他们哪行也不精通。客户可以要求猎头公司提供曾经做过本行业内的哪些客户、哪些岗位，可以和猎头公司的顾问讨论某些岗位的工作职责、薪资行情等以便了解他们对本行业的熟悉程度。是否有本行业同等规模企业的相关成功案例，这能反映猎头公司相关行业的项目操作能力。

（3）猎头公司的运作流程

现在有很多号称猎头公司的其实是中介公司，也许会告诉 HR 拥有多少万份人才资料，在委托给他们招聘职位后，他们会在资料库中查询资料，有可能连基本的面试都没有就将候选人推荐给你。真正的猎头公司会在详细了解公司背景，岗位职责内容和招聘要求后，划定存在潜在候选人的猎取范围，跟相关候选人联系，经过严格的面试筛选后将合适的候选人推荐给企业。猎头公司并不一定需要非常庞大的资料库，但一定要有良好的猎取流程，才能保证在猎取过程中没有遗漏，保证候选人都是具有针对性的。

（4）项目团队

包括猎头公司项目团队成员的背景、数量以及项目运作方式。例如，猎头顾问是否有过同行业 HR 的经验、项目团队如何进行管理协调等。举例来说，有的猎头公司实行项目责任制，并实行周计划跟踪，可以较好地把控项目的进度；有的猎头公司成立了统筹协调各区域分公司工作的机构，便于分公司之间资源的共享。

（5）猎头顾问的职业化、专业化程度

猎头公司的背景固然重要，顾问的自身素质也非常重要。客户在委托之前，要了解该顾问主要从事的行业，做过哪些客户，顾问的沟通能力如何，对人力资源知识和相关法律法规的掌握程度等方面信息。顾问只有对某行业非常熟悉，才能和某行业的候选人建立良好的关系，才能熟悉某行业的特性，在面试候选人时才能有良好的把握。为什么有时候猎头公司推荐了很多候选人，总感觉和企业的要求差了一点，就是因为顾问对岗位的把握能力上有差距。

顾问的沟通能力也是关键。猎头顾问只有良好的沟通能力，才能深入了解客户的情况和真正的需求，并将客户情况准确地传达给候选人，才能深入了解和把握候选人的优缺点，才能获得候选人的信任。猎头顾问的专业知识，能够帮助候选人在职业发展方面提供有益的指导，对某些工作机会的取舍提供咨询，能有效地加强猎头顾问和候选人之间的合作关系。并且，顾问的知识和技能有时候也能为企业人力资源工作人员提供中肯的建议和咨询，帮助人力资源工作人员了解竞争对手的情况和人才供给状况，是 HR 不可忽视的一项财富。

从猎头顾问的服务质量可以看出其职业化程度与专业性的高低，如拜访客户时的形象和言谈举止、邮件的发送、电话用语、分析问题的思路等方面。

（6）对行业的理解与洞察

考察猎头公司对本行业的理解高度与深度如何，能否把握行业发展状况与竞争态势。

（7）试推荐人才的质量

针对本公司某职位试推荐人才的质量如何，推荐成功率情况如何，这是体现猎头公司寻猎能力最有说服力的数据。

2. 关注猎头顾问撰写的推荐评估报告

许多 HR 经常抱怨一些不规范的猎头公司的做法，在他们接到电话之后即向其索要个人资料，转手将信息提供给雇主公司。事实上，猎头规范的操作应该有一个严格和相对“漫长”的程序，职位越高程序执行的时间跨度就越长。

作为职业经理人在接触猎头公司时，我们一再强调，挪出足够的时间来弄清楚规范猎头的操作程序，是经理人在职业升级或工作环境转换时必须投入的精力资源。规范猎头公司通常的操作程序，大致分为以下步骤。

表 6–9　猎头程序与关键事项

关键事项	猎头顾问	候选人	雇主公司	时间需求
委托关系的确定	■	□	■	
与雇主公司所委托的“职位相关者”一起进行职位分析与描述	■	□	■	5–7 个工作日
寻访候选人（通常电话方式）	■	■	◆ / 接受猎头顾问的阶段进展汇报	10–15 个工作日 职位越高，需时越长
向客户提供候选人清单（包括候选人资料，推荐评估报告）	■	□	■	
雇主公司面试候选人（雇主公司内部一般有一套严格的招聘程序）	■	■	■	5–10 个工作日 通常 2–3 轮面谈
提供背景调查资料或推荐核实材料	■	■	■	
雇主公司提供聘用承诺书	◆	■	■	
候选人完成与原雇主解除劳动合同和工作交接事宜	◆提供法律咨询	■	□	30–45 天
到新公司办理入职手续，并签订新的劳动合同（合同中一定界定前几个阶段谈判内容，谨防雇主不能兑现承诺）	◆协助核实与谈判是否一致	■	■	

注：◆不参与，配合；■参与；□不参与。

HR 一定要了解并透视这个看似简单的程序，在了解程序之后，也许更多要做的事情是配合猎头顾问完成每个环节中必须完成的事项，同时必须做好充分的准备去应对雇主严格的选聘，还需要了解猎头顾问撰写的一份个性化的推荐评估报告，根据国外猎头公司统计分析。

（1）雇主公司接到猎头顾问提供的候选人材料和推荐评估报告之后的一周内，75% 的概率会邀候选人面谈，如果没有推荐评估报告，候选人被应邀面谈的概率可能会下降到 45%；

（2）雇主公司 15% 可能会延迟到 2–3 周邀面谈；

（3）雇主公司有 10% 的可能会对猎头顾问提供的材料不感兴趣。

国内的猎头公司根据一项调查分析，在人力资源行业做过 4 年以上的猎头顾问不多，曾担任过中大型知名企业人力资源经理或总监，接受过专业人才甄选与评价训练的猎头顾问不足 5%。撰写推荐评估报告这项工作并不是所有的猎头顾问都能胜任，因此一个出色的猎头顾问他必须具备的工作经历是人力资源管理和销售工作，也应有必要的技能知识结构，后者才是客户需求的理解能力和向客户销售建议的能力。对于 HR 来说，推荐评估报告是正式考验猎头的一个主要指标。

通常一份推荐评估报告大概需要 3–4 页 A4 纸，完整的候选人推荐评估报告包含哪些内容呢？以下是一般的做法。

表 6–10　推荐评估报告内容构成与篇幅比重

关键内容	大概占推荐报告的篇幅
A. 候选人的简历（猎头公司统一的格式）	30%
B. 任职资格与工作经历核实性评语	10%
C. 候选人业绩核实性评价	10%
D. 候选人的 Know-how（教育背景、知识结构、专业技能）评估	15%
E. 候选人的行为素质（管理风格、领导能力、沟通能力、顾客导向、个性特征）等资质评估	10%

续表

关键内容	大概占推荐报告的篇幅
F. 雇主聘用该候选人的理由（销售诉求点）	15%
G. 雇用该候选人可能的风险描述（企业的任何一个领域的资源投入均有风险）	5%
H. 雇主公司能够成功吸引该候选人的条件（包括薪酬、福利、工作环境配置，给候选人家庭带来的帮助等）	5%

3. 猎头顾问推荐评估报告的要求与信任态度

外资企业雇主非常重视猎头顾问的推荐评估报告，价值前提是猎头公司是中立的，必须保持客观诚信，因为客观、公正、诚信是任何一家公司在市场规则中必须坚持的原则，外资雇主公司一旦通过了猎头顾问服务公司服务提供资格的确选，就会信任他们的工作，因此猎头公司与外资企业配合一般效率比较高。外资雇主企业更重视猎头公司在推荐评估报告中的第 D、E 和 H 项（见表 6–10），很重视候选人的行为素质、发展潜力和领导能力以及战略眼光。对于第 H 项，相信市场逻辑，因为猎头顾问是经理人市场价值信息的主要掌握者，他们的判断最贴近市场，同时外资雇主企业认为第 H 项是猎头顾问与候选人沟通后的结果，是反映候选人满意度的一些重要指标，而招聘到一个合适的人选，确保候选人能够获得适度满意性又是外资雇主非常重视的。

国内雇主企业的态度就比较复杂，有些企业对待猎头顾问的推荐评估报告本身就是半信半疑，判断价值准则是猎头顾问为了一个服务项目的成功销售，往往会站在候选人的角度，甚至可能会夸大候选人的资料。这种怀疑源自一个复杂的系统，因为国内雇主企业很多没有良好的绩效评估体系，他们对候选人入职后的业绩和工作能力缺乏科学的判断，也对猎头公司的服务衍生的效果缺乏客观的衡量。国内雇主企业在甄选猎头服务供应商时，并不深入地调查猎头公司的背景而把关注点一味地放在服务价格的谈判上，主管招募业务的人力资源承受的费用压力比选到一位合适人才的压力更大。

在对猎头公司的评估支持方面的需求更多体现在表 6-10 的第 A、B、C 和 G 项目上，他们非常关注候选人过去的业绩、经验和已有的资格之类，对于表 6-10 的第 E 项他们更偏重于对候选人的职业道德、原来的职业操守记录感兴趣。对于表 6-10 的第 H 项，他们完全相信自己的判断和谈判能力，并不在意候选人的满意程度。

图书在版编目（CIP）数据

招聘管理全流程实战方案 / 白睿著. —北京：中国法制出版社，2019.2
（HR 必备丛书）
ISBN 978-7-5093-9942-2

Ⅰ. ①招…　Ⅱ. ①白…　Ⅲ. ①企业管理-人才-招聘　Ⅳ. ①F272.92

中国版本图书馆CIP数据核字（2019）第009859号

责任编辑：薛　强（editor_xue@163.com）
李宏伟（lihongwei@zgfzs.com）
封面设计：周黎明

招聘管理全流程实战方案
ZHAOPIN GUANLI QUANLIUCHENG SHIZHAN FANG'AN

著者/白　睿
经销 / 新华书店
印刷 / 三河市紫恒印装有限公司
开本 / 730毫米 × 1030毫米　16开　印张 / 18　字数 / 272千
版次 / 2019年2月第1版　2019年2月第1次印刷

中国法制出版社出版
书号ISBN 978-7-5093-9942-2　定价：56.00元

北京西单横二条2号　邮政编码100031　传真：010-66031119
网址：http://www.zgfzs.com　**编辑部电话：010-66010406**
市场营销部电话：010-66033393　**邮购部电话：010-66033288**
（如有印装质量问题，请与本社印务部联系调换。电话：010-66032926）